Michel Abdollahi

Deutschland schafft mich

Als ich erfuhr,
dass ich doch kein Deutscher bin

Hoffmann und Campe

Sollte diese Publikation Links auf Webseiten Dritter enthalten, so übernehmen wir für deren Inhalte keine Haftung, da wir uns diese nicht zu eigen machen, sondern lediglich auf deren Stand zum Zeitpunkt der Erstveröffentlichung im März 2020 verweisen.

Das Gedicht des persischen Lyrikers Saadi auf der Seite 37 folgt der Übersetzung von Purandocht Pirayech, mit Änderungen des Autors: *Gol-o-Bolbol. Ausgewählte Gedichte aus 12 Jahrhunderten übertragen aus dem Persischen.* Yassavoli Publications, Teheran 1999, S. 35.

Das Gedicht auf der Seite 221 folgt einer nachbearbeiteten Übersetzung unbekannter Herkunft.

3. Auflage 2020

www.hoffmann-und-campe.de
Umschlaggestaltung: Hannah Kolling, Kuzin & Kolling, Büro für Gestaltung, Hamburg
Umschlagabbildung: © Max Baier & Arian Henning
Umschlagabbildung Innenseite: © Michel Abdollahi
Satz: Dörlemann Satz, Lemförde
Gesetzt aus der Minion Pro
Druck und Bindung: C. H. Beck, Nördlingen
Printed in Germany
ISBN 978-3-455-00893-7

HOFFMANN UND CAMPE

Ein Unternehmen der
GANSKE VERLAGSGRUPPE

Inhalt

Prolog

Wann ist ein Migrant ein guter Migrant?

Seit jenes Gespenst in Deutschland umgeht, das Gespenst des neuen Nachbarn, muss man sich dieser Tage viel anhören, wenn man anders ist. Ständig und überall. *Wer* anders ist, entscheiden dabei selbsternannte Meinungssheriffs, die es sich zur Aufgabe gemacht haben, die Gesellschaft mit ihren Standpunkten zu terrorisieren. Ob Veganer, Politiker, Homosexuelle, Fahrradfahrer, Wissenschaftler, Klimaaktivisten, Muslime, Juden, Journalisten, Frauen oder Flüchtlinge, die Liste ist lang.

Zunächst tauchten sie nur als rätselhafte und vor allem anonyme Gestalten in den Tiefen von Yahoos Internetforen auf, später dann hinter Pseudonymen in den Kommentarspalten seriöser Zeitungen, irgendwann mit Klarnamen, Profilbild und Freundesliste ausschweifend bei Facebook, in 280 Zeichen bei Twitter, mit Visual Statements bei Instagram, dann auch abseits des Internets mit selbstgebastelten Galgen montags in Dresden, auf Wahlplakaten in 16 Bundesländern, schließlich in Talkshows zur besten Sendezeit, vor dem Adler im Deutschen Bundestag und nun mit der Waffe vor dem Wohnhaus Walter Lübckes. Eine unerwartet schnelle Entwicklung, wenn man bedenkt, dass zwischen Angela Merkels »Wir schaffen das« am 31. September 2015 und der regelrechten Hinrichtung Lübckes am 2. Juni 2019 keine vier Jahre vergangen sind. Der Kasseler Regierungspräsident hatte in der Flüchtlingsdebatte immer wieder klar Partei ergriffen und es sich nicht nehmen lassen, deutlich und selbstverständlich gegen die rechten Strömungen in Deutschland Stellung zu beziehen. So deutlich, dass der Rechtsextremist Stephan Ernst der Meinung war, ihn dafür ermorden zu müssen. Deutschland, das ist allzu deutlich, hat wieder ein Problem mit seinen Rechten. Insbesondere in Anbetracht der geschichtlichen Verantwortung müssen wir darüber sprechen.

Als Migrant, als Deutsch-Iraner, als Mensch zwischen den Kulturen, weiß ich leider, wovon ich spreche. In den letzten Jahrzehnten, im Grunde seit ich 1986 nach Deutschland gekommen bin, habe ich mich mit den Rechten auseinandersetzen müssen. Die Öffentlichkeit hatte an diesen Erfahrungen meist kein Interesse. Warum mit Migranten sprechen und ihre Sorgen ernst nehmen, wenn man doch selbst einschätzen kann, welche Sorge berechtigt ist und welche nicht? Dieses elementare Versäumnis rächt sich jetzt auf allen Ebenen, während die Politik atemlos einer Entwicklung gegenübersteht, die ihr viele Migranten schon vor Jahren und Jahrzehnten hätten ausmalen können. Doch statt gegen die Gefahr von rechts vorzugehen, wurde viel Zeit damit verschwendet, Rechtsradikalen dabei zu helfen, sich Gehör zu verschaffen, nur um sich am Ende eingestehen zu müssen, dass man ihre Meinungen genau damit erst salonfähig gemacht hat.

Natürlich waren sie immer schon da. Den Spruch, den ich mir als Migrant und Journalist am häufigsten anhören musste, lautet: »Geh nach Hause, mach deine Arbeit da, wo du herkommst, und lass uns hier in Deutschland in Ruhe«, wenn ich es mal freundlich wiedergebe. Wo dieses Zuhause sein soll, konnte mir bisher niemand sagen. Ich habe nie verstanden, was diese Aggressivität bei den Menschen auslöst. Eine Aggressivität gegenüber jemandem, der die Sprache spricht, sich an die Gesetze hält, versucht, einen sinnvollen Beitrag zur Gesellschaft zu leisten, einer Arbeit nachgeht und Steuern zahlt.

Seit 2015 hat sich diese Aggressivität allerdings in Terror gewandelt. Nicht, dass es vorher keine rechten Terroranschläge gegeben hätte, das wissen wir spätestens seit der Aufdeckung der Aktivitäten des NSU. Dennoch hat sich die Situation in Deutschland seither noch einmal signifikant geändert. Der Terror ist zu einem strukturellen Merkmal unserer Gesellschaft geworden. Wie sonst ließen sich die flächendeckend signifikant angesprungenen fremdenfeindlichen Angriffe[1] in Deutschland beschreiben, bis hin zu jenem Mord im Sommer 2019, als jemand nur deshalb sterben musste, weil er sich gegen Hass und für Menschen in Not eingesetzt hat?

Doch selbst dieser Mord hat nicht bewirken können, dass wir als Gesellschaft damit aufhören, rechtes Denken zu verharmlosen. Als wäre da eine unsichtbare Macht, die uns davon abhalten will, die Rechten zu dämonisieren. Sie tanzen immer noch durch Talkshows und auf Titelseiten, werden diskutiert, analysiert und so zurechtgebogen, dass die Gefahr, die von ihnen ausgeht, am Ende möglichst klein erscheint. Nicht alle machen dabei mit, aber doch viele, und vor allem auch solche, bei denen man nur ungläubig den Kopf schütteln kann. Ich meine damit zum Beispiel das Fernsehen, die anständige Presse und auch Politiker in Regierungspflicht, die allesamt mit ihrer Verantwortung äußerst fahrlässig umgehen. Der Druck der Quote, der Auflage oder der Wählerstimme wiegt anscheinend schwerer als die Vernunft.

Alle Politik der Rechten ist darauf ausgerichtet, Menschen, die ihnen nach ihrer eigenen Definition »nicht genügend deutsch« erscheinen, vom öffentlichen Leben auszuschließen. Die Nachrichten, die mich mitunter täglich erreichen (einige sind beispielhaft in der Klappe dieses Buches abgedruckt) sind nur ein kleines Beispiel dafür. Das dürfen wir nicht akzeptieren. Wenn ein ganz normales Leben zu derlei Aggressionen führt, und zwar aus dem einfachen Grund, dass ich es mir als vermeintlicher Ausländer erlaube, einen Standpunkt zu haben, eine Haltung zu zeigen und so am gesellschaftspolitischen Leben teilzunehmen und es vielleicht auch zu beeinflussen, statt still und leise irgendwo unsichtbar ein Klo zu putzen, bedarf es keiner großen Analyse, um zu erkennen, dass wir über solche »Meinungen« nicht zu diskutieren brauchen.

***

Als die Migranten ihre Gästerolle verließen und anfingen, an diesem gemeinsamen Leben teilzunehmen, wurden sie insbesondere für die Rechten zur Bedrohung. Eine aktive Rolle hatte man für die »Gäste« nämlich nicht vorgesehen. Wenn sie denn schon da sein mussten, dann bitte möglichst unsichtbar. Dabei haben die Migranten in den letzten Jahren eigentlich nur genau das getan, was Politik und Öffentlichkeit von ihnen im Grunde schon immer gefordert hatten: Sie verließen ihr Schattendasein am Rande der Gesellschaft und fingen damit an, sich aktiv mit ihr zu verweben. Es gibt dafür ein Wort: »Integration«. Die vorläufige Bilanz ist bitter: Wir haben uns redlich bemüht, aber bis heute hat es nicht gereicht. Man hört lieber den irrsinnigen »Sorgen« der Menschen zu, die sich davon bedroht fühlen, statt die zu schützen, die Teil dieser Gesellschaft werden wollen.

Als ich 1986 nach Deutschland kam, wechselten nicht nur Wetter und Sprache, sondern die ganze Kultur. Aus dem Leben im Haus meiner Familie mit Kebab und Reis wurde ein Kindergarten mit Rahmspinat und Eiern. Aus süßem Schwarztee wurde kalte Hagebutte in der Blechkanne. Aus den belebten Straßen Teherans und den lauten, lauwarmen Abenden wurden Ruhezeiten von eins bis drei, keine Partys nach zehn und sonntags bitte tot stellen. Aus dem großen Haus im Herzen der Stadt wurden 65 Quadratmeter am Hamburger Stadtrand mit fünf Familien. Aus الف ب پ wurde ABC. Und aus Krieg wurde Frieden.

Seitdem sind 34 Jahre vergangen. Ich esse mittlerweile gerne Rahmspinat, bin im Grunde schon auf dem Weg zum Nachbarn, wenn ich um die Mittagszeit einen Staubsauger höre, und komme stets pünktlich zu meinen Verabredungen – zu meinem Leidwesen auch dann, wenn ich mal wieder im Iran bin. Dort benutze ich dann bestimmend den mahnenden Zeigefinger und mache meine verblüffte Verabredung auf die Bedeutung von Pünktlichkeit und Ordnung aufmerksam, wenn sie mit einstündiger Verspätung irgendwann doch noch kommt. Aus mir ist eine richtig gute iranische Kartoffel geworden. Und wie viele Kartoffeln frage auch ich mich in Zeiten von Krieg und Flüchtlingen, ob es mit der Integration der vielen Neuankömmlinge bei uns klappen oder alles in einer großen Katastrophe enden wird. Auf der anderen Seite sehe ich aber immer den kleinen Jungen, der hier fern des Kriegs eine neue Heimat gefunden hat, der jetzt hier sitzt und Teil der Gesellschaft geworden ist. Warum soll es mit den anderen nicht genauso klappen? Integration muss man zwar wollen, aber man muss auch die Chance dazu bekommen, ein »guter Migrant« werden zu können.

In der letzten Zeit lässt mich jedoch das Gefühl nicht los, dass man vielleicht nie wirklich dazugehören kann. Ein Migrant bleibt immer Migrant? Mittlerweile gibt es sehr viele von denen, die das so sehen. Die, die uns jede Chance verwehren, egal wie sehr wir uns integrieren wollen. Sie sind überall und sie sind laut. Sie holen bei Wahlen viele Stimmen, sehr viele Stimmen, zu viele Stimmen, doch die Leute sagen, das gehöre zur Demokratie halt dazu, das müsse sie aushalten. Dabei ist es weniger die Demokratie, die das gerade aushält, sondern die Menschen in diesem Land. Es sind die Anständigen, die Demokraten, jene, die sich nicht damit abfinden, dass Deutschland nach rechts driftet und die deshalb Anfeindungen und Repressalien in ihrem Alltag ausgesetzt sind. Die Journalisten, die sich gegen den Rechtsruck stellen, die aufdecken und berichten. Die Ehrenamtlichen, die Helfer, die liberalen Politiker, die Walter Lübckes dieser Welt. Und die Migranten, die die wieder aufgeblühte Fremdenfeindlichkeit aushalten müssen. Während diese Menschen gegen die menschenverachtenden Ansichten der Rechten kämpfen, besetzen die Verächter immer mehr Sitze in den Parlamenten – das muss die Demokratie aushalten. Nur wie lange sie das aushalten muss, sagt uns keiner. Wahrscheinlich, bis es sie nicht mehr gibt.

Ich habe in den letzten Jahren mit vielen Menschen über diese Veränderungen gesprochen, auf Podien, in Briefwechseln, auf der Straße, immer am Bürger dran, ganz unmittelbar. In diesen Jahren habe ich die Gesellschaft beobachtet und mir dazu meine Gedanken gemacht. Um Veränderungen zu sehen, braucht es manchmal etwas Abstand, und wenn ich mit diesem Abstand heute aus dem Fenster schaue, dann sehe ich, dass sich Deutschland verändert hat. Ganz langsam. Politisch und gesellschaftlich. Herkunft ist wieder in Mode gekommen. Man soll wieder stolz auf die eigenen Gene sein, wenn es denn die richtigen sind. So kann man bequem unterscheiden, von Anfang an, in wertvoll und weniger wertvoll.

Ich gehöre für einige in die Kategorie weniger wertvoll. Und von diesen einigen gibt es viele. In der Ideologie der Nazis haben Gene immer eine zentrale Rolle gespielt. Sie sollen Unterschiede schaffen, die biologischer Natur sind. Wenn es gelingt, mit Hilfe der Propaganda zwischen guten und schlechten Genen zu differenzieren, ist diese Unterscheidung durch die Allmacht der Natur legitimiert oder, wenn man gläubig ist, durch Gott. Mit »Vorurteilen« hat das nichts mehr zu tun. Am Ende entsteht dann eine scheinbar lupenreine Kausalkette, die Menschen vermeintlich wissenschaftlich in gut und weniger gut, wertvoll und weniger wertvoll, »Herrenrasse« und »Untermenschen« einteilt. Was mit Letzteren zu tun ist, ist bekannt. Alles lange her. Wir haben daraus gelernt. Oder nicht? Thilo Sarrazin sagte der *Welt am Sonntag* in einem Interview: »Alle Juden teilen ein bestimmtes Gen«, und: »Wenn das relative Gesicht einer bildungsfernen Gruppe zunimmt, haben wir ein Problem. Bei den muslimischen Migranten hat dies kulturelle Ursachen. Die Wissenschaft ist sich einig darin, dass die gemessene Intelligenz zu 50 bis 80 Prozent erblich ist.«*[2]

* Sarrazin erklärte weiter: »In meinem Buch rede ich zudem nicht von Türken oder Arabern, sondern von muslimischen Migranten. Diese integrieren sich überall in Europa deutlich schlechter als andere Gruppen von Migranten. Die Ursachen dafür sind nicht ethnisch, sondern liegen offenbar in der Kultur des Islam.«

Kultur, Gene, Rasse. Dummheit ist also genetisch bedingt. *Deutschland schafft sich ab* ist eines der meistverkauften Sachbücher der deutschen Nachkriegsgeschichte. Viereinhalb Sterne bei Amazon. Das Thema scheint anzukommen. Auch Bernd Höcke hat sich zum Genetiker aufgeschwungen. Auf einer Veranstaltung im November 2015 sprach er vom »lebensbejahenden afrikanischen Ausbreitungstyp«, der hierzulande »auf den selbstverneinenden europäischen Platzhaltertyp« treffe. Das alles sei »sehr gut nachvollziehbar für jeden Biologen«.[3]

Da war sie wieder, die Biologie. Wir brauchen gar nicht diplomatisch zu sein und diese Aussagen etwas verschämt mit der Rassentheorie im Nationalsozialismus vergleichen. Es handelt sich hierbei um nichts anderes als die Rassentheorie der Nazis. Bei Sarrazin sowohl als auch bei Höcke. Viele möchten genau das hören: Anderthalb Millionen Leser und knapp ein Viertel der Thüringer Wählerinnen und Wähler, darunter viele junge Männer. Als Anhänger der Rassenlehre der Nazis sehen sich die meisten nicht. Sie sind nur besorgt. Und mit diesen besorgten Bürgern müsse man sprechen, ihre Sorgen ernst nehmen. Thüringens CDU-Fraktionsvize Michael Heym macht das, er erwägt eine Zusammenarbeit der CDU mit der AfD und sieht eine »bürgerliche Mehrheit rechts«.[4] Ein neuer Ausdruck, der die unattraktive Wahrheit verschleiern soll. »Bürgerliche Mehrheit rechts« statt »Zusammenarbeit mit Rechtsradikalen«, die will der CDU-Wähler nämlich nicht, das passt nicht zu einer Partei der Mitte. Aber so eine »bürgerliche Mehrheit rechts«, ja warum denn eigentlich nicht? Alles kann passend gemacht werden, solange man dran glaubt.

***

Welt am Sonntag: »Wer ›Kultur‹ sagt und ›Gene‹ und noch lieber ›Rasse‹ gesagt hätte, der muss mit Vorwürfen rechnen.«
Sarrazin: »Ich bin kein Rassist.«

Ich habe mal für einen Fernsehbeitrag ein großes Glücksrad auf die Straße gestellt.[5] Wie es bei Glücksrädern so ist, wollte sofort jeder daran drehen, ohne zu schauen, worum es ging. Nur gab es keine Gewinne. Auf dem Rad standen Wörter wie »Transsexuelle«, »Veganer«, »Türken« oder »Katholiken«. Immer, wenn der Zeiger bei einem Begriff stehen blieb, stellte ich eine kurze Frage: »Und? Wie finden Sie das?« Einen ganzen Tag sprach ich mit weltoffenen Menschen und hörte mir ihre vielen »Abers« an, immer nach dem Prinzip: Erst etwas Positives sagen, dann fällt das Negative nicht mehr so auf. Diversität wird toleriert, solange sie zur eigenen Meinung passt. Passt sie nicht, werden schnell Gründe dagegen gefunden. Ein paar Beispiele:

»Ich esse selbst sehr wenig Fleisch, aber mal ehrlich, wo sollen die ganzen Tiere denn hin, wenn sie keiner mehr isst?«

»Türken finde ich gut, aber bitte nicht in meiner Nachbarschaft.«

»Ich habe nichts gegen Transsexuelle, ganz und gar nicht, aber nicht vor den Kindern, die verstehen das doch noch gar nicht.«

Tritt man auf der Straße in direkten Kontakt mit den Menschen, entsteht der Eindruck, die erkämpfte Freiheit sei heute in Gefahr. Wenn die AfDs, Trumps oder Putins dieser Welt keifen, ist man oft sprachlos ob der Zustimmung, die sie erfahren. Dabei hat das Ganze auch etwas Positives: Die Presse berichtet ausführlicher und genauer, Zeitungen werden wieder vermehrt abonniert, öffentliche Diskussionen werden mit größerer Leidenschaft geführt. Der schäumende Rechte erfährt seit einiger Zeit einen Gegenwind, wie wir ihn lange nicht mehr erlebt haben. Die Demokratie ist wacher denn je, denn das bisher Erreichte wird nach wie vor nicht als selbstverständlich angesehen. Es muss weiter verteidigt werden, bis mein Glücksrad bei jedem Dreh einen Gewinn für unsere freie Gesellschaft zeigt.

Schön wär's. Es tut gut, sich die Welt so vorzustellen. Widerstand, Zeitungsabonnements, Diskussionen, eine lebendige Demokratie. Die Realität sieht anders aus: Den Diskurs in den (sozialen) Medien bestimmt nach wie vor insbesondere die AfD. Sie besitzt bei Facebook mit Abstand die meisten Follower* und generiert über die Plattform einen großen Teil ihrer Reichweite. Eine der ganz wenigen Zeitungen in Deutschland, deren Auflage zunimmt, ist die unter dem Deckmantel des Konservatismus getarnte rechtsradikale *Junge Freiheit*.[6] Und die meisten unentschlossenen Wähler haben nicht etwa die demokratischen Parteien mobilisiert, weil die Menschen ihr Land nicht den Rechten überlassen wollen und mit ihrer Stimme die Demokratie verteidigen. Ganz im Gegenteil, es war die AfD, die bei den Landtagswahlen 2019 in Sachsen, Brandenburg und Thüringen mit Abstand die meisten Nichtwähler an die Urnen ziehen konnte, mit erschreckend enormen Zugewinnen gerade bei jungen Menschen.

Deutschland befindet sich seit Jahrzehnten im Tiefschlaf. Denn solange das Privileg der eigenen Herkunft Schutz bietet, wird die Bedrohung durch rechts nur als peripher empfunden. Die Realität der Migranten jedoch ist eine andere, weil ihnen dieses scheinbare Privileg fehlt. Über die Sorgen und Ängste dieser Gruppe muss unbedingt genauso gesprochen werden wie über die der sogenannten »besorgten Bürger«. Es betrifft immerhin gut ein Viertel der Bevölkerung. Davon sind wir leider noch weit entfernt.

Der Anteil der Migranten an der Bevölkerung unterscheidet sich deutlich innerhalb Deutschlands, je nachdem, wohin man schaut. Während sich in Westdeutschland etwas mehr als ein Viertel der Bevölkerung aus Migranten zusammensetzt, beträgt ihr Anteil in Ostdeutschland gerade mal 8 Prozent. Beim Wohnort wird der Unterschied noch deutlicher: 95 Prozent der Menschen mit Migrationshintergrund lebten 2018 in Westdeutschland und Berlin. Die restlichen 5 Prozent reichen anscheinend aus, um im Osten solch

* Follower bei Facebook Stand Dezember 2019 (gerundet): AfD 480 000, Linke 250 000, CSU 210 000, CDU 185 000, Grüne 200 000, SPD 190 000, FDP 150 000.
NDR und WDR analysierten zur EU-Wahl 2019: »47 Prozent der politischen Diskussionen hatten eine thematische Verbindung zur AfD und zu rechten Themen, obwohl die Gruppe der rechten Unterstützer nur rund zehn Prozent der Nutzer ausmacht.«

ein immenses Bedrohungsszenario zu erschaffen, dass sich ganze Landstriche hemmungslos ihrer Fremdenfeindlichkeit hingeben, von Wahlergebnissen jenseits der 20 Prozent für die AfD bis hin zu selbsternannten »national befreiten Zonen«.

Als ich im beschaulichen Nordwestmecklenburg im Dörfchen Jamel meine Hütte aufbaute, um dort für einige Zeit zu leben und für *Panorama* die Dokumentation »Im Nazidorf«[7] zu drehen, sprach ich dort nicht nur mit den Dorfbewohnern, sondern auch mit Polizisten. Die fuhren im Dorf regelmäßig Streife, nach einem Brandanschlag 2015 auf die Hütte des Künstlerehepaars Lohmeyer. Dazu muss man wissen, dass die Lohmeyers die einzigen sind, die sich in Jamel offen dazu bekennen, nichts für Nazis übrig zu haben. Auch zu meiner Hütte kamen die Beamten immer wieder, um zu schauen, was ich da machte.

Eines Mittags kam ein junger Polizeibeamter aus der Region zu mir, keine zwanzig Jahre alt, mit strahlend blauen Augen. Ich war gerade dabei, das Mittagessen vorzubereiten und ein paar Nackensteaks auf den Rost zu legen, als er sich etwas schüchtern zu mir drehte und sagte: »Sie treten doch für eine bunte Gesellschaft ein. Zu Bunt gehört auch Braun.« Worte, die man von Polizisten in Mecklenburg-Vorpommern, insbesondere in einer selbsternannten »national befreiten Zone«, nicht hören will. Schon gar nicht, wenn genau diese Polizisten ein Auge auf die Nazis in deiner unmittelbaren Umgebung haben sollen. Ich habe dem jungen Polizeibeamten geantwortet, dass Braun durchaus auch zu Bunt dazugehören kann, wenn es das denn möchte. In einer bunten Welt gehört jeder dazu. Nur will Braun nicht zu Bunt gehören. Wenn Braun kaputt machen möchte, was die anderen aufgebaut haben, wenn Braun alle anderen Farben mit Braun übermalen will, dann gehört es nicht zu Bunt dazu. Ich habe nichts gegen Braun, sagte ich, Braun habe etwas gegen mich. Er hat nur genickt und ist gegangen. Ich hoffe, er hat darüber nachgedacht.

Braun ist für mich immer ein Alarmzeichen, mit Ausnahme des

FC St. Pauli. Es ist schier absurd, dass nach den Landtagswahlen in Thüringen immer wieder von dem »Hufeisen« gesprochen wurde, einer vereinfachten Beschreibung des politischen Spektrums, nach der sich die beiden politischen Enden näher sind als ihr Abstand zur Mitte. Dieser unerträgliche Wahn der Kommentatoren, ganz gleich ob aus den Reihen der CDU oder des ZDF, rechts und links immer wieder miteinander zu vergleichen, hat in den letzten Jahren zu der schleichenden Verharmlosung der Rechten geführt. Sicher sind nicht alle AfD-Wähler Rassisten, aber sie alle wählen eine Partei, die vehement fremdenfeindliche Inhalte vertritt. Die Linkspartei mit der AfD zu vergleichen, weil beide an den Polen des derzeitigen politischen Spektrums liegen, suggeriert auch eine vergleichbare Radikalität bei der Umsetzung ihrer politischen Ziele. Dabei habe ich von Bodo Ramelow bislang keine extremistischen Aussagen gehört. Nicht einmal die Großindustriellen will er standrechtlich erschießen lassen, eine beliebte Formulierung bei der AfD und ihren Anhängern. Wir sollten eines nicht vergessen: Das Gegenteil von rechter Gesinnung ist nicht links, das Gegenteil ist *nicht rechts*. Politisches Braun heißt immer: »Du nicht!« Das ist ein sehr großer Unterschied zur politischen Linken. Es ist einerlei, ob sich dieses Braun mit anderen Farben zu tarnen versucht oder nicht, es grenzt immer aus. Wenn man als Ausländer in Deutschland aufgewachsen ist, weiß man das.

Dabei ist Rassismus kein Alleinstellungsmerkmal der Braunen. Er ist in der Gesellschaft im Grunde ständig da. Mal mehr, mal weniger, man gewöhnt sich nur daran und lernt damit umzugehen. Irgendwann hinterfragt man ihn nicht mehr. Ich glaube, das können viele Migranten unterschreiben. Das Wort »Migrant« allein ist schon ambivalent. Einst waren Migranten noch Gäste. Aber als diese Gäste dann doch länger blieben, als Gäste normalerweise nun mal so bleiben, wurden sie zu Ausländern.

Ich selbst war zum Beispiel nie Gast, sondern gleich zu Beginn direkt Ausländer. Ich kam ohne die Absicht, hier zu arbeiten. Zum einen, weil ich nicht freiwillig kam, zum anderen, weil ich erst fünf Jahre alt war. Ich wollte nicht hierher. Weder wollte ich mein Kinderzimmer und meine Spielsachen zurücklassen noch meine Freunde und am allerwenigsten meine Eltern. Dass mir das größte Schlamassel – Sprache und Kultur – noch blühte, ahnte ich nicht. Ich hatte noch nie eine andere Sprache gehört, geschweige denn, dass es andere Kulturen gab, was sollte das überhaupt sein? Die iranischen Fünfjährigen waren damals noch nicht so weit. Zweisprachige Kitas gab es erst für die folgende Generation. Ich war noch so ein richtiger Ausländer, mit schwarzen Haaren, iranischem Pass und absolut keinerlei Sprachkenntnissen. Dass die Ausländer, die damals schon hier lebten, teilweise bereits in zweiter oder – wenn sie besonders fleißig waren – dritter Generation, vorher Gäste gewesen waren und sich nun zu Ausländern gewandelt hatten, davon hatte ich keine Ahnung. Ich war Ausländer und wechselte diesen Status erst 25 Jahre später mit meiner Einbürgerung, mit der ich von der Gesellschaft sozusagen ganz offiziell meinen »Migrationshintergrund« verliehen bekam. Wobei der Begriff damals schon wackelte, hatte ich doch die überwältigende Zeit meines Lebens in Deutschland verbracht. Kindergarten, Vorschule, Schule, Uni, Arbeit, ganz stringent, so richtig spießig. Und deshalb machte man einige Jahre später aus meinem Migrationshintergrund einen politisch korrekten »sogenannten Migrationshintergrund«. Das Attribut »Migrationshintergrund« zur allgemeinen Kategorisierung für Menschen, die ihr ganzes Leben in Deutschland verbracht hatten, gar hier geboren waren, war dann doch irgendwie schwer vertretbar.

Ich wurde und blieb bis heute – ob meiner »vorbildhaften Integration« und langen Verweildauer in der Bundesrepublik, guten Manieren, einem Eid auf die Verfassung, Warten bei Rot, Interesse an deutschem Kulturgut wie Goethe, Wurst und Schlager, Bausparvertrag mit guter Zinsbindung, Vorliebe fürs Lüften kombiniert mit der genauen Kenntnis der Quadratmeterzahl meiner Wohnung, einem überproportionalen Hang zu Ordnung und Effektivität, nicht zu viel

Körperkontakt mit Fremden, Einhaltung der Mittagsruhe, regelmäßigem Besuch von Weihnachtsmärkten, Abheften von Unterlagen in Ordnern, fundiertem Wissen über Hitlers Ostfeldzug und einem sauberen norddeutschen Einschlag in der Sprache, vom Ausländer über Migrant zu einem »Menschen mit einem sogenannten Migrationshintergrund«. Nur Deutscher, das wurde ich nie.

Die Schriftstellerin Jagoda Marinić schrieb in ihrem Aufsatz »Was ist deutsch in Deutschland?« sehr passend über die Problematik des Begriffs Migrationshintergrund:
»Besonders klebrig haftet dieser Migrationshintergrund an jener Generation, die nie eingewandert ist und von denen sich einige weigern, einen anderen Hintergrund zu haben als den, in dem sie geboren sind. Der Gast, der Geduldete, der Ausländer, Eingebürgerte, der Eingewanderte, der Deutsche mit Migrationshintergrund. Es ist, als wollte die Kette nicht enden, nur um nicht sagen zu müssen: Aus dem Gast wurde ein Deutscher. Seine Kinder sind Deutsche. Deutsche sind plötzlich anders, als wir es kannten.«[8]

Weil ich selbst nicht mehr weiß, wer was ist und vor allem was ich bin, werde ich in diesem Buch mit den Begriffen Gastarbeiter, Gäste, Migranten, Ausländer, Deutsche, Biodeutsche, Ethnodeutsche, Einheimische und Eingeborene, Fremde, die, wir, und allem, was Ihnen noch dazu einfällt, gerne auch in Kombination mit sogenannt und in beliebiger Generation, um mich werfen, ohne Anspruch darauf, korrekt zu sein. Man sehe es mir nach. Die Rechtsradikalen allerdings werde ich als das benennen, als was man sie benennen muss. Ihr Handeln und ihre Worte zeigen stets, welch Geistes Kind sie sind, egal hinter welcher Farbe sie sich verstecken. Sie sind Rassisten, Nationalisten, Sexisten, Chauvinisten, Antisemiten und Islamophobe. Mal nur eins, mal alles, mal populistisch, mal radikal, mal extrem. Sie stellen die Gleichheit der Menschen in Frage. Es gibt viele Definitionen für sie, aber Nazis bleiben eben Nazis, und das sollte man auch aussprechen.

Dieses Buch will genau das: aussprechen, was ist, und darauf hinweisen, dass wir uns längst in einer Situation befinden, in der wir dringend handeln müssen, wenn wir den Kampf gegen die Rechten nicht verlieren wollen. Wenn ich in der Folge von der Neuen Rechten spreche, orientiere ich mich an der Definition des deutschen Politikwissenschaftlers Richard Stöss, der feststellt, dass »im Konzept der neuen radikalen Rechten [...] die Bedeutung des Gegensatzes zwischen demokratischem Konservatismus und antidemokratischem Rechtsextremismus relativiert und stattdessen auf Gemeinsamkeiten am rechten Rand des politischen Systems hingewiesen [wird].«[9]

Ich spreche in diesem Buch nicht von der historischen Neuen Rechten, sondern von jenen Kräften, die heute aktiv versuchen, parlamentarisch wie außerparlamentarisch, die freiheitlich-demokratische Grundordnung der Bundesrepublik Deutschland auszuhebeln.

Auch über Rassismus wird gesprochen werden. Es muss sich niemand die Mühe machen, sich eine eigene Definition des Begriffs zurechtzulegen, der französische Soziologe Albert Memmi hat das wissenschaftlich anerkannt schon für uns alle übernommen:

»Der Rassismus ist die verallgemeinerte und verabsolutierte Wertung tatsächlicher oder fiktiver Unterschiede zum Nutzen des Anklägers und zum Schaden seines Opfers, mit der seine Privilegien oder seine Aggressionen gerechtfertigt werden sollen.«[10]

Rassismus ist in unserem Land omnipräsent. Das war er schon immer, er ist jetzt nur besonders sichtbar und anscheinend für große Teile der Gesellschaft wieder konsensfähig geworden. Er ist nicht mehr nur im Kopf des grummeligen Nachbarn von gegenüber, der seine Straße nicht mehr wiedererkennt. Er hat sich tief im Staatsapparat eingenistet, dort, wo kein Rassismus sein darf. Ich kenne unzählige Beispiele, teils aus persönlicher Erfahrung, ob aus der Justiz, auf der Polizeiwache, bei Behörden, vor Gericht oder bei Grenz- und Verkehrskontrollen. Belegen kann ich sie nicht, ich kann nur davon berichten. Natürlich werden sich einige Leser denken: »Sei mal nicht so sensibel, das bildest du dir alles ein. Nur weil man dich ein bisschen härter in die Zelle schubst oder deinen Pass auffällig oft hin und her wendet, ist das nicht gleich Rassismus.« So zu denken, ist zwar nicht in Ordnung, aber ich bin es gewohnt. Ich lasse es meist unkommentiert.

Einmal war die Situation jedoch eine andere, und zwar bei dem Gespräch mit dem jungen Polizisten in Jamel. Ich war dort nicht allein, meinen beiden Kollegen ging diese Situation durch Mark und Bein. Ich habe nur gelacht und erklärt, das sei normal, aber sie fanden das gar nicht normal, aus einem ganz einfachen Grund: Die Polizisten sollten ihnen eigentlich Sicherheit vermitteln. Jetzt, wo einer von ihnen vielleicht, möglicherweise, irgendwie, etwas, ein kleines bisschen rechts sein könnte, hatten sie nicht mehr das Gefühl, beschützt zu werden. Sie waren das erste Mal selbst betroffen. Wie viele von den anderen Polizisten dachten noch so? Der da hinten? Der am nächsten Tag vielleicht auch? Sein Kollege? Ich fand es eher unterhaltsam als beängstigend, weil die Biodeutschen plötzlich in der gleichen Situation waren wie ich und mir nicht mehr nachsagen konnten, dass ich eventuell etwas zu sensibel reagieren würde. Sie hatten beim Anblick der Staatsmacht plötzlich kein gutes Gefühl mehr. Willkommen in meiner Welt.

Die Reportage »Im Nazidorf« war prägend für mich. Zum einen wegen des Erfolgs, zum anderen, weil sie für mich den persönlichen Beginn eines neuen Deutschlands darstellte. Die Recherchen dazu ließen mich das erste Mal wirklich nachhaltig und tief in diese Welt und ihre Phänomene eintauchen, die wir bis heute nicht wieder losgeworden sind. Seitdem sind viele neue Facetten hinzugekommen. Der Nazi ist zu einem scheinbar freundlichen Nachbarn geworden, der sympathisch daherkommt, ganz weit weg von dem gewalttätigen Bild des Skinheads in den achtziger Jahren. Inzwischen ist die Neue Rechte in der Lage, sich einen bürgerlichen Anstrich zu geben, um dahinter ihre wahre Ideologie zu verstecken. Sie will heute weniger abschreckend wirken, harmlos, nett und besorgt, damit jene, die auch so ticken, aber wenig mit dem nationalsozialistischen Denken, das ihren Kern nach wie vor ausmacht, anfangen können, einen leichteren Zugang dazu finden. Ihr Ziel ist eine »bürgerliche Mehrheit rechts«. Die Politik hat diese Gefahr erst unterschätzt und dann, als sie nicht mehr zu leugnen war, einfach gehofft, das würde schon irgendwann wieder vorbeigehen. Doch es ging nicht vorbei, und heute ist er Realität geworden, der Rechtsruck. Er beschäftigt uns täglich auf allen gesellschaftlichen und politischen Ebenen. Dabei wäre es gar nicht so schwer gewesen, diese Entwicklungen rechtzeitig zu erkennen, aufzunehmen und einzudämmen. Es hätte politischen Mut gebraucht, sich dagegenzustellen. Der Mut wurde aber nicht aufgebracht und das Problem stattdessen belächelt, ignoriert, kleingeredet oder darüber hinweggesehen, bis aus einst sicher aufrichtig besorgten Menschen Radikale wurden.

In den vier Wochen, die ich in Jamel und Umgebung verbrachte, sprach ich mit vielen Menschen. Menschen, mit denen ich vorher noch nie gesprochen hatte, die mir in meinem Hamburger Alltag nicht wirklich begegneten. Ich unterscheide mich da nicht sonderlich von anderen, auch ich verbringe meine Zeit hauptsächlich in meiner Blase. Diese Blase hatte ich nun verlassen.

Eines Tages beschlossen wir, in den Nachbarort zu gehen, um dort ein Stimmungsbild der Bevölkerung einzufangen. Im Dorf war nicht viel los. Ich entdeckte einen Friseursalon, von dessen Schaufenster mich das Bild eines Mannes mit einer gut polierten Glatze anlächelte. Wie passend, dachte ich. Die freundliche Friseurin erklärte mir, dass nach dieser »Schnittform« schlicht am häufigsten gefragt wurde, also hatte sie sich dazu entschlossen, auch damit Werbung zu machen. Das war nur konsequent.

Danach machten wir eine Straßenumfrage. Meine Frage an die Passanten war einfach: »Wie finden Sie eigentlich Ausländer?« Der Satz war eher als unterhaltsamer Einstieg ins Gespräch gedacht denn als ernstgemeinte Frage. Ich wollte mit der Bevölkerung ins Gespräch kommen und mehr über sie erfahren, aber die Menschen in Grevesmühlen und Umgebung beantworteten meine kurze Frage sehr gewissenhaft, als wäre es ein lang gehegtes Bedürfnis, einmal ausführlich die eigene Meinung dazu kundzutun.

Ein wohlbeleibter Mann stand etwas verloren vor einem Blumenladen, als ich ihn recht keck von der Seite ansprach. Sofort hatte ich seine ungeteilte Aufmerksamkeit. Er klappte die getönten Gläser seiner Brille souverän nach oben und fing an nachzudenken, ganz intensiv. Weniger über die Antwort, noch aus Verwunderung, auch unsere Kamera spielte keine Rolle, sondern offenbar eher darüber, wie er die Frage so diplomatisch wie möglich beantworten konnte, ohne dabei schlecht rüberzukommen. Eine Meinung hatte er nämlich, aber danach gefragt worden, noch dazu auf offener Straße, war er bisher anscheinend noch nie. Dass ich selbst Ausländer war, fiel ihm nicht auf. Menschen mit Klappbrillen waren mir schon immer etwas suspekt, also dachte ich mir, es lohnt, sich hier etwas mehr Zeit zu nehmen, und wartete geduldig. Er stieg mit einem Satz ein, der inzwischen allbekannt geworden ist. Denken Sie an mein Glücksrad. Niemand hat bisher so schnell wie die Neue Rechte gelernt, ihr menschenverachtendes Weltbild dem aktuellen Sprachgebrauch anzupassen, damit so lange wie möglich verschleiert bleibt, auf welcher Seite das Herz schlägt.

***

Bereits 2014 beleuchtete ich das Phänomen der »Nipster«.[11] Das Kofferwort ist aus der Verschmelzung von »Nazi« und »Hipster« entstanden. In Bad Nenndorf veranstalten die Nazis seit 2006 jedes Jahr am ersten Augustwochenende einen sogenannten »Trauermarsch«, um den »Opfern des alliierten Folterlagers im Wincklerbad« zu gedenken. Bis ins Jahr 2030 hatten sie diesen Marsch dort bereits angemeldet. Tatsächlich sollen die Alliierten im Verhörzentrum Bad Nenndorf Nazifunktionäre gefoltert haben. Ich wollte auf der Demo mit den neuen hippen Nazis ins Gespräch kommen, um zu erfahren, was sie dazu bewegt hatte, Springerstiefel und Glatze gegen Jutebeutel und Hipsterbart zu tauschen, geriet aber schnell an einen aufgebrachten Kameraden, der auf mich zugestürmt kam und mir vorhielt, dass ich überhaupt keinen Respekt vor dem zeigen würde, was hier mal geschehen sei. Nur weil es Nazis gewesen waren, die hier gefoltert wurden, würden »wir« es gutheißen. Um uns herum klatschte man Beifall. »Wir« hatten mit dem Dreh noch gar nicht wirklich angefangen, doch das NDR-Logo reichte anscheinend aus, um unsere Absichten zu beurteilen. Ich drehte mich daraufhin zur Kamera, nahm mein Handmikrofon und sagte: »Niemand hat das Recht, andere zu foltern, auch nicht die Siegermächte einen Nationalsozialisten. Gewalt ist immer abzulehnen. Diese Taten sind zu verurteilen. Michel Abdollahi, Norddeutscher Rundfunk.«

Danach war eine seltsame Ruhe. Vielleicht bewirkte das etwas in ihm, denn schließlich beantwortete er doch meine Frage nach dem Warum der »Nipster« und erklärte, dass man mit dem martialischen Bild des Neonazis aus den Achtzigern keinen Nachwuchs mehr gewinnen könne. Die Jugend hätte keine Lust mehr auf Stiernacken und Bomberjacken, man wolle mit der Zeit gehen, also habe man sich entschlossen, diese neue Bewegung zu unterstützen, auch wenn er persönlich mit dem neumodischen Quatsch nicht viel anfangen könne.

Was die Neonazis damals beobachtet hatten, wurde später von der Neuen Rechten adaptiert und perfektioniert. Die haben erkannt, dass Begriffe wie »Rasse« und »Arier« abschreckend wirken, weil sie Erinnerungen an finstere Zeiten der deutschen Geschichte hervorrufen. Deswegen spricht die Neue Rechte auch nicht mehr von Rasse, sondern von Kultur. Es gelte, die »deutsche Kultur zu bewahren«,[12] nicht, die »deutsche Rasse zu schützen«. Man spricht auch nicht mehr von Ariern, sondern von »Ethnodeutschen«. Als Frauke Petry forderte, das Wort »völkisch« wieder positiv zu besetzen,[13] war das nichts anderes als ein notdürftig verklausuliertes Plädoyer dafür, Nazivokabular wieder zu benutzen, gepaart mit der Hoffnung, dadurch eine Normalisierung dieser Begriffe und ihrer Bedeutung herbeizuführen.

Das war 2016. Heute sind Begriffe wie »Heimatschutz«, »konservative Revolution« und »nationale Identität« im Sprachgebrauch bereits so verfestigt, dass der Kern ihrer Bedeutung völlig in den Hintergrund gerückt ist. Die wenigsten rufen heute noch »Deutschland den Deutschen!«, dabei meinen sie mit der Forderung nach der »Wahrung der deutschen Kultur und Identität« nichts anderes. Besonders kompliziert wurde es mit dem »Nafri«, der internen Arbeitsbezeichnung der nordrhein-westfälischen Polizei für Nordafrikaner oder nordafrikanische Intensivtäter. Nur ist der Begriff dadurch, dass er eine interne Arbeitsbezeichnung der Polizei ist, nicht weniger entmenschlichend, er ist ein Paradebeispiel für biologistischen Rassismus. Jan Böhmermann fragte am Neujahrstag 2017 deshalb bei Twitter berechtigt: »Was ist eigentlich der Unterschied zwischen Nafri und Neger?«

Eine Antwort bekam er nicht, denn Nafri wirkte im Vergleich zum N-Wort so harmlos, dass an Rassismus scheinbar gar nicht zu denken war. Nafri für NordAFRIkaner, einfach eine sinnvolle Abkürzung? Man hätte die Frage nach dem Unterschied ganz einfach beantworten können: Es gibt keinen.

Viele dieser neuen Begriffe haben sich langsam ausgebereitet. Erst über rechte Medien wie *Compact*, dann in deutschsprachigen Leitmedien wie der *Frankfurter Allgemeinen Zeitung*, und dann selbst in den sonst so vorsichtigen linken Medien, weil die Menschen in dieser Sprachverwirrung die Übersicht verloren hatten. Es ging so weit, dass die MDR-Moderatorin Wiebke Binder am Abend der Landtagswahlen in Brandenburg und Sachsen eine Koalition aus CDU und AfD als »bürgerlich« bezeichnete und dafür, selbstverständlich, von der AfD viel Beifall erhielt. Es war offensichtlich gelungen, die Umdeutung von Begriffen schleichend durch ständige Wiederholung so lange voranzutreiben, bis auch für eine Moderatorin des öffentlich-rechtlichen Rundfunks die Grenzen zwischen rechtsradikal und bürgerlich vollkommen verschwommen waren. Nach großer medialer Entrüstung äußerte sich schließlich der MDR-Chefredakteur Torsten Peuker dazu:

»Eine Wahlsendung ist eine Live-Sendung, da ist ein Versprecher, eine Verwechslung, eine Unschärfe in einer Formulierung auch mal möglich. Hier handelte es sich klar um einen Versprecher, für den wir uns entschuldigen.«[14]

Ich bin überzeugt, dass Wiebke Binder keine verkappte AfD-Sympathisantin ist, die in der Wahlsendung subtil Meinungsmache betreiben wollte. Ich denke, sie war sich dessen nicht bewusst, was sie da gerade sagte, und genau das zeigt in erschreckender Weise, wie gut die Propaganda der Neuen Rechten gefruchtet hat. Jedes Argument, jeder Fakt, jede andere Meinung wird von ihnen als »Hetze« abgetan und damit jegliche Basis für eine ernsthafte Auseinandersetzung zerstört. Diese Menschen dann auch noch als »bürgerlich« zu bezeichnen, ist blanker Hohn für die, die sich wirklich für Bürgerlichkeit einsetzen, für das gemeinsame Miteinander.

Rechtsradikale sind nicht bürgerlich, auch wenn sie das gerne wiederholen. Sie bleiben Rechtsradikale. Es ist schlicht nicht möglich, die AfD zu wählen und sich selbst in der bürgerlichen Mitte zu verorten. Wo sich die AfD im politischen Spektrum sieht, entscheidet sie nicht selbst, sondern die Wissenschaft auf Grundlage der politischen Thesen und Forderungen der Partei, und die sind schlicht und ergreifend rechts. Wenn man rechts wählt, sich aber davor fürchtet, als rechts bezeichnet zu werden, weil rechts negativ konnotiert ist, kann man nicht einfach behaupten, dass man eine bürgerliche Partei wählt, nur weil sich das besser anhört.

Mir geht es hier nicht darum, den Begriff »bürgerlich« zu definieren, sondern darum, was es mit Menschen macht, wenn man sich hinter Begriffen versteckt, um die Wahrheit erträglicher zu machen. Es macht im Ergebnis keinen Unterschied, ob die Nazis die Springerstiefel gegen Jutebeutel tauschen, damit ihnen die Anhänger nicht weglaufen oder die AfD ihre Radikalität hinter dem Begriff Bürgerlichkeit tarnt, um den Einstieg für den noch Wankenden und die Rechtfertigung für den Parteigänger zu erleichtern. Der Kern der Sache bleibt gleich, oder wie es bei *Two and a Half Men* mal hieß: Man kann einer Ziege einen Frack anziehen, aber Ziege bleibt Ziege.

Den Trauermarsch in Bad Nenndorf gibt es übrigens nicht mehr. Die Neonazis haben nicht bis 2030 durchgehalten. Die 11 000-Einwohner-Gemeinde hat sich jedes Mal gegen die braunen Trauergäste gestellt, bis sie aufgegeben haben. Ein ziemlich hohes Nazitier hat mir gesagt, dass die Bad Nenndorfer Gegendemonstranten sich immer als Schlümpfe verkleidet und Schlumpflieder gesungen hätten. Das sei den richtigen Glatzen dann doch zu doof geworden, weswegen sie nicht mehr hingegangen seien. Seit 2016 wird nicht mehr getrauert. Danke, Vader Abraham.

***

Zurück zur Klappbrille. Das Problem mit der Nazisprache war 2015 zumindest noch nicht allen bewusst. Die Formulierung, die die Klappbrille benutzte ist mittlerweile jedoch für viele, insbesondere für Migranten, zu einem Sinnbild des neuen deutschen Rassismus geworden, der sich heute quer und offen durch alle gesellschaftlichen Schichten zieht. Ein geflügeltes Wort, eine Phrase für die Ewigkeit, die den Rassisten inzwischen stets und überall entlarvt. Die Klappbrille antwortete nach einigem Überlegen auf meine Frage »Wie finden Sie eigentlich Ausländer?« schließlich mit den magischen Worten: »Ich habe nichts gegen Ausländer, aber …«. Dieses »aber«, das deutscher nicht sein kann.

Die Erläuterung nach dem »aber« fiel weit ausführlicher und detaillierter aus als die Einleitung. Es schien ihm ein langgehegter Wunsch gewesen zu sein, diese Gedanken mit jemandem zu teilen. Grundsätzlich machte er Abstufungen: Es gab die schlechten Ausländer. Die sprachen laut, behandelten ihre Frauen nicht gut und benahmen sich generell nicht so, wie er es für richtig hielt. Woher er wisse, dass »die« ihre Frauen schlecht behandelten, konnte er nicht sagen, es sei ein allseits bekannter Fakt. Er beschrieb damit in klassischer

Weise das Stereotyp des gemeinen Muslims, ein fiktives Bild, das sich 2015 schon längst durch ständiges Wiederholen zu einer gefühlten Realität entwickelt hatte, ganz ähnlich dem raffgierigen Juden der Nazipropaganda mit langer Nase und den Taschen voller Gold.

Wen die Klappbrille hingegen gut fand, das waren die Ostasiaten, »die Fidschis«, wie er sagte, ein abwertender Begriff für vietnamesische Vertragsarbeiter in der DDR, dem Pendant zum westdeutschen Gastarbeiter. Die seien »leise, sie stehen still und sie sprechen nur, wenn man sie anspricht.« Damit ich es auch wirklich verstand, machte er es mir vor. Er malte einen Tisch in die Luft, stellte sich fiktiv dahinter, den Kopf gesenkt, den Körper leicht gebeugt, die Hände am Körper, der Blick demütig, darauf wartend, von der Klappbrille angesprochen zu werden. »Das waren Dienstleister. Bis heute.« Gegen diese Ausländer habe er nichts, ganz im Gegenteil. Aber gegen die anderen schon. Die möge er nicht. Leise, demütig und unsichtbar müsse man sein.

Was er damit meinte, lag auf der Hand. Solange man »niedere« Tätigkeiten ausübte, sich nicht in den gesellschaftlichen und politischen Diskus einmischte und dankbar war mit dem, was einem zugeteilt wurde, war man vielleicht nicht gerade willkommen, wurde aber zumindest toleriert. Was die Klappbrille wollte, waren klassische Fabrikarbeiter, Putzkräfte und Taxifahrer, aber bitte keine aufmüpfigen Journalisten, die das Land schlechtredeten und auch noch von »seinen« Rundfunkbeiträgen bezahlt würden. Gäste müssen sich benehmen, und wer Gast ist und wer nicht, das entscheidet die Klappbrille selbst und nicht das Gesetz. Wer in dieses Land kommt, hat sich anzupassen. Dabei reicht es nicht, die Sprache zu lernen, die Gesetze zu befolgen, seine Steuern zu zahlen, nein, man muss die Demut vor dem Gastgeber nicht nur empfinden, sondern auch aktiv zeigen.

Da sind wir wieder am Anfang: Ausländer, ja bitte! Aber nach unseren Regeln. Das aber kann und darf nicht sein. Das ist weder das Deutschland, das ich kenne, noch das Deutschland, in dem ich leben will. Dieses Deutschland ist nicht erstrebenswert, es ist nicht das Deutschland der Einigkeit, weil Einigkeit alle umschließt. Solch ein Deutschland wäre kein Rechtsstaat, weil das Recht für alle gleichermaßen gelten muss. Und es wäre auch nicht das Deutschland der Freiheit, denn Freiheit ist immer die Freiheit des Andersdenkenden. Wer kann schon glaubhaft von sich behaupten, Deutschland retten zu wollen, wenn er dafür Einigkeit und Recht und Freiheit abschaffen will?

Ich fragte die Passanten in Grevesmühlen damals auch danach, was sie denn wählten. Bei der Fülle an rassistischen Ressentiments gegenüber Migranten konnten sie alle ja nur NPD oder AfD wählen, dachte ich. Aber weit gefehlt. Von der Linken über SPD bis zur CDU wurden alle Parteien genannt. Die Gemeinsamkeit dieser Menschen war damals nicht die Parteizugehörigkeit, es war die Ablehnung von Migranten. Heute ist die gemeinsame Parteizugehörigkeit hinzugekommen, diese Menschen haben in der AfD eine politische Heimat gefunden.

***

Es war im Herbst 2019, als Hiobsbotschaften von den Landtagswahlen in Sachsen, Brandenburg und Thüringen salvenartig durch Presse und soziale Medien schossen. Angst und Schrecken: Würde die AfD über 20 % der Stimmen holen? Stärkste Kraft werden? Zweitstärkste Kraft? Was würde dann passieren? Dabei wird oft vergessen, dass die AfD bereits 2016 zweimal deutlich zweitstärkste Kraft wurde: in Mecklenburg-Vorpommern mit 20,8 % und in Sachsen-Anhalt mit 24,3 %. So neu ist die Entwicklung also nicht, von der alle Parteien so überrascht scheinen. Sie haben es auch drei Jahre nach diesen beiden Wahlen versäumt, irgendein Gegenmittel zu finden. Sie haben es nicht vermocht, diese Menschen, die ich damals auf der Straße befragte und die sich damals noch querbeet durch das demokratische Parteienspektrum wählten, wieder einzufangen.

Vielleicht, weil sie nicht einzufangen waren, aber eher doch, weil man dachte, es würde schon irgendwie gutgehen. Meine Sorge ist, was passiert, wenn das auch weiterhin versäumt wird, von Wahl zu Wahl, bis keine stabilen demokratischen Mehrheiten mehr möglich sind, wie jetzt schon in Thüringen, und sich die Wahlabend-Floskel »Es haben zwar zehn Prozent radikal rechts gewählt, aber die anderen 90 % haben sich ja für die Demokratie ausgesprochen! Konfetti!«* überholt hat. 2019 sind wir in Sachsen nämlich nur noch bei 72,5 %.

Der Tenor der Straße hat sich nicht geändert, seit ich in Jamel war: Sei leise und unauffällig, dann wirst du geduldet. Begehrst du auf, möchtest du vielleicht sogar plötzlich Bundeskanzler werden, dann ist es Zeit, in die »Heimat« zurückzukehren. Je nach Horizont muss es auch gar kein hohes politisches Amt sein, es reicht oft schon der eigene Vorgesetzte. In der Debatte um einen möglichen Bundespräsidenten mit Migrationshintergrund haben wir erkennen können, wie weit selbst unter den Gebildeten der Mitte die Gleichheit zwischen Biodeutschen und Migranten angezweifelt wird, wenn es nach ganz oben gehen soll. Irgendwann wird irgendwo dann doch immer unterschieden, mal früher, mal später. Die systematische Ausgrenzung geht durch alle Schichten.

Rechts hat nichts mit Bildung zu tun. Rechts wird man, wenn man sich bedroht fühlt. Weil einem andere eine Bedrohung durch einen erdachten Feind suggerieren, der einem etwas wegnehmen will. Genauso wenig hat rechts etwas mit dem Alter zu tun.[15] Bei den Landtagswahlen in Sachsen, Brandenburg und Thüringen ist die AfD bei fast allen Altersschichten die stärkste Kraft, selbst bei den unter 24-Jährigen. Nur die Alten, die Ü60er, die gaben den demokratischen Parteien mehrheitlich ihre Stimme. Kommt die Vernunft doch im Alter? Oder müssen wir Angst davor haben, was passiert, wenn diese Generation mal weg ist?

* Landtagswahl Sachsen 2014, die AfD holte 9,3 % der Stimmen.

Wir sollten nicht darauf hoffen, dass sich alles irgendwann von selbst wieder ändert. In Anbetracht der Situation sollten wir überhaupt aufhören zu hoffen. Wir alle. Hoffen führt hier zu gar nichts mehr. Wie sagt Nico Semsrott mit seinen Unglückskeksen so schön? »Die Hoffnung stirbt zuletzt. Aber sie stirbt.« Dass Rassismus und Rechtsradikalismus sicherlich kein deutsches Problem sind, steht außer Frage, aber man sollte immer erst vor der eigenen Haustür kehren. Alles andere ist »Whataboutism«. Wir müssen uns eingestehen, dass wir ein großes Problem haben. Dresden hat das getan und 2019 den »Nazinotstand« ausgerufen. Dieser Notstand ist zwar mit einem Fragezeichen versehen, doch der Beschluss besagt, dass »Landesbehörden mit allen Mitteln des Rechtsstaates konsequent Täterinnen und Täter [rechter Gewalt] verfolgen« sollen.[16] Bleibt nur die Frage, was sie vorher gemacht haben.

Beim Schreiben dieses Buches hat mich die Realität gleich mehrfach eingeholt: Drei Landtagswahlen und der Anschlag von Halle. Aus (wieder mal) theoretischen Überlegungen wurde (wieder mal) Realität. Noch mal und noch mal und noch mal. Die Reaktionen auf Halle zeigten erneut völlig entrückte Politiker, fern jeder Realität. Wieder will man jetzt ganz schnell den Rechtsruck aufhalten, dafür aber im Grunde genommen nichts tun. Wenn die Bundesregierung wenige Tage vor dem Anschlag ihr eigenes Programm »Demokratie leben«, das sich um die Demokratieförderung kümmern soll, kürzt,[17] dann erscheinen alle Aufrufe zum Handeln nach dem Anschlag nicht nur als reine Lippenbekenntnisse, nein, die erschreckenden Fehleinschätzungen werden in diesem Zusammenhang sichtbarer denn je. Wenn Neonazi-Aussteiger-Programme wie »Exit« oder Anti-Rassismus-Kampagnen wie »Gesicht zeigen«, die alle gegründet wurden, weil wir ein gesellschaftliches Problem mit Antisemitismus, Fremdenfeindlichkeit und Islamophobie haben, aus finanzieller Not um ihre Existenz fürchten müssen, dann ist es berechtigt zu fragen, wie der Staat Rechtsradikalismus eigentlich bekämpfen will.

Wenn die CDU-Vorsitzende Annegret Kramp-Karrenbauer nach solch einem Angriff von einem »Alarmzeichen« spricht und von einem Handlungsbedarf philosophiert* – nach den unzähligen Angriffen auf Migranten in den letzten Jahren, den Schüssen auf Flüchtlingsunterkünfte und Tausenden registrierten antisemitischen und islamophoben Straftaten –, dann reicht es nicht, dafür nur einen Shitstorm zu ernten. Man muss ihr die Eignung für das Amt der Bundeskanzlerin absprechen.

Dabei war sie keineswegs die einzige Überraschte. Die skurril bis verstörend wirkenden Reaktionen der Politiker zogen sich durch sämtliche Lager. Während die Schergen der Rechten ihr Weltbild durchsetzen, scheint die Führung unseres Landes die vergangenen Jahrzehnte in einem Paralleluniversum verbracht zu haben. Wie kann das sein? Ich sage es Ihnen: Das Versagen, dem Rechtsextremismus etwas entgegenzusetzen, lässt sich in einem Wort zusammenfassen: Einzeltäter. Immer wieder rechte Einzeltäter. Und damit kein Problem. Wenn die Politik auch hier weiter so handelt, wie sie es bei der Bekämpfung des Klimawandels macht, diesem ambitionslos zusammengeschusterten Päckchen, dessen Inhalt für einen europäischen Führungsstaat ebenso unzureichend wie beschämend ist, dann gute Nacht.

Wenn mal gehandelt wird, kommen mitunter befremdliche Dinge dabei heraus. 2014 beispielsweise konnte das Oberlandesgericht kein antisemitisches Motiv nach einem Brandanschlag auf eine Wuppertaler Synagoge erkennen. Der Angriff sei politisch motiviert und als Kritik an Israels Gaza-Politik zu werten. In einem Artikel im *Tagesspiegel* schrieben Abraham Cooper und Yitzchok Adlerstein dazu: »Bis heute wurde diese skandalöse Entscheidung nur von wenigen

* Die CDU teilte auf Twitter ein Visual Statement von Annegret Kramp-Karrenbauer: »Ein solcher Angriff am höchsten jüdischen Feiertag ist ein Alarmzeichen, das niemanden in Deutschland unberührt lassen kann. Ich bin traurig und wütend, weil zwei Menschen sinnlos getötet worden sind. Ihnen und ihren Familien gilt unser tiefes Mitgefühl.« Dafür wurde sie in den sozialen Medien heftig kritisiert.

prominenten Deutschen kritisiert. Wenn es unbeanstandet bleibt, gefährdet es die demokratischen Werte Deutschlands. Der Harvard-Professor Alan Dershowitz drückt es folgendermaßen aus: ›Die Idee, ein Angriff auf eine Synagoge sei als anti-israelischer politischer Protest zu rechtfertigen und nicht als antijüdische Hasstat einzuordnen, ist so absurd wie die Behauptung, die Reichspogromnacht sei ein Protest gegen den schlechten Service jüdischer Ladenbesitzer.‹ Oder, so könnte man anfügen, eine angesteckte Moschee sei ein Zeichen des Protests gegen ISIS.«[18]

Die AfD hingegen hat ihr Nest schon längst gebaut und ist dabei, zu handeln. Die Zugewinne bei den Landtagswahlen mögen erschreckend wirken, schlimmer ist aber ihre Arbeit in den Kommunen, wo sie sich unbemerkt tief in das normale Leben eingegraben hat und von unten versucht, gesellschaftspolitischen Einfluss auszuüben. Bei einer Veranstaltung in Köln sagte mir ein Verein, der benachteiligten Kindern und Jugendlichen Nachhilfe- und Freizeitangebote zur Verfügung stellt, dass die AfD-Abgeordneten auf Kommunalebene ihnen das Leben schwer machten, weil im Verein vorwiegend Migranten arbeiten würden. Das systematisch angewandte Mittel der politischen Anfrage habe nur das Ziel, das geförderte Programm zu behindern und die freien Träger der Vereine zur Aufgabe zu bringen.

Die AfD betreibt aktiv Kampagnen gegen Vereine, die nicht im Sinne ihrer Doktrin handeln. Es sind diese kleinen, meist unsichtbaren Mittel, mit der die AfD ihre Denke durchsetzen will, und es gelingt ihr zunehmend, weil sie gelernt hat, wo die Schwachstellen unseres Systems sind und wo man nicht abgeneigt ist, ihr zuzuhören.

Wie weit diese Zusammenarbeit geht, zeigt die CDU in Sachsen-Anhalt, wo sie in einem Gemeinderat mit der AfD kooperierte. Auf die Zusammenarbeit mit AfDler Martin Ahrendt angesprochen, der regelmäßig auf Facebook Nazipropaganda teilt, sagte der örtliche CDU-Fraktionsvorsitzende Gunter Czyrnik: »Wir haben uns darauf geeinigt, dass wir das beenden, sobald ein Pressezirkus entsteht.«[19] Ich denke, man kann diesen Satz unkommentiert lassen. Der Rechtsextremismusforscher Matthias Quent sagt zu dieser Entwicklung: »Wenn die Annäherung, die es in verschiedenen kommunalen Parlamenten bereits gibt, von der CDU nicht eingefangen wird, dann kann das der Anfang sein einer übergreifenden Normalisierung und Annäherung der beiden Parteien.«[20] Bürgerliche Mehrheit rechts eben. Eine Mehrheit gegen alle, die nicht so denken.

Dabei darf man nicht den Fehler machen anzunehmen, diese Ablehnung beträfe nur die muslimischen Migranten. Die vielen verbalen Entgleisungen der AfD könnten dazu verleiten zu denken, dass die Muslime so etwas wie die neuen Juden in Deutschland seien. Das ist nicht richtig. Der Anschlag von Halle hat das bestätigt. Muslime sind für die Neue Rechte nur eine Ergänzung ihres menschenverachtenden Weltbildes. Der Antisemitismus besteht weiter ungebrochen, die Islamophobie erweitert nur ihr Feindbild. Wenn die Synagogentür nicht aufgeht, dann eben der Dönerladen. Man muss in aller Deutlichkeit sagen, dass es dann nicht mehr reicht, »Halle ist bunt« zu skandieren, wie es Bürgermeister Bernd Wiegand nach dem Anschlag ganz automatisch tat.* »Ich will in so einem Land nicht leben«, wie man es immer wieder in den sozialen Medien liest, reicht da einfach nicht mehr. Wir leben bereits in so einem Land. Wer das kleinredet, sieht nicht, was passiert. Halle ist kein Alarmsignal, es ist die logische Folge dieser Politik.

Aber auch der Anschlag von Halle wird bald vergessen sein. Einzeltäter. Bis zum nächsten Alarmzeichen. Damit muss jetzt Schluss sein. Ich denke, das Ausmaß dessen, was sich in den letzten Jahren wirklich ereignet hat, wird einem nur dann klar, wenn man es sich ungeschönt vor Augen führt. Es ist viel passiert, manchmal so viel, dass man den Überblick zu verlieren droht. Ich habe diese Entwick-

* Oberbürgermeister Bernd Wiegand (parteilos) sagte nach dem Anschlag auf die Synagoge von Halle seine Stadt sei »bunt und vielfältig« und »Halle ist kein rechtsextremes Zentrum«. Die Stadt ginge stattdessen »ganz konsequent gegen rechts vor«.

lungen deshalb in diesem Buch zusammengefasst, damit sich erkennen lässt, welcher Schaden bereits angerichtet wurde.

75 Jahre nach dem Terror der Nationalsozialisten ist der Schutz von jüdischen Einrichtungen in Deutschland immer noch nötig. Muslimische Einrichtungen werden bald ebenso gefährdet sein, wenn sie es nicht schon längst sind. Die Neue Rechte richtet sich gegen alle, die nicht in ihr Weltbild passen. Diese Entwicklung betrifft sehr viele Menschen in diesem Land. Sie ist keine Frage des Glaubens. Wir dürfen die Augen nicht weiter davor verschließen.

Aus dem Bustan

Ein Wölfchen wuchs auf bei einem Mann,
als es groß war, fiel es ihn an.

Als die Seite nun offen und der Tod im Angesicht,
eine weise Stimme sich über ihn beugt und spricht:

»Wusstest du nicht, dass dich einst wird verwunden,
der Feind, dem du in Liebe warst verbunden?«

Saadi

از بوستان سعدی

یکی بچه گرگ می پرورید   چو پروده شد خواجه بر هم درید
چو بر پهلوی جان سپردن بخفت   زبان آوری در سرش رفت و گفت
تو دشمن چنین نازنین پروری   ندانی که ناچار زخمش خوری

1986–2014

Die alte Ordnung

Verständigung

Einem Kind kann man nicht verständlich machen, warum sich bestimmte Menschen nicht mögen, nur weil sie anders aussehen. Kinder verstehen das nicht. Kinder kennen keinen Rassismus, sie erlernen ihn erst im Laufe ihres Lebens.

An meiner Grundschule war ich neben einem anderen Jungen, den alle »Schokolade« riefen, weil er so dunkel war, der einzige Ausländer. Ich nannte ihn auch so, ich hatte keine Ahnung, dass es falsch war. Kinder eben, so sind sie, ungezwungen und ehrlich. Nein, eben nicht: Kinder sind ahnungslos und auf sich selbst gestellt. Natürlich hätte uns ein Lehrer aufklären müssen, aber das geschah nicht. Sicher würde eine frühe Sensibilisierung die Grundlage dafür schaffen, sich im Laufe des Lebens immer wieder mit diesem Thema auseinanderzusetzen, damit aus einem vermeintlichen Scherz später keine echte Fremdenfeindlichkeit wird. Hier ist noch immer einiges zu tun.

Anfang der neunziger Jahre gesellte sich mit Olga das erste Kind aus der sich im Zerfall befindenden Sowjetunion dazu. Damals war ich in der dritten Klasse und konnte mittlerweile schon ganz gut Deutsch. Olga war Armenierin oder Aserbaidschanerin, ich erinnere mich nicht mehr so genau, auf jeden Fall aus einer ehemaligen Sowjetrepublik, die eine Grenze zum Iran hatte. Das Mädchen mit dem runden Gesicht und den herzlichen Eltern war nun die Neue in der Klasse und wurde deshalb natürlich von allen etwas kritischer beäugt, wie das eben so ist, wenn jemand zu einer bestehenden

Gruppe dazu stößt. Von Begriffen wie Migrationshintergrund und Integration waren wir damals noch sehr weit weg.

Olga wurde in die Klasse gesetzt und alle wunderten sich, warum das zehnjährige Mädchen einen nicht verstand, wenn man es ansprach. Unverhofft wurde aus mir, dem einst selbst Unverstandenen, die Brücke zwischen Olga und Deutschland. Als Olga nämlich von der Lehrerin auf Deutsch angesprochen wurde, machte sie mehrere Anläufe, sich verständlich zu machen. Erst auf einer Sprache, die ich nicht verstand, dann aber plötzlich auf Persisch. Olga sprach tatsächlich Persisch! Das führte zu einer ähnlichen Ratlosigkeit zwischen allen Parteien wie drei Jahre zuvor, als ich neu in der Klasse saß, nur diesmal mit dem Unterschied, dass es jemanden gab, der ihre Sprache sprach. Also meldete ich mich und erklärte meiner Lehrerin, dass ich Olga verstand. Allgemeines Staunen. »Soll ich übersetzen?«, fragte ich. Noch größeres Staunen. Was sollte das heißen, »übersetzen«? Für viele Kinder war das noch ein Fremdwort, ich jedoch hatte das Wort besonders schnell gelernt und auch Olga kannte es. Bei uns zu Hause musste ständig übersetzt werden. Also übersetzte ich, und ich glaube, die meisten meiner Mitschüler hörten mich das erste Mal in meiner Muttersprache sprechen, fleißig zwischen Deutsch und Persisch hin und her wechselnd, sodass Olga dem Unterricht folgen konnte.

Irgendwann war Olga plötzlich weg. Sie kam nicht mehr zur Schule. Was passiert war, wussten wir nicht. Es erklärte uns auch niemand. Rückblickend denke ich, dass die Familie entweder eine größere Wohnung bekommen hatte und umgezogen war oder abgeschoben wurde. Ich hoffe Ersteres. Auch wenn es nur kurz war, es war ein schönes Gefühl, jemandem eine Stimme zu geben. Die Macht der Sprache wurde mir da zum ersten Mal so richtig bewusst. Olga hatte nicht meinen Weg gehen müssen und das machte mich froh.

Nun hatte ich das Glück, von liebevollen Eltern großgezogen zu werden, die sich um ihr Kind kümmern konnten, weil Zeit und Geld da waren. Wobei der größte Luxus sicher ihre Sprachkenntnisse waren. Ich denke mittlerweile nicht mehr, dass die Sprache der einzige Schlüssel zum Erfolg ist. Diese These hat sich schlicht nicht bewahrheitet, sonst wären viele Migranten der zweiten, dritten, vierten und fünften Generation wesentlich besser integriert. Aber die Sprache ist ein wichtiger Faktor beim langen Prozess der Integration. Den einen Schlüssel zu einer gelungenen Integration gibt es nicht. Integration ist leider oft Einzelfallhilfe; dabei gibt es sicher Faktoren, die, wenn nicht allgemeingültig, zumindest doch gute Ergebnisse liefern. Ich erinnere mich an eine Podiumsdiskussion, an der ich zusammen mit jungen geflüchteten Syrern um die zwanzig aus Aleppo teilnahm. Ich sprach damals lange über die Bedeutung der Sprache für eine gelungene Integration, bis mir einer der Teilnehmer in fließendem Englisch entgegnete, er wolle die Sprache gar nicht lernen, weil er Deutsch als nicht wichtig erachte. Es könne eh jeder Englisch. Ich musste an Bundesgesundheitsminister Jens Spahn denken, der sich in der *Zeit* über »Hipster-Parallelgesellschaften« echauffiert hatte, in denen nur noch Englisch gesprochen würde.[1] Englisch in deutschen Großstädten? Für Jens Spahn »das augenfällige Symptom einer bedauerlichen kulturellen Gleichschaltung«. Wer Englisch spreche, sei nicht etwa cool und international, sondern er betreibe damit »provinzielle Selbstverzwergung«. Selbstverzwergung, Herr Spahn, welch Gourmet-Wort der deutschen Sprache. Diese »elitären Hipster« seien eine »Zumutung«. Neulich sei er in einem Berliner Restaurant vom Kellner auf Englisch angesprochen worden. Also, in Paris sei ihm das nicht passiert. Was uns Herr Spahn damit eigentlich sagen wollte, kann ich bis heute nicht ganz verstehen. Außer purem Populismus ist in diesen Aussagen nicht viel zu erkennen.

Als ich den Syrer sagen hörte, dass er mit Englisch hier gut klarkommen würde, war ich auf der einen Seite ganz froh, dass wir uns in Deutschland von *you can say you to me* verabschiedet und nun zumindest in Berlin auch im Englischen die *nose in front* haben. Diese Internationalisierung hat sicher in den vergangenen Jahrzehnten zu einer deutlichen Weltoffenheit in Deutschland geführt.

Aber so gar kein Deutsch lernen zu wollen? Ich wollte auch nicht ständig in Deutschland auf einer anderen Sprache angesprochen werden, dafür hatte ich mir erstens viel zu viel Mühe gegeben, diese Sprache zu erlernen, und zum anderen bin ich so gut integriert, dass ich es als meine Pflicht ansah, die deutsche Sprache in Aleppo zu verteidigen. Dennoch hatte ich kein wirkliches Argument gegen den jungen Mann in der Hand, um mit der These »Die Sprache ist der Schlüssel zu einer gelungenen Integration« zu punkten. Denn natürlich wusste auch ich, dass es viele Migranten in diesem Land gibt, die Deutsch längst als Muttersprache sprechen und von Integration trotzdem noch sehr weit weg sind. Was ich aber anführen konnte, war, dass mangelnde Sprachkenntnis oft zu Angst führt, weil immer die Sorge besteht, im Gespräch grobe Fehler zu machen. Diese Angst führt oft zu Frustration, weil man sich erst gar nicht traut, das, was man sagen will, zu sagen. Letztendlich entsteht daraus entweder eine partielle oder eine grundsätzliche Fehlkommunikation, die schließlich in einer beidseitig wahrgenommenen Ausgrenzung gipfelt, weil man sich nicht richtig verständigen kann. Dieses Problem besteht insbesondere da, wo es auf die Feinheiten der Sprache ankommt, bei Themen wie Politik, Gesellschaft und Religion. So entstehen Parallelgesellschaften, die wiederum denen Angst machen, die nicht verstehen, warum solche gesellschaftlichen Gebilde entstehen, und am Ende haben alle Angst voreinander. Was es braucht, ist eine richtige Mischung aus Sprachkenntnissen und Kümmern. Die zu finden, ist die wahre Herausforderung.

***

In meine erste Parallelgesellschaft rutschte ich gleich nach meiner Ankunft aus dem Iran. Der Erste Golfkrieg dauerte da schon mehr als sechs Jahre und mit meinen fünf Jahren stand ich kurz davor, keine Ausreiseerlaubnis mehr zu erhalten. Es war ja Krieg, wie lange noch, wusste keiner, und da brauchte man die Männer zu Hause.

Also beschlossen meine Eltern, ihr Kind kurz nach seinem fünften Geburtstag mit der Oma nach Deutschland zu schicken, um es vor einem (un)gewissen Schicksal zu bewahren. Wenn ich heute öffentlich von dieser Zeit erzähle, sei es in Talkshows oder Interviews, erlebe ich häufig eine große Betroffenheit. Einen Flüchtling verbindet man in diesen Zeiten mit ertrinkenden Menschen auf dem Mittelmeer, tausende Kilometer langen Fußmärschen über die Balkanroute oder völlig überfüllten Auffanglagern mit Zäunen und Wachschutz. Ich hingegen flog recht komfortabel Linie mit einer damals hochmodernen Boeing 747-SP, die der Schah eigentlich für die Transatlantikflüge der Iran Air geordert hatte, um Nonstop nach New York fliegen zu können. Es gab hervorragendes Essen und eine liebevolle Oma neben mir, die allerdings bei jeder späteren Rückreise einen roten Stempel in ihren Pass bekam, der verriet, dass sie ein männliches Kind zu Kriegszeiten außer Landes geschafft und nicht zurückgebracht hatte. Wir lebten fortan gemeinsam in Hamburg, bis meine Eltern irgendwann nachkamen.

Welche Nachteile es hatte, die Sprache nicht zu sprechen und auch niemanden zu kennen, der sie sprach, zeigte sich schnell. Ich wurde kurz nach meiner Ankunft eingeschult. Was man da in der Grundschule Heidacker im beschaulichen Hamburg-Eidelstedt von mir wollte, verstand ich nicht, genauso wenig wie die mitgereiste Familie wusste, was sie fernab vom trubeligen Teheran in diesem verschlafenen Vorort den ganzen Tag machen sollte. Grundschüler Michel, Klasse 1b, stellte sich in der Milchpause um 9.30 Uhr wie alle anderen Kinder brav in eine Schlange und zeigte dann vor der Milchmutter überzeugend auf jeweils das, was er haben wollte. Alle anderen machten es genauso, und um das nachzumachen, brauchte es keine Sprache. Die kleinen quadratischen Kartons mit dem dazugehörigen Strohhalm waren magisch. 15 Pfennig für die Milch, 20 Pfennig für den Kakao oder die Vanillemilch, 30 Pfennig für den Trinkjoghurt und 50 Pfennig für etwas Undefinierbares in Kackbraun, was sich Jahre später als Nusspudding herausstellen sollte.

Ich zeigte stets auf die gelbe Vanillemilch, die wir bei Aldi mal versehentlich gekauft hatten, weil Gelb meine Lieblingsfarbe war. Niemand aus der Familie konnte mit dem sonderbar süßlich-gelben Getränk, mit der für damalige Iraner völlig fremden und absonderlich schmeckenden Vanille, etwas anfangen. Ich mochte das süße Zeug, aber ich bekam es nicht. Jeden Morgen um 9.30 Uhr stellte ich mich mit allen Kindern an, zeigte auf die Vanillemilch und bekam sie nicht. Die Milchmütter sagten zwar etwas zu mir, aber ich verstand sie nicht. Ich nickte, zeigte wieder auf den gelben Karton und wurde erneut abgewiesen.

Zu Hause wurde dieses mir völlig unverständliche Erlebnis nicht wirklich ernst genommen. Niemand verstand so richtig, worum es überhaupt ging. Wie sollte man überhaupt ohne Sprachkenntnisse herausfinden, warum alle Kinder bekamen, was sie wollten, nur ich nicht? Wie sollte man danach fragen, was es mit diesem komischen Nusspudding und dem kalten Hagebuttentee auf sich hatte, von dem ich Alpträume bekam, den ich aber jeden Tag trinken sollte? Vielleicht mochte man mich nicht, weil ich anders aussah? Vielleicht wurden die Deutschen anders behandelt als wir »Gäste«? Vielleicht machte ich auch etwas falsch oder dachte mir die Geschichten einfach nur aus, damit ich Aufmerksamkeit bekam, weil meine Eltern nicht da waren, man wusste es nicht. Es gab viele Theorien, aber niemanden, der die Wahrheit herausfinden wollte und konnte. Ich bekam dafür morgens Toastbrot mit Nutella mit auf den Weg, denn das kannten wir und mochten wir, und vor allem konnte ich es ab und zu gegen eine Tüte Vanillemilch mit meinen Mitschülern tauschen. Bis irgendwann meine Eltern die ersehnte Ausreisegenehmigung erhielten und dem Spuk ein Ende setzten.

Während ihnen alle aufgeregt von den Ereignissen an der Schule erzählten, von der gelben Milch, dem braunen Pudding, dem kalten Tee und von diesem einen sehr sonderbaren Ereignis, das den kleinen Michel und die ganze Familie sehr traumatisiert hatte, diesem einen Morgen im März, als es draußen neblig war und der Boden gefroren und das Kind mittags weinend wieder nach Hause kam, weil man es in einen Wald geschleppt hatte, um dort Dinge zu suchen, dämmerte es meiner Mutter, dass hier sehr viele Mutmaßungen, aber kaum Fakten vorhanden waren.

Es war nämlich so, dass ich an einem Märzmorgen bei Dunkelheit gezwungen wurde, mit den anderen Kindern in einen Wald zu gehen, der sich später als das Niendorfer Gehege herausstellen sollte. Lange bevor Til Schweiger dort sein Unwesen trieb, besuchte ich dieses Kleinod der Natur am Rande von Hamburg zusammen mit Dutzenden aufgeregten Kindern, die selbstverständlich darauf vorbereitet waren und ausgestattet mit regenfester Allzweckwäsche, Gummistiefeln, Friesennerz und allerlei anderer Funktionskleidung in den Wald stürmten. Ich hingegen war angezogen wie auf dem Weg zu meiner eigenen Hochzeit, mit Hemd und Fliege. Auf der Einladung hatte »Ausflug« gestanden, das wurde zu Hause im Wörterbuch nachgeschlagen und ich dann so angezogen, wie es im Iran Sitte war, wenn Kinder auf einen »Ausflug« gingen. Wahrscheinlich bestand im Iran bei Ausflügen immer die Möglichkeit, dass man den Kaiser traf oder um die Hand angehalten wurde, ich weiß es nicht. Hemd und Fliege jedenfalls schienen verbindlich zu sein. Während die Funktionskleidung der anderen Kinder nicht ganz so elegant daherkam, war sie doch zumindest praktisch, derweil ich mich ratlos, frierend, deplatziert, aber elegant angezogen wieder in den warmen Bus zurücksehnte.

Meine damalige Erzieherin Strocki versuchte mir zu erklären, was hier jetzt passieren würde. Das wiederum machte mir nur noch größere Angst. Ich sollte hier hinter den Bäumen nach Eiern suchen, nach bunten Eiern. Ich mochte keine Eier. Generell machen mir seit diesem Tag ovale Dinge Angst. Zwar konnte ich die Sprache noch nicht wirklich sprechen, doch an meinem Gesichtsausdruck ließ sich anscheinend deutlich die Frage ablesen, warum ich an einem dunklen Märzmorgen in einem nassen Wald nach Eiern suchen sollte. Warum die auch noch bunt waren, war da erst einmal irrelevant. »Der Hase hat sie gebracht«, erklärte Strocki. Der Hase, so so. Bunte Eier. Strocki machte einen Hasen nach, der mit langen Ohren durch das Niendorfer Gehege sprang.

Es ist sehr unterhaltsam, wenn Menschen versuchen, scheinbar allgemeingültige Gesten und Laute in anderen Sprachen anzuwenden. Das beliebteste Fettnäpfchen ist der ausgestreckte Daumen, der unter anderem im Iran das Pendant zu unserem Mittelfinger darstellt. Genauso wie das »Mäh Mäh« des Schafs bei uns ein »Bah Bah« ist, das »Wuff Wuff« des Hundes »Waq Waq«, das »Oink Oink« des Schweins gar kein Gegenstück hat und das »Kikeriki« des Hahns mit einem in meinen Ohren viel treffenderen »Ghoughoulighoughou« transkribiert wird, war auch der auf den Füßen mit den Händen hinter den Ohren springende Hase für mich schwierig zu erkennen, obwohl Strocki für diese Performance rückblickend einen Toni verdient hätte. Da standen wir dann im Niendorfer Gehege, beide etwas peinlich berührt. Ich glaube, durch meinen skeptischen Blick wurde auch Strocki klar, wie unglaubwürdig diese Geschichte war. Ein Hase, der bunte Eier in einem Wald versteckt haben soll? Hier stimmte etwas nicht.

Da die anderen Kinder bereits aufgedreht und aufgeregt Dinge fanden, wollte mir Strocki eine Freude machen, ließ mich hinter einen Baum schauen und warf mir – Überraschung! – etwas vor die Füße. Es war etwas Undefinierbares in Hasenform, dazu noch braun, der Farbe, mit der ich seit dem Nusspudding nichts Gutes verband. Ich erschrak mich zu Tode und fing an zu weinen. Angeblich sei der Hase essbar, wurde ich belehrt. Man brach mir ein Stück ab und reichte es mir. »Probier doch mal, das ist lecker!« Ich wollte ihn nicht essen. Er roch komisch.

Stunden später, verstört und verschnupft, brachte man mich samt Hasentrophäe nach Hause, wo ich der staunenden Familie die Geschichte von diesem sonderbaren Vormittag im Wald erzählte, während der braune Hase ehrfürchtig herumgereicht und beschnuppert wurde. Zur Sicherheit stellte ihn meine Oma in den Gefrierschrank, wie sie es mit allem tat, was sie nicht einordnen konnte, sodass wir ihn passend zur Geschichte meinen Eltern, die beide in den Sechzigern und Siebzigern in Deutschland studiert hatten und deshalb fließend Deutsch sprachen, präsentieren konnten. Das Eiergesuche entpuppte sich als Ostern, der Hase als Lebkuchen und die Milch bekam ich nicht, weil ich montags nie die zwei Mark für Getränkemarken dabeihatte. Nach kurzer Zeit hatten sich alle Probleme in Luft aufgelöst, ich trank endlich fleißig Vanillemilch und erkannte schnell, dass ich davon Bauchschmerzen bekam, weshalb ich auf den Nusspudding umsattelte. Meine Oma schwor bis zu ihrem Tod auf Lebkuchenherzen mit Füllung und machte über die Jahre im Iran sämtliche Verwandte zu Süchtigen. Was ein wenig Sprache so alles im Leben verändern kann.

***

Die achtziger Jahre waren für mich eine prägende Zeit. Meine damaligen Erlebnisse machen mir die heutigen Entwicklungen überhaupt erst verständlich. Es mag sein, dass jene, denen die Erfahrung fehlt, fremd in einem Land zu sein, nur schwer nachvollziehen können, was gerade in Deutschland passiert. Wenn wir uns heute mit dem Problem der Neuen Rechten und dem damit verbundenen unübersehbaren Rechtsruck in der Gesellschaft beschäftigen, mag man das Gefühl haben, als sei der Rassismus und die zunehmende Stigmatisierung von Migranten mit der sogenannten »Flüchtlingskrise« geradezu vom Himmel gefallen. Dem ist nicht so. Anhand meiner persönlichen Erfahrungen kann ich zwei Phasen bestimmen: Die Entwicklungen vor dem Sommermärchen und die Entwicklungen nach dem Erscheinen von Thilo Sarrazins *Deutschland schafft sich ab.*

In den achtziger und neunziger Jahren war Deutschland geprägt von einer anderen Art von Rassismus, die sich deutlich von der heute unterschied. Der Rassismus in meiner Kindheit hatte ein klar erkennbares Gesicht: Er trug Bomberjacke, Springerstiefel und hatte eine Glatze. Er war brutal und geächtet. Niemand, wirklich niemand wollte etwas mit Neonazis zu tun haben. Dabei ist Rassismus immer Rassismus, er kennt keine Abstufungen. Wenn heute oft beschwichtigend von »Alltagsrassismus« die Rede ist, soll das lediglich der allseitigen Beruhigung dienen. So können sich zum einen die Täter gegenüber den vermeintlich »wirklichen« Rassisten abgrenzen, zum anderen ist es aber oft auch ein Selbstschutz der Opfer, den erlebten Rassismus herunterzuspielen, um das eigene Leben nicht unerträglich zu machen. Menschen, die in den letzten Jahren bei Demonstrationen Seite an Seite mit Neonazis liefen, waren wahrhaftig verwundert, wenn man ihnen stillschweigende Akzeptanz vorwarf. Wer hingegen in den Achtzigern und Neunzigern auf einer Neonazidemo mitlief, war mit Sicherheit eins: ein Neonazi.

Mit meinem Umzug nach Deutschland änderte sich auch mein Geburtsdatum. Aus dem 31. Farwardin 1360 des iranischen Kalenders wurde der 20. April 1981. Nach fünf Flugstunden befand ich mich gute 600 Jahre in der Zukunft und hatte plötzlich am selben Tag Geburtstag wie Hitler. Was heute eher wie ein Fun Fact wirken mag, war in den achtziger Jahren in Hamburg-Eidelstedt nicht so witzig. Meinen Eltern wurde geraten, den Geburtstag vorerst nicht zu feiern, da es in der Umgebung eine Neonaziszene gäbe, die an diesem Tag möglicherweise den »Führergeburtstag« beging, und es einfach besser wäre, »die Augen etwas offener« zu halten, was auch immer das genau heißen sollte. Für Michel und seine Freunde gab es dann eben keine Schnitzeljagd, was nicht so dramatisch war, da der Geburtstag in der iranischen Kultur keinen besonders hohen Stellenwert hat.

Dafür gewannen zwei Wörter, die ich erst jetzt, über 30 Jahre später, bewusst übersetze, eine große Bedeutung: *Panahandeh* und *Nejadparast*, Flüchtling und Rassist, oder wie es in den Achtzigern hieß: Asylant und Neonazi. Als Kind waren mir beide Begriffe fremd. *Panahandeh* klang ähnlich wie *Panahgah*, was im iranischen Radio häufig vor Luftangriffen zu hören war: Man forderte die Menschen auf, eben diese *Schutzbunker* aufzusuchen. Das Wort wirkte deshalb nicht gerade positiv auf mich. Ein *Panahandeh* wollte ich nicht sein. Das waren die Leute, die in diesen Heimen lebten, wie mein Onkel mit seinen drei Kindern, die wir immer dort besuchten. Das waren diese komischen, dunklen Räume, die durch Vorhänge voneinander getrennt waren, mit Gemeinschaftsküchen und Toiletten auf dem Flur. Das waren diese langen Busfahrten zu Orten am Stadtrand, die ich nicht mochte, bei denen ich aber immer mit musste, damit ich übersetzen konnte, falls man auf der Straße angesprochen wurde oder etwas brauchte: Bustickets kaufen, Lebensmittel identifizieren, Beipackzettel vorlesen, mit zum Arzt gehen. Keine Ahnung, was Milz und Gebärmutter waren, ich war ja erst sechs, aber wir versuchten alle, das Beste rauszuholen:

»Hatten Sie schon irgendwelche Operationen in Ihrem Leben?«

»Hattest du schon irgendwelche Operationen in deinem Leben?«

»Ja.«

»Ja.«

»Welche?«

»Welche?«

»Man hat mir die Milz entfernt.«

»Er sagt, ihm wurde etwas entfernt.«

»Kann er draufzeigen?«

»Kannst du draufzeigen?«

»Hat er zwei davon?«

»Onkel, hast du zwei davon?«

»Nein.«

»Nein.«

»Die Milz.«

»Die Milz.«

Milz. Komisches Wort. Dann kam die Oma dran.

»Und wurden Sie auch schon mal operiert?«

»Wurdest du auch schon mal operiert?«

»Ja.«

»Ja.«

»Was wurde gemacht?«

»Was wurde gemacht?«

»Ich hatte Steine in der Gallenblase.«

»Oma, du hattest Steine in dir?«

»Übersetz das bitte einfach, der Arzt wird es verstehen.«

»Sie sagte, sie hatte Steine.«

»Ach, die Gallenblase. Alles klar.«

Gallenblase, komisches Wort.

»Noch etwas?«

»Noch etwas?«

»Ja, die Gebärmutter wurde mir entfernt.«

»Ihr wurde etwas entfernt.«

»Was wurde ihr entfernt?«

»Was wurde dir entfernt?«

»Die Gebärmutter.«

»Sie sagt ein Wort, das ich nicht kenne. Hört sich an wie der Vorname von meinem Onkel.«

»Kann sie draufzeigen?«

»Zeig drauf.«

»Wann wurde es entfernt?«

»Wann wurde …, wie hieß das Wort noch mal? Wann wurde das entfernt?«

»Ach, schon lange her.«

»Schon lange her.«

»Kann sie es umschreiben?«

»Kannst du es bitte umschreiben.«

»Nun, naja, da wo die Kinder drin sind.«

»Wo wer drin ist?«

»Die Kinder.«

»Was machen die Kinder da? Du hattest Steine und Kinder in dir?«

»Übersetz einfach, der Herr Doktor wird es verstehen.«

»Herr Doktor, da sind Kinder drin und das wurde ihr entfernt.«

Arzt und Oma schauten sich an, meine Oma lächelte verlegen, beide nickten.

»Die Gebärmutter.«

Gebärmutter, was für ein komisches Wort.

Wir guckten uns alle an. Wieder einen dieser seltsamen Termine geschafft.

Meine Eltern sind bis heute übrigens sehr stolz darauf, dass sie nie einen Asylantrag gestellt haben. Sie bezeichnen sich als Immigranten, die beschlossen haben, nach Deutschland auszuwandern und von Anfang an dafür arbeiten mussten. Sie haben nie aufgegeben, nie die Hand aufgehalten. Ich bin sicher, dass viele auch heute lieber diesen Weg gegangen wären und gehen würden, doch leider ist es der deutsche Staat, an dem das Unterfangen scheitert, nicht der eigene Wille. Der Kampf um Papiere und Arbeitserlaubnis ist lang und hart. Viele dieser Menschen kommen nicht mit der Absicht hierher, um ihre Hand für Hartz IV aufzuhalten. Nur haben sie manchmal keine andere Wahl. Asylantrag ja, Arbeitserlaubnis nein. Was dann? Das wird in vielen Diskussionen oft vergessen. Man könnte die Betroffenen in Talkshows einladen und mit ihnen über ihre Sorgen und Probleme sprechen – oder man redet einfach weiter über sie.

Ausgrenzung

Das andere Wort wurde mir umschrieben, bis ich es verstand. Da gab es nämlich uns, die Iraner. Wir sprachen Persisch. Und da gab es die Deutschen, die sprachen Deutsch. Das waren die Menschen, die hier lebten, in Deutschland. Und die waren eben *Nejadparast*. Die mochten lieber sich und weniger uns. Ich konnte nicht viel damit anfangen, besonders als Kind, auch nicht, wenn man es mir erklärte.

Dieses Vorurteil über die Deutschen wurde breit geteilt. Als Kind hatte man damit keine Berührung, aber die Erwachsenen tauschten sich über den Begriff häufig untereinander aus. Anscheinend gab es aufgrund ihrer täglichen Erfahrungen dafür Bedarf. Obwohl Ende der achtziger Jahre bereits Generationen von Gastarbeitern in Deutschland lebten, hatte man das Gefühl, dass beide Gruppen, Ausländer und Deutsche, völlig getrennt voneinander existierten.

Je älter ich wurde, umso mehr verstand ich, worum es ging: Oft und in vielen Situationen wurde man pauschal nach dem Äußeren bewertet. In den Achtzigern waren alle Ausländer Türken. Das hört sich komisch an, war aber so. Dunkle Haare, das kannte man von den Türken. Iran, Türkei, da brauchte man nicht so genau zu differenzieren. Das zumindest ist heute etwas anders. Dieses Problem haben jetzt andere, die Schwarzen. Die kommen alle aus Afrika. Aus welchem Land denn konkret? Afrika!

Da hatte ich nun schon mit fünf Jahren meine nationale Identität verloren und versuchte mich hier zu integrieren, da war ich plötzlich Türke. Das gefiel mir nicht, ich war kein Türke. Ich war Iraner, ich kam aus Teheran. »Sie sprechen aber gut Deutsch«, war ein gängiger Satz von älteren Damen im Bus, auf den ich meist recht aggressiv reagierte. Heute ist er mir egal – und ich bin gerne Türke und fast schon stolz, wenn ich von meiner Kindheit in Ankara berichte.

»Ach, Sie kommen aus Ankara? Eine so schöne Stadt. Da war ich auch schon mal. Kennen Sie Ali?«

»Klar, ist mein Cousin.«

»Unglaublich. Wie klein die Welt doch ist.«

Wer wissen will, wo sich die Wurzeln der heutigen Versäumnisse befinden, muss nur der Frage nachgehen, warum in den Achtzigern, dreißig Jahre nach Ankunft der ersten Gastarbeiter, immer noch so deutlich zwischen Ausländern und Deutschen differenziert wurde. Dann wird er die Antwort ganz schnell finden. Es bedurfte gar keines Horst Seehofers, der den Islam explizit ausgrenzte, dafür hatte der Staat mit seiner Politik bereits selbst gesorgt. Wer auf das Deutschland der achtziger Jahre guckt, sieht ein Land mit einer latenten Fremdenfeindlichkeit. Der erste Ausländerbeauftragte der Bundesregierung Heinz Kühn forderte im sogenannten Kühn-Memorandum bereits 1979(!), durch bestimmte Maßnahmen die schlechten Zukunftsperspektiven der Migranten zu verbessern, insbesondere die ihrer Kinder, mit weitreichenden Ideen, über die wir heute immer noch diskutieren: Wahlrecht auf kommunaler Ebene für Zuwanderer mit längerem Aufenthalt als Mittel der politischen Teilhabe, frühkindliche Sprachförderung, ausländische Mitarbeiter in Vorschulen und Schulen, multinationale Zusammensetzung von Schulklassen, Anpassung von Lehrplänen, Rechtsanspruch auf Einbürgerung für in Deutschland geborene und aufgewachsene Kinder von Migranten. So wollte er die volle rechtliche und tatsächliche Gleichstellung von Ausländern in Deutschland erreichen. Stellen Sie sich mal vor, man hätte das 1979 schon alles umgesetzt.* Doch statt tatsächlich zu handeln, diskutierte die Gesellschaft lieber weiterhin emotional und voller Vorurteile über den Status Deutschlands als Einwanderungsland. Bis heute sind wir zu keinem Ergebnis gekommen. Und jetzt sitzen die Rassisten im Bundestag.

Was früher allerdings anders war, war der persönliche Umgang mit dem Thema Rassismus. Früher war mehr Meinung. Das hat die Fremdenfeindlichkeit zwar nicht besser gemacht, aber man wusste, woran man ist. Wer rechts wählte, war auch rechts. Heute wird verschleiert. Man befindet sich vor den Rechten in einer permanenten Rechtfertigungsschleife. Das bin ich am allermeisten leid. Ich hätte weniger ein Problem damit, wenn jemand zu mir sagt: »Weißt du was, ich mag einfach keine Ausländer, geh zurück in dein Land und fick da die Ziegen.« Stattdessen suggeriert uns der heutige Rassist, dass ich immer ein Stück mehr Leistung erbringen muss als die anderen, um dazuzugehören. Er versucht, seinen Rassismus mit scheinbaren Argumenten und Fakten zu tarnen, um nicht als Rassist, AfDler, Nazi oder was auch immer enttarnt zu werden. Früher waren die Rassisten noch ehrlich. Heute binden sie dir eine Karotte vor die Nase und lassen dich im Kreis laufen.

***

Als Kind und Jugendlicher zwischen zwei Kulturen aufzuwachsen, verändert einen. Man gehört im Grunde nirgendwo dazu. Die erste Heimat ist weit weg und die zweite irgendwie fremd. Im Gegensatz zu den »Gastarbeitern« fuhren wir in den Sommerferien nicht zurück in den Iran. In unserem Land herrschte erst Krieg und dann Instabilität. Für andere Länder bekamen wir mit unserem iranischen Pass kein Visum, also ging ich ins örtliche Freibad, während meine Eltern unermüdlich weiterarbeiteten, um sich ihren Lebensstandard

* Die Bundespolitik begegnete den Vorschlägen mit Skepsis, keine der Maßnahmen wurde umgesetzt, mit dem Scheinargument, es sei zu teuer.

zurückzuholen, den sie einst in Teheran genossen und nun gegen eine Wohnung in einem Hochhaus am Rande von Hamburg eingetauscht hatten. Immerhin konnten sie hier sicher sein, dass sie nicht von oben getroffen wurden, wenn sie den Müll rausbrachten. Das war alles andere wert.

Der pubertäre Identifikationskampf erweiterte sich bei mir um die kulturelle Facette mit der ständigen Frage: Wo gehöre ich hin? Als 15-Jähriger hatte ich bereits doppelt so viel Zeit in Deutschland verbracht wie in meiner Heimat. Aber wo ich hingehörte, wusste ich immer noch nicht. Das Einzige, was feststand, war, dass ich anders aussah. Zwischen den Kulturen zu existieren, ist ein großes Geschenk, es bleibt aber auch immer eine Bürde, die besonders in der Jugend sichtbar wird. Während alle anderen Jungs bei den WMs und EMs ihre Nationalmannschaft in dem jeweiligen Trikot anfeuerten, saß der iranische Junge etwas verloren rum. Mein Land hatte bisher nur einmal an einer WM teilgenommen, und das vor meiner Geburt. Und zu den Carsten Janckers und Jens Jeremies' gehörte ich einfach nicht dazu. Also suchte ich mir Ersatzidentitäten. Mal war ich Argentinier, mal Italiener und schließlich Spanier.

»Sie kommen aus Spanien?«

»Aus Madrid, um genau zu sein.«

»Wir sind auch häufig in Spanien. Der Küche wegen. Toll!«

»Dann müssen Sie mal die Paella meiner Mutter probieren!«

Noch heute quillt mein Schrank über vor Raúl- und Torres-Trikots.

Als der Iran dann 1998 endlich doch mal an einer WM teilnahm, wurde er ausgerechnet in die deutsche Gruppe gelost, als hätte der Fußballgott die Problematik des Lebens zwischen zwei Kulturen für mich noch einmal explizit hervorheben wollen.

Während sich zu jener Zeit viele meiner Freunde freuten, erstmals an einer Bundestagswahl teilnehmen zu dürfen, war ich froh, dass ich nach all den Jahren endlich bleiben durfte. In den Achtzigern bekam ich immer nur für eine paar Monate eine Aufenthaltsbewilligung, dann jedes Jahr eine Aufenthaltsbefugnis, in den frühen Neunzigern dann alle zwei Jahre eine Aufenthaltserlaubnis und erst 1998, vierzehn Jahre nach meiner Ankunft, die ersehnte Aufenthaltsberechtigung mit dem magischen Zusatz »unbefristet«. Ich durfte bleiben. Wahrscheinlich für immer. Von Wahlen war ich noch sehr weit entfernt, das dauerte weitere zehn Jahre, bis zu meiner Einbürgerung, 23 Jahre nach dem ersten Flug nach Deutschland.

Zu den Gastarbeitern gesellten sich in den Achtzigern erst die Iraner und in den Neunzigern neben den Spätaussiedlern aus der ehemaligen Sowjetunion, infolge eines weltweiten Aufflammens von diversen Bürgerkriegen auch vermehrt Afrikaner, Afghanen und Jugoslawen. Hunderttausende Menschen kamen aus allen Teilen der Welt nach Deutschland, auf der Flucht vor Krieg und Vertreibung. Die Million, mit der wir uns heute so schwertun, war damals schon lange erreicht.*

Das Thema Islam spielte noch gar keine Rolle. Ausländer war, wer anders aussah, und wer anders aussah, gehörte nicht dazu. Das umfasste alle: Türken, Senegalesen, Jugoslawen, Iraner, Afghanen, alle. Der Staat verfolgte anscheinend die Strategie »Integration auf Zeit«, eine Art befristetes Bleiberecht, verbunden mit der vagen Hoffnung, diese Menschen dann möglicherweise irgendwann wieder zurückzuschicken. Die Rechten hatten dazu ihre eigene klare Haltung: Ausländer raus.

Aus dem Zurück wurde nichts und der Rassismus zeigte in Deutschland erstmals seit Hitler wieder ganz offen seine hässliche Fratze, mit den Anschlägen von Hoyerswerda 1991, Rostock-Lichtenhagen 1992 sowie den beiden Mordanschlägen in Mölln 1992 und Solingen 1993.** Das Bild des fremdenfeindlichen Deutschen ging

* 1990 gab es 170000 Asylanträge, 1991 bereits 215000, die Höhepunkte waren 1992 und 1993 mit 510000 bzw. 350000 Anträgen. Bis zum Jahr 2000 hielten sich die Anträge stabil zwischen 100000 und 200000 jährlich.

** In Hoyerswerda und Rostock kam es nur durch Zufälle nicht zu Todesopfern. Bei den beiden Nachahmertaten in Solingen und Mölln gab es insgesamt 8 Todesopfer und 26 Schwerverletzte. In Solingen starben 5 Menschen im Alter zwischen 4 und 27. Gürsün İnce (27) und Saime Genç (4) erlagen ihren Verletzungen, nachdem um die Welt. Er trug eine vollgepisste Jogginghose, ein Deutschlandtrikot und zeigte den Hitlergruß. Vor diesem Deutschland hatten wir Angst. Panische Angst. Zu diesem Deutschland wollte ich nicht dazugehören. Dann war ich doch lieber Ausländer. Mittlerweile war ich übrigens kein Türke mehr, sondern Afghane und ich wurde ganz wehmütig, wenn ich an die schöne Zeit in unserem Haus in Kabul zurückdachte.

Die Diskussion um die Flüchtlinge wurde damals nicht viel anders geführt als heute. Sie war geprägt von ähnlich zähen medialen Debatten und dem Erstarken rechtsradikaler Parteien. Die Republikaner zogen 1992 mit 10,9 % in den baden-württembergischen Landtag ein, die DVU wurde mit 6,3 % in Schleswig-Holstein drittstärkste Kraft hinter SPD und CDU, die beide sowohl intern als auch miteinander stark zerstritten waren. Die emotionalen Debatten führten 1993 zum sogenannten Asylkompromiss. Der Deutsche Bundestag beschloss mit den Stimmen von Union, SPD und FDP die Änderung des Grundgesetzes, nach der das schrankenlose Asylgrundrecht stark eingeschränkt und der neue Artikel 16a geschaffen wurde.

Eine zivilgesellschaftliche Koalition von Kirchen, Gewerkschaften, Menschrechtsverbänden, Grünen und Teilen der SPD stellte sich erfolglos dagegen.[2] Insbesondere die Springer-Presse, allen voran die *Bild*-Zeitung verbreitete eine panikartige Stimmung und unterstützte die Kampagne der Unionsparteien. Asylbewerber seien Schwindler und Betrüger, die nur nach Deutschland kämen, um sich Sozialleis-

sie aus dem Fenster gesprungen waren. Die anderen verbrannten. In Mölln gab es 3 Todesopfer: Yeliz Arslan (10), ihre Cousine Ayşe Yılamz (14) und ihre Großmutter Bahide Arslan (51). Yeliz' Mutter überlebte schwerverletzt, weil sie mit ihrem acht Monate alten Kind aus dem zweiten Stock sprang, genau wie ihr zweiter Sohn, den die Großmutter, bevor sie starb, noch in ein nasses Laken wickeln konnte.
Die vier Täter in Solingen waren zwischen 16 und 23 Jahre alt. Die zwei Täter in Mölln waren 19 und 25. Den Bekenneranruf bei der Polizei beendeten sie mit »Heil Hitler«. Alle Täter sind mittlerweile aus der Haft entlassen. Bundeskanzler Helmut Kohl weigerte sich übrigens, an den Trauerfeierlichkeiten teilzunehmen. Sein Regierungssprecher verwies auf die »weiß Gott anderen wichtigen Termine«.

tungen zu erschleichen. Von »Asylmissbrauch« war besonders häufig die Rede. Es wurde beschlossen, dass Asylsuchende ohne Anhörung zurückgewiesen werden können, wenn sie aus einem sicheren Drittstaat beziehungsweise einem sicheren Herkunftsland einreisten. Da alle Nachbarländer Deutschlands als sichere Drittstaaten galten (und bis heute gelten), war der Landweg für Asylsuchende damit faktisch ausgeschlossen. Die Zahl der Schutzsuchenden ging zurück. Alles wieder gut. Kommt Ihnen das alles irgendwie bekannt vor?

***

In diesem kurzen Rückblick auf die Ereignisse der Achtziger und Neunziger wirkt die Integration wie ein steiniger Weg voller politischer und gesellschaftlicher Versäumnisse: fremdenfeindliche Anschläge, das Erstarken von rechten Parteien, Hass und Hetze, verbreitet durch die Medien, ein Bundeskanzler, der zu beschäftigt ist, um an Trauerfeiern teilzunehmen, und ein aberwitziger »Asylkompromiss« als Reaktion auf eine populistisch geführte Debatte über die Zukunft Deutschlands als Einwanderungsland. Die Älteren unter Ihnen werden sich erinnern, die Jüngeren müssen es wissen.

Mit einem bestimmten Ereignis sollte sich alles schlagartig ändern: zu Gast bei Freunden, das Sommermärchen! Zumindest nach außen hin machte Deutschland in den zweitausender Jahren eine erstaunliche Wendung, die sich meiner Meinung nach am besten in der Entwicklung der deutschen Fußballnationalmannschaft widerspiegelt. Zu Beginn im Positiven durch die hinzugewonnene Diversität und dann später wieder im Negativen, wenn man auf den »neuen Nachbarn« Boateng* oder die Causa Özil blickt. Aber erst mal war alles gut.

* Gauland sagte der *FAZ* 2016: »Die Leute finden ihn als Fußballspieler gut. Aber sie wollen einen Boateng nicht als Nachbarn haben.« Jérôme Boateng konterte: »Kann ich nur drüber lächeln.« Gauland gab später bei *Anne Will* an, bei seiner Aussage nicht gewusst zu haben, »dass Boateng farbig ist«.

Die Rechten hatten es nicht geschafft, die turbulenten neunziger Jahre für sich zu nutzen, zumindest nicht politisch. Die über das ganze Land versprengten, ungeordneten und untereinander zerstrittenen rechtsradikalen Parteien konnten sich nicht etablieren. Dafür war die Scheu, sich öffentlich zu rechts zu bekennen, zu groß, die gesellschaftliche Ächtung zu stark. Denn sobald die öffentliche Debatte wechselte und das Feindbild keine mediale Beachtung mehr fand, versank die Gefahr von rechts in der politischen Bedeutungslosigkeit und damit auch die »Alarmzeichen«. Wo kein Problem mehr sichtbar ist, braucht man sich auch nicht um Lösungen zu bemühen.

Die künstliche Aufrechterhaltung von Aufmerksamkeit, das Befeuern von Debatten, die Verbreitung von Falschmeldungen, das Schüren von Angst, Hass und Hetze, und insbesondere die flächendeckende Vernetzung über Internet und Handy, fehlten.

Durch die permanente Sichtbarkeit in den sozialen Medien, den Möglichkeiten der rasend schnellen Verbreitung, sieht es heute leider anders aus. Heute nutzen die Rechten genau diese neuen Möglichkeiten, um nicht die »Fehler« der Neunziger zu wiederholen und Chancen ungenutzt zu lassen. Hätten die Rechten diese Möglichkeiten früher gehabt, sie säßen schon längst im Bundestag. Ich bin der festen Überzeugung, dass die Stimmung damals wie heute dieselbe ist. Es ist der technische Fortschritt, der den Unterschied zu damals ausmacht und die Situation damit umso gefährlicher.

2006 aber schienen Lichtenhagen und Solingen in überraschend weiter Ferne. So etwas würde sich hier nicht mehr ereignen. Dieses Land war frei, offen und bunt. Wir waren Sommermärchen, wir waren Euro, wir waren Papst. Deutschland jubelte Flügelflitzer David Odonkor zu, der Neuville die Vorlage zum erlösenden Siegtor über Polen gab. Das Aussehen spielte keine Rolle, einzig die Leistung, gemessen wie bei jedem anderen auch. Er war ein Held. Deutschland jubelte schwarz-rot-gold, und Deutschland feierte seinen in Bünde geborenen Halb-Ghanaer wie einen Nationalhelden, als ganz normalen Teil dieses Landes. Zu dieser Mannschaft wollte ich auch dazugehören. Mit dem coolen Duo Poldi und Schweini, dem edelmütigen Oliver Kahn, der hinter der Mannschaft zurücktrat und *unserem* kalifornischen Nationaltrainer Jürgen Klinsmann. Gemeinsames Public Viewing, mein erstes Deutschlandtrikot mit Miroslav Klose hinten drauf, ja, da konnte man ruhigen Gewissens auch mal eine Deutschlandfahne schwenken. Das war nicht mehr das Trikot aus Lichtenhagen, das war ein offenes und junges Deutschland, mit einer Frau als Bundeskanzlerin, die sogar noch aus dem Osten kam. Nur vier Jahre später hießen sie schon Mertesacker, Aogo, Lahm und Khedira, sie hießen Serdar, Manuel, Lukas und Mesut. Eine Nationalmannschaft, die ein Abbild der Realität war.

Das Deutschland der zweitausender Jahre war ein schönes Deutschland. Ein weltoffenes Deutschland im Herzen der EU, dessen Menschen gemeinsam nach vorne schauten. Ich habe das Gefühl, es war ein Land, in dem endlich angekommen war, dass wir als Gesellschaft nur gemeinsam die Herausforderungen der Zukunft bewältigen konnten. Rückblickend erscheint es mir als ein Land der Gleichberechtigung. In seiner Rede zum 20. Tag der deutschen Einheit 2010 sagte Bundespräsident Christian Wulff:
»Zu allererst brauchen wir aber eine klare Haltung. Ein Verständnis von Deutschland, das Zugehörigkeit nicht auf einen Pass, eine Familiengeschichte oder einen Glauben verengt, sondern breiter angelegt ist. Das Christentum gehört zweifelsfrei zu Deutschland. Das Judentum gehört zweifelsfrei zu Deutschland. Das ist unsere christlich-jüdische Geschichte. Aber der Islam gehört inzwischen auch zu Deutschland. Vor fast 200 Jahren hat es Johann Wolfgang von Goethe in seinem West-östlichen Divan zum Ausdruck gebracht: ›Wer sich selbst und andere kennt, wird auch hier erkennen: Orient und Okzident sind nicht mehr zu trennen.‹«[3]

Den *Divan*, das Hauptwerk des iranischen Dichters Hafis, hatte Goethe 1814 gelesen und war vor knapp 200 Jahren zu dieser Erkenntnis gekommen, die der Bundespräsident jetzt zitierte. Bereits

2006 hatte Wolfgang Schäuble bei der ersten Islamkonferenz in seiner Eröffnungsrede gesagt: »Der Islam ist Teil Deutschlands und Europas.«

Es fühlte sich so an, dass den Migranten damals die gesellschaftliche Stellung zuerkannt wurde, die ihnen zustand, als Teil unserer Gesellschaft. Vielleicht war es fahrlässig, diese Entspannung nicht zu hinterfragen, aber es tat gut, nach den neunziger Jahren, endlich gemeinsam nach vorne zu schauen. Es tat gut, dass sich einen Augenblick lang nicht alles um Herkunft und Heimat drehte. Die Vielfalt der Nationalmannschaft hatte gezeigt, dass Integration funktionieren kann, wenn man ein gemeinsames Ziel verfolgt. Warum sollte es nicht auch auf allen anderen Ebenen des gesellschaftlichen und politischen Zusammenlebens funktionieren? Es schien, als hätte sich in den Köpfen der Menschen ein Generationenwechsel vollzogen. Aus Angst vor den Fremden war ein gemeinsames Miteinander geworden.

Mit meiner Einbürgerung hatte sich auch in meinem Kopf ein Wandel vollzogen. Zu meinen Jedermann-Grundrechten kamen nun auch die echten deutschen Bürgerrechte hinzu. Rechtlich war ich jetzt ein hundertprozentiger Teil der Bundesrepublik, also wollte ich es auch gesellschaftlich sein, und da musste ich bei mir anfangen. Das Land, das ich jetzt sah, hatte wenig mit dem Deutschland meiner Kindheit zu tun. Ich beschloss, das Wort *Nejadparast* endgültig aus meinem Kopf zu streichen. Wenn dieses Land mir mit der Verleihung der Staatsbürgerschaft endlich die vollen Rechte verliehen hatte, dann sah ich mich auch dazu verpflichtet, die jahrzehntelangen Ressentiments abzulegen. Ressentiments, die mir keineswegs als klassische Vorurteile dienten, sondern aus Ängsten entstanden waren, als Schutz davor, was sein würde, wenn ich irgendwann doch plötzlich nicht mehr dazugehören sollte. Ich war hier zur Schule gegangen, ich kannte die Geschichte. Und Mölln. Und Solingen.

Doch dann kam 2010 plötzlich Thilo Sarrazin und sprach anscheinend ein paar Dinge aus, die offenbar immer noch schwelten, insbesondere bei denen, die bei diesem Wandel des neuen Deutschlands nicht mitgekommen waren. Seine Thesen lauteten runtergebrochen: Alles Integrationsunwillige, alles genetisch, die passen nicht zu uns, die wollen uns abschaffen, die gehören nicht hierher, der Islam ist böse, weg mit ihnen. Millionen lasen sein Buch und kaum jemand widersprach. Einige zogen vielleicht die Stirn etwas kraus, aber viele nickten. Schließlich sprach hier jemand von der SPD, Finanzsenator, Vorstand der Bundesbank, Volkswirt, ja, da konnte man nicken, war alles hochwissenschaftlich ausgewertet, Zahlen lügen nicht, die Sozis sind doch keine Rassisten. Breite Zustimmung aus allen Teilen der Gesellschaft, dass die Thesen *vielleicht* wirklich stimmen könnten. Diese Araber und Türken, die sind schon anders als wir. Jetzt, wo der Sarrazin das sagt und es auch noch »belegt«, ist da *vielleicht* wirklich etwas dran. *Vielleicht* kann das alles gar nicht gut gehen.

Plötzlich waren da wieder ganz viele dieser »Vielleichts«, als hätte man es immer schon geahnt, sich aber nicht getraut, es auszusprechen, zumindest nicht so deutlich und laut. Und plötzlich war da überall Islam. Es begann eine bis heute andauernde Phase der kollektiven Pauschalisierung, in Medien, Politik und Gesellschaft, der in unzähligen Artikeln und Talkshows viel Raum gegeben wurde. Zu Gast bei Freunden war ziemlich schnell vorbei. »Islamkritik« wurde und blieb en vogue, ich habe hier einige prägende Titelschlagzeilen gesammelt:

»Muslime in Deutschland – Unbekannte Nachbarn« (*Stern*)
»Die dunkle Seite des Islam« (*Focus*)
»Kann der Islam Freiheit?« (*Focus*)
»Wie gefährlich ist der Islam?« (*Stern*)
»Passt der Islam zu Deutschland?« (*Focus*)
»Rätsel Islam« (*Spiegel*)
»Unheimliche Gäste« (*Focus*)
»Die Multikulti-Lüge« (*Focus*)
»Zu viele Ausländer?« (*Spiegel*)
»Der heilige Hass« (*Spiegel*)

»Alarmstufe grün« (gemeint ist die Farbe des Islams, *Spiegel*)
»Warum wollen sie uns töten?« (*Stern*)
»Allahs rechtlose Töchter – Muslimische Frauen in Deutschland« (*Spiegel*)
»Allah im Abendland« (*Spiegel*)
»Papst contra Mohammed« (*Spiegel*)
»Mekka Deutschland – Die stille Islamisierung« (*Spiegel*)
»›Das hat mit dem Islam nichts zu tun‹. Doch!« (*Focus*)

Die Schlagzeilen der Tageszeitungen habe ich Ihnen hier erspart. Dafür bräuchte ich ein ganzes Buch.

Einige machten aus dieser medialen Inspiration mit Schützenhilfe der Politik: »Das wird man ja wohl noch sagen dürfen! Warum können die kein Deutsch? Die sind alle nicht integriert. Parallelgesellschaften! Waren Sie schon mal in Duisburg-Marxloh? Ausländer raus!« Und wir hörten brav zu.

Der Politik- und Medienwissenschaftler Kai Hafez schrieb in der *Zeit* über die »extrem verengte Sicht« der Medien auf die islamische Welt:

»Seit Jahrzehnten nehmen deutsche Medien nahezu ausschließlich die abstoßenden Aspekte der muslimischen Gegenwart wahr. In großer Regelmäßigkeit werden Randthemen der Einwanderergesellschaft zu Drohszenarien aufgebläht, etwa die vollverschleiernde Burka, die es in Deutschland kaum gibt, die extremistischen Salafisten, von denen es ein paar Hundert gibt, oder angebliche massenhafte Vergewaltigungen durch Flüchtlinge, die nie nachgewiesen wurden.«[4]

Islamkritik nennt sich das Ganze, dabei ist es nichts anderes als das Schüren von Ängsten. Es geht um die ausnahmslose Abwertung und Verteufelung ganzer Menschengruppen, die in ihrem Alltag mit dem Islam weder etwas zu tun haben noch zu tun haben wollen, aber aufgrund ihres Äußeren diesem Kulturkreis zugerechnet werden. Deshalb verteidigen Gegner dieser Islamkritik auch keineswegs den Islam als Glaubensrichtung, sie wehren Angriffe auf ihre kulturelle, nicht-religiöse Identität ab, Angriffe auf ihr ganz normales Leben. Nicht mehr und nicht weniger. Es geht hier nicht um den Islam, es geht um die Migranten. Wer nicht verstehen will, dass das Wort »Islam« durchweg als Platzhalter missbraucht wird, verschließt die Augen ganz bewusst davor und schiebt die Verantwortung für die Probleme, die sich daraus ergeben, auf andere ab.

Kritik ist nicht per se problematisch. Jede kritische Auseinandersetzung, gleich welches Thema sie betrifft, ist grundlegender Teil jeder aufgeklärten Gesellschaft. Wenn jemand sich pauschal jeder Kritik verweigert und sich als über alles erhaben ansieht, schließt ihn das als Teil der aufgeklärten Gesellschaft aus. Kritik endet aber da, wo statt Differenzierung Verallgemeinerung als Mittel zur Herabwürdigung eingesetzt wird, um gegen unliebsame Menschen zu hetzen. Das ist Diffamierung unter dem Deckmantel der Meinungsfreiheit.

Politik und Gesellschaft haben in den vergangenen Jahren genau diese Islamfeindlichkeit unter genau diesem Deckmantel unbeachtet gelassen. Man hat sich stattdessen jenen zugewandt, die im Islam den Prügelknaben für ihre eigenen Sorgen und Frustrationen gefunden haben. Durch eine teils bewusste, teils grob fahrlässige Stigmatisierung ist eine Feindlichkeit entstanden, die sich wie eine schwere Wolke über unsere Gesellschaft gelegt hat. Während die einen verzweifelt versuchen, diese Wolke wegzupusten, versucht die Neue Rechte sie mit allen Mitteln am Himmel zu halten, um weiter Profit machen zu können.

Es scheint ein elementarer Fehler gewesen zu sein, die trügerische Gelassenheit der zweitausender Jahren genossen zu haben, aber es tat einfach gut, sich eine Zeitlang nicht mehr mit der eigenen Herkunft auseinandersetzen zu müssen. Das Verlassen der ständigen Abwehrhaltung führte bei mir zu einer Art Befreiung und kreativen Beflügelung. Ich konnte endlich uneingeschränkt gesellschaftlich aktiv sein, ohne das aufgezwungene Kreuz der Andersartigkeit ständig mit mir herumzutragen. Ich habe Sarrazin damals auch nicht widersprochen, weil ich es schlicht nicht für möglich hielt, dass die Stimmung der neunziger Jahre wieder zurückkommen könnte. Zudem hatte ich nicht die Möglichkeiten, die ich heute habe.

Wir haben gemeinsam die Dynamiken unterschätzt. Insbesondere die der sozialen Netzwerke. Diese Netzwerke hätten ganz bezaubernde Orte werden können. Stattdessen haben wir ohnmächtig dabei zugesehen wie sie sich in etwas anderes entwickelten. Das Netz hat sich nicht wie erhofft selbst reguliert, und die Neue Rechte hat ihrem Denken Taten folgen lassen – möglich gemacht durch eine Verkettung unglücklicher Umstände, technischen Fortschritt, schlafende Politik, gesellschaftliche Ignoranz und unvorhersehbare weltpolitische Ereignisse. Der bleibende Schaden an der Gesellschaft ist enorm. Fast grenzt es an ein Wunder, dass in dieser aufgeladenen Stimmung nicht noch viel mehr und viel Schlimmeres passiert ist.

2015

Wir schaffen das

Stigmatisierung

Um zu verstehen, was in diesem Land in den letzten fünf Jahren passiert ist, und die Ohnmacht der Migranten angesichts der neuen Verhältnisse in Deutschland besser einordnen zu können, sollte man sich die Ereignisse dieser Jahre dezidiert vor Augen führen, denn nur so ist es nachzuvollziehen, warum diese Entwicklungen stattgefunden haben und warum sie unser weiteres Zusammenleben so stark gefährden. Lassen Sie uns zunächst darauf schauen, wie es zu dieser schleichenden gesellschaftlichen Normalisierung von Rassismus gekommen ist, noch bevor das »Feindbild Migrant« um allerlei nichtmigrantische Gruppen erweitert wurde. Zu Beginn war der Feind nämlich »muslimisch«, seit Sarrazin deutlich, seit 2015 unübersehbar.

Gefühlt hatten wir es fast geschafft. Das Auseinanderdriften der Bevölkerung schien überwunden: Sommermärchen, Deutschlandflaggen, David Odonkor, zu Gast bei Freunden. 14 Jahre später habe ich das Gefühl, wir haben wieder auf Reset gedrückt. Was ist passiert, dass anderthalb Jahrzehnte später aus dem Sommermärchen ein Alptraum geworden ist? Nun mögen einige sagen, der Mann übertreibt. Lassen Sie mich Ihnen bitte deshalb diesen Alptraum etwas näherbringen, damit Sie ihn vielleicht aus meiner Sicht zumindest nachempfinden können. Denn sollten Sie ein privilegierter weißer Deutscher sein, können Sie Rassismus nur versuchen nachzuempfinden, Sie werden ihn, zu Ihrem Glück, wohl nie wirklich selbst erleben. Das liegt in der Natur der Sache. Die Haut lässt sich eben nicht ändern. Es ist nicht damit vergleichbar, sich beim Fußball ein Trikot überzustreifen und dann von den gegnerischen Fans Ablehnung zu erfahren. Das Trikot können Sie zu Hause ausziehen, Sie müssten es theoretisch nicht einmal anziehen. Das lässt sich mit der Haut nicht machen.

Solange es in Deutschland keine wirklich gleichberechtigten Migranten in Führungspositionen gibt, in wirklichen Führungspositionen, nicht nur einen Star wie Odonkor, wird die so wichtige »zweite Wiedervereinigung«, die Wiedervereinigung der Deutschen erster und zweiter Klasse, nicht stattfinden. Wir brauchen sie aber dringend, damit auch hier endlich zusammenwächst, was längst zusammengehört. Erst wenn es in Deutschland sichtbare und anerkannte Identifikationsfiguren gibt, die nicht nur eine in ihren Kreisen begrenzte, sondern auch gesellschaftlich und politisch relevante Macht haben, der es erlaubt ist, auf Koran und Grundgesetz gleichermaßen zu schwören, ohne dass ein weiterer (Rechts)Ruck durch das Land geht, wird diese Wiedervereinigung nicht abgeschlossen sein. Dabei ist Koran hier nicht wörtlich zu verstehen, sondern als Synonym, ein insbesondere muslimischen Migranten angeheftetes Attribut, das scheinbar untrennbar mit ihnen verwoben ist, ganz gleich, ob es sich um wirklich gläubige Menschen oder sogenannte »Kulturmuslime« handelt.

2019 wurde Belit Onay zum Oberbürgermeister von Hannover gewählt. Schon vor der Wahl überschlugen sich die Medien mit Überschriften wie: »Er könnte erster türkischstämmiger Bürgermeister einer Großstadt werden«. Faszinierend. Trommelwirbel. Gewonnen! Und jetzt die wichtigste, aber nie gestellte Frage, über die uns die *Hannoversche Allgemeine* nach der Wahl aufklärte: »Das denken die Türken in Hannover über die Wahl von Belit Onay: Für viele Türken in Hannover ist er ein Beispiel dafür, wie weit Zuwanderer heute in Deutschland kommen können.«[1]

Ja, das stimmt. Und es macht gut 60 Jahre nach Ankunft der ersten türkischen Gastarbeiter auch betroffen. Am meisten, dass ein 1981 in Deutschland geborener Mann irgendwie für viele immer noch in erster Linie Türke zu sein scheint. Geboren in Goslar, Abitur in Goslar, Zivildienst in Goslar, Studium in Hannover. Ein klassischer Türke eben. Trotzdem scheint dieser Wahl eine »Freude« zugrunde zu liegen, die auch etwas irritiert, ein wenig so, als wenn man sagte: »Seht her, hier ist es gar nicht so schlimm, selbst der Türke kann Bürgermeister werden!« Der niedersächsische Ministerpräsident Stephan Weil macht das in seiner Gratulation besonders deutlich: »Dass ein Politiker mit türkischen Wurzeln Oberbürgermeister der größten Stadt Niedersachsens wird, ist im Übrigen ein gutes Zeichen für das Miteinander in unserem Land.«[2] Zum einen wäre es ein viel besseres Zeichen, wenn wir nicht ständig über seinen Migrationshintergrund sprechen würden, und zum anderen ist *ein* Mann mit Migrationshintergrund in Amt und Würden sicher vieles, aber kein gutes Zeichen für das Miteinander in unserem Land. Es ist ein Anfang. Der Hass, der Belit Onay nach seiner Wahl entgegenschlug, zeigt, wie wichtig dieser »Anfang« ist: Er sei Islamist, Terrorist, PKK-Anhänger und vieles mehr, belegt samt Fake-Videos,[3] unterstützt von der AfD.* Viele wollen diesen Anfang gar nicht.

Wir hatten sogar schon einen Vizekanzler mit Migrationshintergrund, das habe ich nicht vergessen: Philipp Rösler. Aber der zählt nicht, um ehrlich zu sein. Denn mit Hinblick auf die Debatte um Migration muss eines grundsätzlich festgestellt werden: Wenn wir von *den* Migranten reden, die sich hier angeblich nicht anpassen wollen und deren Kultur ebenso angeblich unvereinbar mit der wahren deutschen Kultur ist, dann sprechen wir in erster Linie von Migranten, die dem muslimischen Kulturkreis zugeordnet werden

* Der AfD-Bundestagsabgeordnete Udo Hammelgarn kommentierte zur OB-Wahl ein Twitter-Video mit den Worten: »Tolle Sache, und wie schnell die ›Deutsche Fahne‹ mutiert ist zu einer ›Roten‹ mit Mondstern! #Hannover #Türkei #AfD.« Das Video zeigte feiernde Männer mit Türkei-Fahnen. Auf einer türkischen Hochzeit in Dortmund. Es hat rein gar nichts mit Onay zu tun.

können: Türken, Kurden, Afghanen, Syrer und die große arabische Welt von Marokko über Tunesien und den Libanon, bis hin an den Persischen Golf. Die Iraner stellen eine Sondergruppe dar. Den Iran verließ nach der Islamischen Revolution 1978/79 fast ausschließlich die Elite, die, weil sie gut ausgebildet ist, eine grundsätzlich bessere Integration vorweisen kann.[4] Die kulturelle Anfeindung gegen Iraner aufgrund ihrer Nationalität bleibt daher weitgehend aus. Von den zahlreichen islamistisch motivierten Taten weltweit entfallen nahezu keine auf Iraner. Der einzige Terrorakt eines Täters mit iranischer Abstammung auf deutschem Boden, der große mediale Aufmerksamkeit erhielt, war der Anschlag von David Sonboly am 22. Juli 2016 in München, der allerdings rechtsextremistisch motiviert war und dem ausschließlich Migranten zum Opfer fielen.

Dennoch müssen sich auch Iraner der Gruppe der »Migranten« zurechnen lassen, da von ihrem Äußeren nicht auf ihre Nationalität zu schließen ist, sehr wohl aber darauf, dass sie dem muslimischen Kulturkreis angehören. In diesem Zusammenhang muss auf den Begriff »Kulturmuslime« verwiesen werden, der möglicherweise größten Bevölkerungsgruppe mit islamischem Hintergrund in Deutschland. Die Direktorin des Forschungszentrums Globaler Islam an der Uni Frankfurt am Main Susanne Schröter definiert ihn wie folgt: »Kulturmuslime sind […] Muslime, die sich zu ihrer Religion nicht anders verhalten als viele Christen, die nur Weihnachten einmal in die Kirche gehen und sich ansonsten in ihrem Leben mit ganz anderen Dingen beschäftigen. Ich würde vermuten, dass es die Mehrheit der Muslime in Deutschland ist.«[5]

Ich selbst zähle mich zu dieser Gruppe und ich kann sagen, dass alle Muslime, die ich kenne, ebenfalls dieser Gruppe angehören. Im Gegensatz zu dem, was die Neue Rechte uns weismachen möchte, muss die Tatsache hingenommen werden, dass die überwältigende Mehrheit der Muslime in Deutschland Kulturmuslime sind und nicht Salafisten oder Dschihadisten, die die Unterwanderung der freiheitlich-demokratischen Grundordnung zum Ziel haben. Ihnen gehören laut aktuellen Forschungen knapp 2 Prozent der in Deutschland lebenden Muslime an. Die Stigmatisierung wird aber von diesen 2 Prozent auf die restlichen 98 Prozent erweitert. Ebenfalls stigmatisiert sind Schwarzafrikaner und bestimmte Menschen aus den Balkanländern, darunter vorwiegend Sinti und Roma, die dann aktuell gemeinsam »die Migranten« ausmachen. Eine flexible Gruppe, die nach Belieben pauschal verändert und erweitert werden kann.

Wenn es um Anfeindungen gegenüber Migranten geht, dann sprechen wir also von dieser Gruppe, nicht von nach Deutschland emigrierten Franzosen und Österreichern. Die sind für einige sicher auch komisch, aber immer noch »Europäer«. Auch die Vorurteile gegenüber Migranten aus dem ehemaligen Ostblock oder den klassischen Gastarbeiterländern mit Ausnahme der Türkei sind grundsätzlich andere und deshalb nicht der allgemeinen Angst vor einer Islamisierung durch angeblich kulturfremde Muslime oder der Angst vor islamistischen Angriffen zuzuordnen. Dabei spielt es keine Rolle, ob »die Migranten« hier geboren wurden, in welcher Generation sie hier leben oder welche Staatsangehörigkeit sie besitzen, einzig entscheidend ist die (vermeintliche) Zuordnung zum Islam. Allgemein kann man das Phänomen der sogenannten Flüchtlingskrise daher mehrheitlich als Islamophobie zusammenfassen. Diese Menschen werden seit geraumer Zeit von bestimmten Gruppierungen aus der Gesellschaft gedrängt, stigmatisiert, herabgewürdigt und zu Menschen zweiter Klasse erklärt. Ich spreche bewusst von »bestimmten Gruppierungen«, da diese Form von Rassismus keineswegs der Neuen Rechten vorbehalten ist, sondern sich durch die gesamte Gesellschaft zieht. Seit einiger Zeit ist dieser Kreis auch durch einen nie weg gewesenen, aber wieder erstarkten Antisemitismus erweitert worden, der bekanntermaßen in der rechten Ideologie eine lange Tradition aufweist. All diese Menschen sind es, die infolge des Rechtsrucks immer mehr Repressalien ausgesetzt sind, weil man automatisch annimmt, dass es einen »Kulturchristen« geben kann, einen Kulturmuslim aber nicht, weil dieser per Religion das Ziel verfolgt, entweder unserer Gesellschaft zu schaden, oder aufgrund der ihm eigenen, unveränderlichen Kultur mit der hiesigen unvereinbar ist.

Was wir heute hier erleben, ist ein herbeigezüchteter einseitiger Kampf der christlich-abendländischen Kultur – und ich lasse das Jüdische bewusst weg, weil es eine bodenlose Anmaßung ist, dass sich Rechtsradikale in Anbetracht der deutschen Geschichte auf eine christlich-jüdische Kultur berufen –, um sich so von der islamisch-morgenländischen abzugrenzen. Besonders schwierig wird es dann, wenn Menschen eben dieser islamisch-morgenländischen Kultur seit Generationen in Deutschland leben und die deutsche Staatsbürgerschaft besitzen, sprich, wenn es um Menschen geht, die zwar Kulturmuslime sein mögen, aber in erster Linie die hiesige Kultur leben. Ihnen wird von der Neuen Rechten das Attribut »Passdeutscher« verliehen, um zu verdeutlichen, dass sie trotz Staatsbürgerschaft nicht dazugehören, und um sie so von der »wirklichen« deutschen Bevölkerung zu trennen. Menschen, die in diese Kategorie fallen, sehen sich seit einigen Jahren einem deutlich zunehmenden, sichtbar gewordenen und geduldeten Rassismus ausgesetzt. Dies geschieht sogar bei herausragend integrierten Menschen, die in diesem Land teilweise seit Generationen ein Zuhause gefunden haben, jetzt aber das Gefühl haben, kollektiv geächtet zu werden. Darüber müssen wir reden, da wirkliche Konsequenzen für Rassismus in den letzten Jahren zunehmend geschwunden sind, wohl auch deshalb, weil wir uns wieder daran gewöhnt haben. Das ist gefährlich, weil es zu einer immer aufgeladeneren Stimmung führt.

Eine ausschlaggebende Ursache für diese Entwicklung war der Bürgerkrieg in Syrien, der ab 2014 auch bei uns zum medialen Thema wurde, weniger des Krieges wegen, sondern aufgrund seiner Auswirkungen. Hunderttausende Menschen hatten ihr Zuhause verloren und sahen sich durch diesen anscheinend nie endenden Krieg gezwungen zu fliehen. Auch wenn die Fluchtursachen wesentlich komplexer waren, schon viel früher begannen und längst nicht nur Syrien betrafen, sondern zahlreiche andere Länder ebenfalls, waren es doch gerade die Bilder aus den Jahren 2014/15, von Menschen, die sich an Grenzzäunen sammelten, über Autobahnen liefen und schutzsuchend quer durch Europa zogen, die sich in unser kollektives Gedächtnis einbrannten.

Schon 2014 war abzusehen, dass der Zuzug in den nächsten Jahren zunehmen wird. Um diese Flüchtlinge aufnehmen zu können, ob kurz- oder langfristig, war dabei irrelevant, brauchte es Maßnahmen. Diese Maßnahmen führten sofort zu einer intensiv geführten emotionalen gesellschaftlichen Debatte.

Im November 2014 machte ich einen Beitrag über ein geplantes Flüchtlingsheim im Hamburger Nobelstadtteil Harvestehude.[6] Die Nachricht sorgte bundesweit für Schlagzeilen, weil die reichen Harvestehuder lautstark gegen das Heim protestierten. Diesmal waren es eben nicht die »klassischen« Rechten, die sich irgendwo in Ostdeutschland gegen »Asylantenheime« wehrten, sondern die reiche, bürgerliche Oberschicht. Das war neu. Nicht weil es unter denen keinen Rassismus gibt, sondern weil bisher niemand auf die Idee gekommen war, Flüchtlinge neben ihnen an der Außenalster unterzubringen und damit auch ihre Ressentiments offenzulegen.

Ich besuchte den von Gründerzeitvillen und Sportwagen wimmelnden Stadtteil und hörte mich etwas um. Der Unmut war groß und er war abgesprochen. Fast alle Befragten sagten nämlich das Gleiche: Die Flüchtlinge könnten sich hier doch gar nichts leisten. Es sei unverantwortlich, diese Menschen hier unterzubringen. Es sei doch besser, den Menschen in Stadtteilen Obdach zu geben, in denen die Lebenshaltungskosten nicht so hoch wären, wo sie Möglichkeiten hätten, sich zu amüsieren und auszugehen. Ein älterer Herr fasste es mir gegenüber ganz prägnant zusammen: »Hier nix Aldi, nix Disco.« Hier würde man sich doch zu Tode langweilen. Die armen Flüchtlinge. Ich bat in dem Beitrag dann einige Damen in Nerz und Stola darum, meine Sätze zu vervollständigen:

Ich habe nichts gegen Flüchtlinge, aber …: »Wir müssen wissen, welche.«

Flüchtlinge sind bei uns willkommen, aber …: »Das ist die falsche Gegend.«

Harvestehude ist für alle da, aber …: »Es muss passen.«

Und was dann? Wenn die trotzdem kommen? Die Schlussfolgerungen waren besonders spannend: Durch die fehlenden Möglichkeiten, etwas zu unternehmen, würden sie auf der Straße herumlungern, sie würden rumlaufen, das alles sehen, was sie noch nie gesehen hatten. So würde schließlich Kriminalität entstehen. Einmal wunderschöne Häuser und dann die armen Flüchtlinge. Diese Konstellation könne man sich hier nicht vorstellen.

Harvestehude war ein Einschnitt, solche Äußerungen aus der bürgerlichen Mitte, dazu noch mit dieser Vehemenz, waren erschreckend. Viele Zuschauer fanden das schockierend, aber auch, dass es den Superreichen anscheinend wichtiger war, dass ihre millionenschweren Immobilien aufgrund des geplanten Flüchtlingsheims an Wert verlieren könnten, als diesen Menschen zu helfen, sodass sie sogar versuchten, mit Gerichtsprozessen den Zuzug zu stoppen. Während in Ostdeutschland aufgebrachte Menschenmengen wut- und hasserfüllt schreiend vor Flüchtlingsheimen protestierten, Brandsätze warfen und ausländerfeindliche Parolen riefen, versuchte man es in Harvestehude also auf juristischem Wege. Das Perfide dabei war die Abwägung zwischen notleidenden Menschen und Immobilienpreisen. Jeder machte damals seiner Ablehnung anders Luft, mal diplomatisch, mal mit Gewalt.

Während Deutschland die Willkommenskultur weiterentwickelte und Menschen aus dem ganzen Land den ankommenden Flüchtlingen Schutz und Hilfe anboten, zeigte sich auf der anderen Seite bereits die beginnende Spaltung der Gesellschaft: Bis Ende 2014 wurden etwa 200 Angriffe auf Flüchtlingsheime gezählt. 2015 waren es schon an die Tausend.[7] Die überwältigende Solidarität der deutschen Bevölkerung bekam den bitteren Beigeschmack durch jene, die sich partout nicht solidarisch zeigen wollten oder, noch schlimmer, der Solidarität anderer mit Gewalt begegneten.

Schlimm war vor allem, dass medial wie gesellschaftlich diese Bilder von Gewalt und Ablehnung dominierten. Statt die Willkommenskultur in den Vordergrund zu rücken, die unzähligen ehrenamtlichen Helfer zu würdigen und die gesamtgesellschaftlich positive Grundstimmung aufzunehmen, wurde sehr viel Zeit damit verplempert, dem hasserfüllten Mob Raum zu geben. In jedem Kommentar, jeder Kolumne, jedem Leitartikel, jeder Talkshow, überall schien es allgemeiner Konsens zu sein, den selbsternannten besorgten Bürgern die Möglichkeit zu geben, ihre extremen Gedanken mit allen zu teilen. »Man muss diese Sorgen ernst nehmen«, darin waren sich anscheinend alle einig. Dabei muss man sagen, dass es gar nichts bei diesen Menschen ernst zu nehmen gab. Das hätte man auch damals erkennen können.

Die Einzigen, die diese Menschen, die gegen Flüchtlinge und Migranten hetzten und Anschläge auf Flüchtlingsunterkünfte verübten, hätten ernst nehmen müssen, wären Staatsanwaltschaft und Gerichte gewesen. Stattdessen saßen die Brandstifter im Fernsehen und Deutschland analysierte, woher denn die Angst kam, die so groß war, dass man sich genötigt fühlte, einen Molotowcocktail in die Containerbehausung schutzsuchender Kriegsflüchtlinge zu werfen. Günther Jauch begrüßte Ende 2015 in seiner Talkshow zum Thema »Pöbeln, hetzen, drohen – wird der Hass gesellschaftsfähig?« den saarländischen Innenminister Klaus Bouillon, den damaligen Justizminister Heiko Maas, Anja Reschke und schließlich Bernd Höcke von der AfD. Sie erinnern sich, er zog damals eine Deutschlandflagge aus der Tasche und legte sie über die Armlehne seines Sessels. Da keiner ahnte, wohin diese Reise gehen würde, stand auch keiner auf und sagte, dass man diesen Menschen keinen Raum geben dürfe, dass das Werfen von Brandsätzen keine anerkannte Mitteilung von Sorgen darstellt, Hassreden bei Pegida, Volksverhetzung und Sieg-Heil-Rufe nicht von der Meinungsfreiheit gedeckt sind. Anlässe, mehr als nur deutlich zu widersprechen, gab es auch damals genug.

Kurz zuvor, am 17. Oktober 2015, war die Kölner Oberbürgermeisterin Henriette Reker mit einem Messer niedergestochen worden, von einem Mann, der unzufrieden mit ihrer Asylpolitik war. Eben jener Frank S. äußerte sich kurz nach seiner Festnahme wie folgt: »Ich wollte sie töten, um Deutschland und auch der Polizei einen Gefallen zu tun. Ich wollte in 20 Jahren nicht in einer muslimisch geprägten Gesellschaft leben.«[8]

Genau diese Angst, die Höcke und seine Partei 2015 zur besten Sendezeit im Fernsehen verbreiten duften, führte dazu, dass »besorgte« Bürger sich berufen fühlten, selbst tätig zu werden und die propagierte drohende Islamisierung zu stoppen. Man hätte ihnen niemals die Möglichkeit geben dürfen, vor einem Millionenpublikum zu sprechen, denn ihre Absichten waren damals schon glasklar. Aber die Sorge vor den Sorgen der Besorgten führte in weiten Teilen der Medienlandschaft zu einem Totalausfall, der bedauerlicherweise in Teilen immer noch anhält. Man lädt sie weiter munter ein. Man springt über ihre Stöckchen. Man hat nichts daraus gelernt. Bis heute.

Mindestens genauso wichtig wie der schon früh unsägliche Umgang mit der AfD ist ein weiterer entscheidender Punkt, der sich bis heute ebenfalls nicht verändert hat. Noch mal: Das Thema der Sendung war »Pöbeln, hetzen, drohen – wird der Hass gesellschaftsfähig?« Gäste: Bouillon, Maas, Reschke, Höcke. Fällt Ihnen auf, wer da fehlt? Richtig. Jemand, der erzählen könnte, ob der Hass wirklich gesellschaftsfähig wird, weil er oder sie es selbst erlebt hat, oder eben auch nicht. Jene Person hätte sich auch dazu äußern können, ob das eine neue Entwicklung ist, oder ob der Hass jetzt nur sichtbar geworden ist, woran das liegen mag und was man den ganzen Tag als Migrant so erlebt; ob sich das in letzter Zeit vielleicht geändert hat; was die AfD damit zu tun hat und was die Flüchtlinge; ob man Angst hat vor der Zukunft und wie es einem nach 30 Jahren in Deutschland geht, wenn man plötzlich wieder Flüchtlingsheime brennen sieht; ob man selbst Erfahrungen damit gemacht hat oder ob das alles übertrieben ist. Man hätte auch mal das Gespenst des neuen Nachbarn zeigen können, die friedliche Flüchtlingsfamilie, um es so zu entmystifizieren, und jene ihre Geschichte erzählen lassen können, die zu den Angegriffenen gehören.

Nein, diese Fragen wurden nicht gestellt, an wen auch, stattdessen zaubert der magische Bernd eine Flagge aus seiner Tasche, während die Zielgruppe, gegen die sich der Hass wandte, fehlte. Man hatte sie einfach nicht eingeladen, und dann sitzt plötzlich der Hetzer auf der Bühne, während der Gehetzte am Fernseher atemlos zuschaut. In Deutschland wird halt vorwiegend *über* Migranten gesprochen, aber nur in seltenen Fällen *mit* ihnen. Immer noch. Man hat daraus nichts gelernt. Bis heute. *Wir* haben ja jetzt einen Oberbürgermeister, das reicht erst mal.

Dabei hätte man die berechtigten Sorgen *dieser* Bevölkerung durchaus ernst nehmen können und müssen, statt die Rechtsextremen auf die Bühnen dieses Landes zu bitten. An gebildetem Personal mangelte es jedenfalls nicht. Fünf Jahre später ist das politische und gesellschaftliche Klima auf so vielen Ebenen so vergiftet, dass es schon fast zu spät scheint, dem wieder entgegenzuwirken.

In Harvestehude kommt man mit den Flüchtlingen übrigens mittlerweile sehr gut klar. Die Kriminalität ist nicht gestiegen, die Immobilienpreise sind nicht gesunken und es wurden keine Ziegen in der Alster geschächtet. Es ist einfach nichts Gravierendes passiert. Stattdessen werden Vorurteile abgebaut. Als Bundeskanzlerin Merkel auf dem Höhepunkt der Krise 2015 sagte: »Wir schaffen das!«, muss man rückblickend sagen, dass wir es wirklich geschafft haben, und zwar ziemlich souverän. Die drohende Islamisierung ist ausgeblieben, das Bier wurde nicht verboten, Miniröcke sind immer noch erlaubt, und keiner läuft beim Sonntagsspaziergang gegen Minarette, weil der ungebremste Moscheenbau, der die Bauämter dieses Landes für Jahrzehnte lahmzulegen drohte, ausgeblieben ist. Knapp zwei Millionen aufgenommene Flüchtlinge später, und das Land steht noch.

Was wir hingegen nicht geschafft haben, ist, den Rechtsruck aufzuhalten. Rechte Kräfte haben die Situation genutzt, um die sicher auch berechtigten Ängste von Teilen der Bevölkerung für ihre Zwecke zu missbrauchen und in eine generelle Ablehnung »der Fremden« umzuwandeln. Diese Ängste haben mehrheitlich Pegida und die AfD geschürt, die dafür die größtmögliche mediale, politische und gesellschaftliche Bühne bekommen haben, die man dafür hätte bekommen können. Rassismus geht zwar nie weg, er war früher da und er ist auch heute da. Allerdings ist er heute in Deutschland wieder zur Normalität geworden. So normal, dass er uns nicht mehr wirklich auffällt. Das ist das Ergebnis der »Flüchtlingskrise«.

***

Man kann sagen, dass das Jahr 2015 eine Zäsur in der deutschen Geschichte darstellt. Mit der sich ausbreitenden Flüchtlingskrise änderte sich das Verhältnis zu den bereits in Deutschland lebenden Migranten signifikant. Der seit Sarrazins *Deutschland schafft sich ab* schleichend stattfindende Prozess der Ablehnung gegenüber Migranten bestimmter Herkunft ergoss sich recht plötzlich und in seiner Wucht unerwartet in die breite Gesellschaft. Die Reaktionen der Bevölkerung waren so heftig, dass es bei vielen, insbesondere den hervorragend integrierten und gebildeten Migranten, zu einer Überforderung kam, weil sie sich plötzlich einer Ablehnung gegenübersahen, die viele in dieser Form noch nie gespürt hatten. Die mediale Aufmerksamkeit, die den ganz offensichtlich auf Eskalation und Gewalt ausgerichteten Menschen gewidmet wurde, war erschreckend. Die Bezeichnung »besorgte Bürger«, unter der Rechtsradikale, Gewaltbereite, Verschwörungstheoretiker, Rassisten, Nationalisten, Antidemokraten, Antisemiten, Islamophobe und allerlei andere Gruppierungen zusammengefasst und die von Medien und Politik unkritisch und bedenkenlos übernommen wurde, suggerierte flächendenkend, dass es da berechtigte Sorgen gab, die es ernst zu nehmen galt. Doch die Sorgen galten nicht der Bewältigung der Krise, sondern waren im Grunde Ressentiments gegenüber »den Ausländern«, die schon lange in Deutschland leben und dennoch nicht dazugehören durften.

Mittlerweile war ich auch nicht mehr Afghane, sondern bereits Syrer. Nur Deutscher, das wurde ich wieder nicht. Heute bin ich gerne Syrer und fast schon stolz, wenn ich von meiner Kindheit in Damaskus berichte.

»Sie sprechen aber hervorragend Deutsch. Wann sind Sie aus Syrien denn zu uns gekommen?«

»Letzte Woche.«

»Unglaublich.«

Enthemmung

Ich erinnere mich daran, wie ich das erste Mal öffentlich beschimpft wurde. Menschen trauten sich, mich mit Klarnamen bei Facebook zu beleidigen. Die Sprache begann in einem Tempo zu verrohen, dass man teilweise sprachlos war ob der Beleidigungen. Begriffe, die man eigentlich nur mit dem sogenannten »Dritten Reich« in Verbindung bringen konnte und die ich nur aus Büchern kannte, tauchten im Wortschatz bestimmter Personengruppen auffällig häufig auf. Pegida erreichte am 12. Januar 2015 mit geschätzten 25 000 Teilnehmern seinen Höhepunkt, »Lügenpresse« wurde zum Unwort des Jahres 2014 gewählt. Es gingen immer mehr beleidigende Briefe im NDR ein, Anrufe, Drohungen. Vieles von dem, was mich damals erreichte, war strafwürdig, es fehlten aber die Vehikel, um die schiere Masse, die insbesondere Menschen erreichte, die medial sichtbar waren, zu bewältigen.

Daneben begannen mir auch immer mehr Menschen zu schreiben, dass sie sich um ihre Zukunft in Deutschland sorgten, darunter viele Migranten. Wenn man nach Dresden zu Pegida schaute, in die hasserfüllten Gesichter, die schreiende Menge, das Meer der Deutschlandfahnen, wenn man den hetzerischen Reden lauschte, dann konnte man die spürbare Verängstigung von großen Teilen der Bevölkerung, insbesondere der Migranten, verstehen. Die hässlichen Bilder von vor Zorn schäumenden Wutbürgern, die voller Hass »Lügenpresse« skandierten, sich vor den Kameras in Rage redeten, beleidigten und beschimpften und mit jenem schwarz-rot-goldenen Fahnenmeer ein Gesicht dieses Landes zeigten, das viele nicht mehr sehen wollten oder von dem sie gar dachten, es sei für immer getilgt worden, weil Erinnerungskultur und Aufklärung gefruchtet hatten – diese Bilder machten Angst.

In dieser Zeit geschah es das erste Mal, dass ich wirklich besorgte Menschen sah, deren tägliches Leben aus Angst bestand. Angst davor, rauszugehen, Angst um ihre Kinder, ihre Arbeit, ihr Leben. Menschen, die nicht wussten, wie es weitergehen sollte. Diese Menschen waren Migranten. Es waren Verwandte, Freunde und viele Fremde, die mir schrieben, dass sie in Sorge um ihre Zukunft waren. Alles wohlintegrierte, fließend Deutsch sprechende, friedliche Steuerzahler. Der Gegensatz von denen, die in Dresden »Wir sind das Volk« skandierten. Damals hieß es noch, es würde sich lohnen, mit den Menschen zu sprechen. Also suchten viele das Gespräch. Was aber nicht bedeutete, dass die Gespräche etwas gebracht hätten. Pegida hingegen nötigte auf seinem kurzen Höhepunkt die Kanzlerin dazu, sich eines der wenigen Male in ihrer Kanzlerschaft öffentlich deutlich zu positionieren, nachdem auch die internationale Presse mit Sorge auf dieses Sachsen guckte, wo sich der fremdenfeindliche Geist ausbreitete wie schon lange nicht mehr. In ihrer Weihnachtsansprache 2014/15 rief sie dazu auf, »diesen Leuten nicht zu folgen«, und weiter:

»Kürzlich erzählte mir jemand von einem Kurden, der heute Deutscher ist. Vor vielen Jahren sei er aus dem Irak geflohen – unter sehr schwierigen Bedingungen. Unter Lebensgefahr. Er habe gesagt, das Wichtigste sei für ihn in Deutschland, dass seine Kinder hier ohne Furcht aufwachsen könnten.

Das ist vielleicht das größte Kompliment, das man unserem Land machen kann: dass die Kinder Verfolgter hier ohne Furcht groß werden können.

Und das war auch ein Motiv der vielen Menschen, die vor 25 Jahren in der DDR jeden Montag auf die Straße gingen. Hunderttausende

demonstrierten 1989 für Demokratie und Freiheit und gegen eine Diktatur, die Kinder in Furcht aufwachsen ließ.
Heute rufen manche montags wieder ›Wir sind das Volk‹. Aber tatsächlich meinen sie: Ihr gehört nicht dazu – wegen eurer Hautfarbe oder eurer Religion.
Deshalb sage ich allen, die auf solche Demonstrationen gehen: Folgen Sie denen nicht, die dazu aufrufen! Denn zu oft sind Vorurteile, ist Kälte, ja, sogar Hass in deren Herzen!«[9]

Auch als der Hass und die Hetze in vielen Teilen der Republik weiter zunahmen, Medien und Politik ratlos in die erzürnten, zunächst vorwiegend ostdeutschen, Gesichter schauten, blieb der allgemeine Tenor unbeirrt: »Sorgen ernst nehmen. Reden hilft.« Deutschland blieb demokratischen Grundwerten wie Meinungs- und Versammlungsfreiheit treu und suchte auf vielen Ebenen das Gespräch. Was machte den Menschen in Sachsen, die montags zu Tausenden auf die Straßen gingen, so große Angst? Gerade jenen, die in ihrem Leben noch nie einen Ausländer gesehen hatten? In einem Bundesland mit einem Ausländeranteil von knapp 3 Prozent und einem Anteil von (Kultur)Muslimen unter einem halben Prozent? Vielleicht genau das? Das wäre doch paradox!

Vizekanzler Sigmar Gabriel traf sich im Januar 2015 als erster Spitzenpolitiker mit »besorgten Bürgern« in Dresden und sagte dazu:
»Ich würde jetzt auch nicht mit Organisatoren reden, die im Neonazi-Raum stehen. Aber mit den Menschen, die dort hingehen, die Sorgen haben, und die verärgert sind über die Politik, natürlich muss man mit denen reden.«[10]

So natürlich war das nicht. Im Oktober 2015 ließ sich Dunja Hayali 45 Minuten ungeschnitten im ZDF auf einer AfD-Kundgebung in Erfurt beschimpfen, kurz davor hatte im September Anja Reschke in den Tagesthemen im ikonischen Kanariengelb ein Plädoyer für die Menschlichkeit gehalten. Beide erhielten dafür zu Recht viel Applaus. Reschke sagte damals:

»›Scheiß Kanaken, wie viel wollen wir noch aufnehmen, sollen abhauen, soll man anzünden …‹ […] Bis vor kurzem haben sich solche Kommentatoren noch hinter Pseudonymen versteckt. Aber mittlerweile wird sowas längst unter Klarnamen veröffentlicht. Anscheinend ist das nicht mal mehr peinlich. Im Gegenteil, auf Sätze wie ›Dreckspack, soll im Meer ersaufen‹ bekommen sie ja auch noch begeisterten Zuspruch und eine Menge Likes. Wenn man bis dahin ein kleiner rassistischer Niemand war, fühlt man sich da natürlich plötzlich ganz toll. Jetzt kann man sagen: ›Ja gut, Idioten gibt es immer – am besten ignorieren.‹ Aber es sind ja eben nicht nur Worte. Sondern es gibt sie ja schon – die Brandanschläge auf Flüchtlingsunterkünfte. Die Hasstiraden im Internet haben ja längst gruppendynamische Prozesse ausgelöst. Die Zahl der rechtsextremen Gewalttaten ist gestiegen. So kann es nicht weitergehen. […] Die Hassschreiber müssen kapieren, dass diese Gesellschaft das nicht toleriert. Wenn man also nicht der Meinung ist, dass alle Flüchtlinge Schmarotzer sind, die verjagt, verbrannt oder vergast werden sollten, dann sollte man das ganz deutlich kundtun. Dagegenhalten, Mund aufmachen. Haltung zeigen, öffentlich an den Pranger stellen: Einige sehr verdienstvolle Blogs tun das schon. Aber es sind noch zu wenige. Der letzte Aufstand der Anständigen ist 15 Jahre her. Ich glaube, es ist mal wieder Zeit.«[11]

Das war 2015. Anja Reschke war der Meinung, es sei Zeit für einen Aufstand der Anständigen. Was sich seitdem getan hat, danach braucht man nicht lange zu suchen, denn statt einem Aufstand der Anständigen erlebten wir zunehmend einen Aufstand der Unanständigen, der bis heute anhält:

Ich möchte Ihnen, nur aus dem Jahr 2019, eine kleine Auswahl von Angriffen gegen »Migranten« geben, um die Ausmaße des Hasses, den wir nach wie vor erleben, zu verdeutlichen. 2015 habe ich sie noch nicht gesammelt, ich war noch nicht so weit. Straftaten mit islamfeindlichem Hintergrund werden zudem erst seit 2017 unter »politisch motivierter Kriminalität in Deutschland« gesondert erfasst. Ich bekomme diese Fälle über die sozialen Medien zugeschickt, weil Menschen sich mit ihren Sorgen an mich wenden, weil sie nicht mehr weiterwissen, weil sie Rat suchen, weil sie Angst haben, ihre Töchter, Schwestern und Mütter alleine auf die Straße zu lassen. Medial sind alle Fälle an mir vorbeigegangen. Ich kenne sie nur, weil ich sie zugeschickt bekommen habe:

Berlin, 09.02.19
Eine Frau versucht einer 12-Jährigen das Kopftuch herunterzureißen. Dabei beleidigt sie das Mädchen fremdenfeindlich, zieht sie an den Haaren und versucht sie mit einer scheinbar mit Blut gefüllten Spritze zu stechen.

Berlin, 09.02.19
In Marzahn nähert sich ein Mann zwei 15 und 16 Jahre alten Mädchen, beleidigt sie fremdenfeindlich und schlägt beiden dann mehrfach ins Gesicht.

Berlin, 12.02.19
Die 16-jährige Shaimaa wird mit einer Bierflasche bewusstlos geschlagen, weil sie ein Kopftuch trägt. Der Angreifer brüllt: »Scheiß Ausländer! Zieht das Kopftuch aus und verschwindet aus meinem Land!«

Delitzsch, 25.03.19
Einer Frau mit Kopftuch wird in Delitzsch aus einer Gruppe heraus mitgeteilt, dass sie als »Ausländer« in Deutschland nichts zu suchen habe. Sie wird beleidigt und ein brennendes Feuerzeug an ihr Kopftuch gehalten.

Berlin, 08.06.19
Aus einer vierköpfigen Gruppe von Senioren heraus werden zwei 18 und 19 Jahre alte Frauen wegen ihres Kopftuchs beleidigt. »Zieht die Scheiße aus! Das ist unser Land«, rufen die Senioren.

Berlin, 28.06.19

Ein Mann versucht in Berlin einer 51-jährigen Frau das Kopftuch vom Kopf zu reißen. Als der Angreifer dann zum Schlag ausholt, stellt sich eine Zeugin schützend vor die Frau und verhindert so Schlimmeres.

Schwerin, 21.08.19

Ein 13-jähriges syrisches Mädchen trägt ein helles Kopftuch und einen Schulranzen, als sie angegriffen und verprügelt wird. Sie erleidet mehrere schwere Verletzungen und muss im Krankenhaus ärztlich versorgt werden. Der mutmaßliche Angreifer ist ein erwachsener Mann.

Berlin, 31.08.19

Zwei Unbekannte beleidigen eine junge Muslima, die als Bäckereiverkäuferin arbeitet, rassistisch und drohen ihr, sie nach Geschäftsschluss zu schlagen.

Freiburg, 05.09.19

Fatima M. steht an einer Bushaltestelle in der Nähe von Freiburg, als ein Mann auf sie zukommt und ihr direkt ins Gesicht schlägt: »Ich war so perplex, dass ich nicht reagieren konnte. Er hat nichts gesagt. Ich weiß nicht, wieso er es getan hat.«

Bad Wurzach, 05.09.19

Eine Frau wird beleidigt und bedroht – weil sie ein Kopftuch trägt. Dilek A. wurde in Deutschland geboren, ist in Bad Wurzach aufgewachsen und betreibt dort seit rund 30 Jahren einen Laden. Umso schockierter war sie, als sie wegen ihrer Kleidung angegangen wurde.

Berlin, 27.09.19

Eine muslimische Frau, die ihr Kleinkind auf dem Arm trägt, wird am U-Bahnhof Hellersdorf von einem 35-jährigen Mann rassistisch beleidigt. Anschließend gießt ihr der Mann eine alkoholische Flüssigkeit aus einer Flasche über den Kopf.

Ulm, 29.09.19

Eine Gruppe von Musliminnen wird bei einer Veranstaltung gegen Islamfeindlichkeit von einem Unbekannten attackiert. Der Mann soll die Frauen erst beschimpft und dann mit einem Messer auf sie losgegangen sein. »Ich werde euch alle töten«, habe er gerufen.

Berlin, 21.10.19

Ein unbekannter Mann packt eine kopftuchtragende Frau in Berlin-Friedrichshagen an den Armen und tritt ihr in den Bauch. Die Polizei geht davon aus, dass sie wegen ihres Kopftuchs angegriffen wurde. Der Staatsschutz ermittelt.

Hamburg, 21.11.19

»Er fing sofort an, mich zu beleidigen. ›Schlampe, Schlampe. Scheiß-Kopftuch. Raus aus meinem Land!‹«, beschreibt das 23-jährige Opfer den Vorfall. Laut Polizei brüllt Felix H. sie erst an – und schlägt dann völlig unvermittelt zu. Der Schlag trifft die junge Frau im Bauch.

Dresden, 17.12.19

Ein unbekannter älterer Mann tritt einen vierjährigen arabischstämmigen Jungen von seinem Dreirad und verletzt ihn dabei, wie die Polizei mitteilte. Er war in Begleitung seiner kopftuchtragenden Mutter unterwegs.

Man könnte die Liste beliebig weiterführen, Hunderte solcher Fälle stapeln sich in meinem Postfach. Man könnte auch Kopftuch durch Kippa ersetzen. Oder auf zahlreiche andere Lebensbereiche, die nichts mit religiösen Symbolen zu tun haben, erweitern: Wohnungssuche, Discobesuch, Polizeikontrolle, Mitgliedschaft im Fitnessstudio. Alles eingebildet oder ausgedacht, wie uns viele weismachen wollen? Zumindest die Antidiskriminierungsstellen in diesem Land können ein Lied davon singen.

Wir haben ein echtes Problem in Deutschland, das in unser aller

Alltag untergeht. Meist sind es nur kleine Meldungen aus der Lokalpresse, über die unsere Augen schnell hinweggleiten. Schlimm. Kurze Betroffenheit (wenn überhaupt), weitermachen. Bespuckt, beleidigt, mit Bier übergossen oder als 13-Jährige krankenhausreif geprügelt werden – mit diesem »Alltagsrassismus« müssen Migranten dieser Tage in Deutschland zurechtkommen. Einfach so.

Was wir heute machen, ist Bewerten. Wir bewerten lang und breit, wann etwas Rassismus ist und wann nicht. Und am Ende kommen wir, im besten Fall, zum Schluss: Ja, das war tatsächlich Rassismus! Schon fast triumphierend, als hätte man eine schwere Matheaufgabe gelöst. Was danach passiert, ist die eigentliche Schande. Wir gehen weiter auf unserem Weg der Normalität. Ich will angesichts der großen Menge an rassistischen Straftaten gar keinen Aufschrei fordern. Wer eine Straftat begeht, sollte einfach dafür bestraft werden. Aber die Härte des Gesetzes, die lückenlose Aufklärung, der heroisch für die Rechte seiner Bürger kämpfende Rechtsstaat, der gilt irgendwie nicht für alle, beim Problem Rassismus hält er sich spürbar zurück.

Der AfD ist es spätestens 2015 gelungen, die Grenze des Sagbaren zu verschieben und Rassismus zu etwas Alltäglichem zu machen, zum rhetorischen Mittel, zur vertretbaren Provokation, zu einer tolerierten Waffe, an der man sich nicht mehr so sehr stört, weil sie einen selbst nicht verletzt. Entweder weil man sich als Betroffener an den Schmerz gewöhnt hat oder weil man eben nie davon betroffen war.

Wenn das Volksempfinden nichts mehr empfindet, legt sich die Justiz häufig eine Runde schlafen. Dabei sollten wir, was das Bewerten von Hass und Rassismus angeht, heute wacher denn je sein. Aber die größtmögliche Reaktion der Toleranten unserer Gesellschaft scheint nur darin zu bestehen, Rassismus in Kommentarspalten unter den jeweiligen Schlagzeilen anzuprangern. Das ist die Empörung der Anständigen. Danach ist meistens Schluss, es ist zu normal. Das ist unser Alltagsrassismus. Er ist nichts Neues. Dass dieser offenen

Islamfeindlichkeit mit einer solchen Normalität in unserer Gesellschaft gefrönt wird, ist allerdings erst seit einigen Jahren neu. Sie wird wie keine andere Form des Rassismus toleriert.

Einer der Hauptgründe für die Entmenschlichung der Personen, auf die sie zielt, sind genau jene Debatten, die wir so oft mit den Höckes dieses Landes führen. So wird der Eindruck vermittelt, das sei in Ordnung. Dabei geht es niemandem um eine Kritik am Islam, es geht um die gezielte Ausgrenzung von Menschen. Menschen, die in diesem Land leben und das oben Beschriebene zu ihrem Alltag zählen. Jeden Tag Rassismus.

Dabei braucht es gar kein Kopftuch, um solche Erfahrungen zu machen. Es reicht eine augenscheinliche Zuordnung zu eben jenem islamischen Kulturkreis, ganz gleich ob man je eine Moschee von innen gesehen hat oder nicht. 2015 stand ich zwei Mal auf dem Hamburger Jungfernstieg und ließ mich von mehrheitlich Biodeutschen beschimpfen. Im Januar und im November. Ich hielt ein Schild mit der Aufschrift: »Ich bin Muslim. Was wollen Sie wissen?« Pegida befand sich auf seinem Höhepunkt, doch viele wussten gar nichts über diesen »Islam«, also machte ich ein Gesprächsangebot und stellte mich den Menschen. Wirkliche Fragen hatte allerdings niemand, stattdessen wurde ich mit Vorurteilen und Klischees übergossen. Ich stand da als Mensch, als Deutsch-Iraner und Hamburger, fand mich aber plötzlich in der Rolle des Verteidigers des Islams wieder und musste mir Fragen gefallen lassen wie: »Wann wird die Michaeliskirche zu einer Moschee? Wann wird die Staatsprache Arabisch? Warum unterdrückt ihr Muslime alle eure Frauen?« Meine Antwort darauf, dass bei uns zu Hause stets mein Vater unterdrückt wurde, legten mir die Besorgten als Flapsigkeit aus. Lügenpresse! Muslim und Journalist, das war dieser Tage eine unbeliebte Mischung. Sie ist es geblieben.

Als ich abends nach Hause kam, dauerte es lange, bis ich die Eindrücke verarbeitet hatte. Das denken die Menschen also wirklich über »uns«? Nach so vielen Jahren, in denen ich dachte, ich sei als vollwertiges Mitglied der Gesellschaft akzeptiert, in denen ich dachte, ich hätte mich von meinem Migrationshintergrund emanzipiert, muss ich doch sagen, dass mich das überraschte. Ich fing an, mir Gedanken um meine Zukunft zu machen. Lag sie vielleicht sogar außerhalb Deutschlands? Ich beobachtete mein Umfeld viel genauer, ich scannte selbst alte Freunde immer wieder, aus Angst, dass auch sie irgendwann kippen könnten. Mein Vertrauen in eine Gesellschaft, von der ich dachte, sie zu kennen und deren Teil zu sein, schwand zunehmend.

In dieser Zeit bildeten sich auch jene heraus, die heute die Kommentarspalten zumüllen, die hetzen und Hass verbreiten, die versuchen, Meinung zu machen oder einfach zu stören – die, die wir rechte Trolle nennen. Damals begannen auch normale Menschen aus der gesellschaftlichen Mitte Dinge öffentlich auszusprechen, die vorher so nicht bereitwillig in Kameras gesagt wurden. Gar nicht, weil es verboten war, sondern weil die zwischenmenschliche Etikette, der konkludente Konsens darüber, auf welcher Basis eine offene, pluralistische Gesellschaft funktioniert, es so gebot. Als von dieser Entwicklung persönlich Betroffener ist diese Phase als Enthemmung der Gesellschaft in meiner Wahrnehmung hängengeblieben. Eine Enthemmung vermeintlich bürgerlich wirkender Menschen, zunächst bei Pegida, dann in Harvestehude, später auf AfD-Veranstaltungen.

Selbst die ausländische Presse war irritiert. Der britische *Guardian* zitierte einen etwa 60-jährigen Demonstranten mit den Worten: »Muslime planen, unser Essen mit ihren Exkrementen zu infizieren.«[12] Das Schweizer Fernsehen zeigte eine Frau, die sagte: »Ich bin der Meinung, die Moslems sollten ihre eigenen Länder aufbauen, wir brauchen sie nicht.«[13] Eine Frau sagte zu mir: »Wir sind ein christliches Land. Jesus ist für uns gestorben, nicht Allah.«

***

Um die Stimmung der Migranten einzufangen, ging ich Ende des Jahres auf die Straße und sprach mit denen, vor denen man plötzlich so viel Angst hatte.[14]

Da war ein Mann, Deutsch-Tunesier, Mitte 20, der hatte Angst, weil er sich ständig unter Generalverdacht sah. Auf die Frage, ob er überlege, zurückzukehren, sagte er: »Wo soll ich denn hin, ich hab doch nur diese Staatsbürgerschaft, das ist hier mein Zuhause. Ich bin hier geboren.«

Da war eine junge Frau, Afghanin, die hatte Angst davor, von Flüchtlingen vergewaltigt zu werden, weshalb sie dafür plädierte, nicht so viele reinzulassen. Wie sie denn hergekommen sei, fragte ich. »Als Flüchtling!« Das sei aber schon lange her. Auf die Frage, was sie davon halte, dass der Verkauf von Pfefferspray und Elektroschockern überdurchschnittlich angestiegen sei, sagte sie, sie habe sich ebenfalls eingedeckt. Warum dachte ich eigentlich, dass nur blonde Kölnerinnen Angst vor sexuellen Übergriffen haben?

Da war ein Mann, Türke, etwa 30, Familienvater mit Bart. Er sagte, dass er eine Frau überholt habe, weil er das Gefühl hatte, dass sie sich unwohl fühlte mit ihm im Rücken. »Ich bin groß, Türke, dann noch der Bart, nachts, es ist dunkel, ich dachte, bevor sie anfängt schneller zu gehen …«

Da war ein Mann, Iraner, Arzt, vielleicht Anfang 50, der von seinen Patienten gefragt wurde, ob es in seiner Kultur normal sei, das zu machen, was in der Silvesternacht passiert war. Er erzählte mir, er sage jetzt wieder, dass er Perser sei, weil »Iraner« zu oft mit »Iraker« verwechselst werde. Und er sei ja kein Flüchtling, sondern Arzt.

Da war eine Frau, Deutsche, ursprünglich aus den neuen Bundesländern. Sie sagte, sie sei völlig verblüfft gewesen, als sie nach Hamburg zog und die ganzen Ausländer sah, ein Kulturschock! Und jetzt sei sie selbst Opfer von Rassismus. Allerdings nur am Telefon. Sie habe nämlich einen Türken geheiratet und seinen Namen angenommen.

Und da war ich, Michel. Ganz ordentlich angezogen, eigentlich immer ganz nett. Und als ich mal im Dunklen abends nach Hause ging, wechselte eine Frau die Straßenseite, als ich hinter ihr ging. Einbildung? Ich weiß es nicht, so vieles ist nicht mehr einzuordnen.

In einem waren sich viele Befragte einig: die Medien sind schuld! Sie verdrehen die Tatsachen, berichten nicht die Wahrheit, sie steuern und lenken, wie es ihnen passt. Bei so manchem Migranten dachte ich ehrlich gesagt, dass er montags als Spaziergänger in Dresden auch ziemlich gut aufgehoben wäre, um es überspitzt zu formulieren.

Den Menschen steckten die Ereignisse der letzten Zeit in den Knochen. Viele hatten Angst vor der Zukunft. Ein Mann sagte zu mir, er fühle sich hier jetzt fremd. Mit 23 habe er den Iran verlassen und hier studiert, jetzt sei er 54. Er liebe Deutschland, er habe hier die Möglichkeit bekommen, ein neues Leben zu beginnen, und lebe nun schon fast zehn Jahre länger in Deutschland als er in seiner Heimat gelebt habe. Das hier sei jetzt seine Heimat, drüben sei er doch ein Fremder. Doch nun fühle er sich auch hier immer fremder.

Im Allgemeinen schien die Stimmung kontrolliert und reflektiert. Worin sich damals so ziemlich alle einig waren: Die Stigmatisierung von Migranten habe nichts mit der AfD zu tun, sie sei immer schon da gewesen, sie sei jetzt lediglich wieder sichtbarer geworden und die AfD das neue Sprachrohr dieser Rechten. Irgendein Täterprofil erfülle man sowieso, nur sei aus Verdacht halt Generalverdacht geworden. Das würde sich sicher wieder legen. Welch Irrtum.

Ende 2015 hatten viele sich anscheinend schon so an die Situation gewöhnt, dass sie beängstigend entspannt wirkten. Es blieb die Erkenntnis, dass Angst überall Angst ist. Die *German Angst* ebenso wie die *Migranten Angst.* Menschen sind eben Menschen und teilen daher oft die gleichen Ängste.

Es war die Zeit, in der die rote Linie in der deutschen Gesellschaft, die eine nationalistische Bewegung auf Entscheidungsebene bislang verhindert hatte, sehr plötzlich verschwand und Deutschland in Europa mit all jenen gleichzog, die sich ohne die Schuld des Holocausts viel leichter damit taten, ganz selbstverständlich und offen rechte Meinungen als Teil ihres demokratischen Spektrums zu akzeptieren. In Deutschland wirkte das Überschreiten dieser Linie auf viele wie eine Emanzipation von der eigenen Geschichte, wenn auch eine recht zweifelhafte. Die Sehnsucht der Neonazis, aber ebenso auch vieler Konservativer, nach einer Loslösung von bedingungsloser Kapitulation, Warschauer Kniefall und Tag der Befreiung, Erinnerungskultur und Schuldfrage – den unumstößlichen Dogmen der deutschen Geschichte – schien kurz bevorzustehen. Während des Sommermärchens hatte man das vorsichtige Schwenken der Deutschlandfahne geübt und erprobt, wie es denn so ist, Nationalstolz zu zeigen. Nun hatte die deutsche Flagge wieder ihren schalen Beigeschmack.

2015 war ein prägendes Jahr für Deutschland, vielleicht das prägendste seit der Abwahl Helmut Kohls 1998. Es markierte die Rückkehr in schwierige Zeiten.

2016

Die nachwirkende Verunsicherung der Bevölkerung

Konsolidierung

Als ich 2016 für die Reportage »Im Nazidorf« und die Straßenaktionen in Harvestehude und auf dem Jungfernstieg den deutschen Fernsehpreis erhielt, gab es dafür viel Schulterklopfen. Für meinen »Mut«, für meine »Sachlichkeit«, für meine »Ruhe«. Welcher Mut, dachte ich damals. Warum war es mutig, sich in der Öffentlichkeit als Muslim zu outen? Und braucht man wirklich Mut, um sich Leuten entgegenzustellen, die ganz offensichtlich die Demokratie aushebeln wollen? Die beleidigen und beschimpfen? Das sollte doch für uns alle eigentlich die Normalität sein.

Gefährlich wurde es, weil viele uns ab Ende 2015 bereits wieder auf einem guten Weg sahen, dieses »temporäre« Problem mit den Rechten hinter uns lassen zu können. Sigmar Gabriel hatte sich ihnen ja gestellt und Merkel die anderen gebeten, »diesen Leuten« nicht zu folgen. Das musste erst mal reichen. Vielleicht stimmte das.

Anja Reschkes Aufruf zu einem neuen Aufstand der Anständigen war unglaublich notwendig, er hatte einen Nerv getroffen. Über 100 000 Mal geteilt, über acht Millionen Aufrufe, breite Zustimmung. Na endlich. Es gab sie also doch, diese Anständigen. Dieser Aufruf gab mir das Gefühl, nicht allein gelassen zu werden mit meinen Ängsten und Sorgen, die ich mit Millionen anderer Migranten teilte. Außerdem hatte die Neue Rechte es nicht geschafft, die Terroranschläge vom 13. November in Paris, bei denen muslimische Terroristen 130 Menschen getötet hatten, für sich auszuschlachten, trotz der furchtbaren Bilder aus dem Bataclan-Theater und der unmittelbaren geographischen und kulturellen Nähe zu Deutschland. Es kam zu keiner weiteren gesamtgesellschaftlichen Bewegung hin zur AfD. Bei meiner zweiten Schildaktion kurz nach dem Anschlag wurde ich sogar von Menschen umarmt, die sich solidarisch zeigten mit den ständig in Sippenhaft genommenen Migranten. Auch Pegida konnte nach den Anschlägen in Paris bei weitem nicht die gleiche Menge an Menschen mobilisieren wie es ihr noch nach den Anschlägen vom 7. Januar 2015 auf das französische Satiremagazin *Charlie Hebdo* gelungen war. Ich denke, die Bilder der rechten Aufmärsche von Pegida, Legida, Thügida, Dügida, Kögida, Mügida, Nügida, Sügida, Bärgida, Bagida, Kagida, Hagida, Bragida, Saargida, Bogida, Pogida, MVgida und vor allem HoGeSa, die man im Fernsehen sehen konnte, wirkten inzwischen selbst auf Sympathisanten zu abschreckend. Jeder musste erkennen, dass diese Gruppen offen gewaltbereit und rechtsradikal waren, wenn sie Hass und Hetze propagierend durch die deutschen Innenstädte liefen. Sie erinnerten schon fast an die Fremdenfeindlichkeit der Skinhead-Nazis in den achtziger und neunziger Jahren.

Letztendlich gehörte auch die AfD mit dazu. Von Anfang an. Sie trat auf vielen dieser Veranstaltungen auf oder initiierte sie gar selbst. Seite an Seite mit Neonazis, das hat bei dieser Partei Tradition. Nur hatten wir die AfD durch viel mediales Verständnis und ständige Relativierung bereits von der Gruppe der offen Rechtsradikalen separiert. Wir hatten sie eingeladen und ihnen zugehört, bis wir sie uns und ihrer Wählerschaft bürgerlich gelogen hatten. Viele der Demonstranten, die Ende 2015 noch Angst vor einer gesellschaftlichen Ächtung hatten, wenn sie zwischen Neonazis mitliefen, fanden nun zielstrebig ihr Zuhause bei der AfD, wo sie ihre Fremdenfeindlichkeit nicht verstecken mussten. Dieser starke Rechtsruck innerhalb der AfD ging an der Gesellschaft zwar nicht vorbei, doch man hätte sie weiter ächten können, man hätte ihren Kern noch deutlicher freilegen müssen, stattdessen zauderte man.

Die AfD selbst führte 2016 ihren Flügelkampf laut und öffentlich aus. Figuren wie Höcke und Poggenburg, Petry, Gauland, Meuthen und Trixi von Storch traten ins Licht der Öffentlichkeit und konsolidierten die rechte Dominanz in der Partei. Lucke war mit seinem »Weckruf 2015«* nicht erfolgreich gewesen. Das Ziel, die AfD als Partei zu etablieren, die »sachlich und konstruktiv sowohl konservative als auch liberale und soziale Wertvorstellungen« vertritt, war gescheitert. Menschen wie er und Hans-Olaf Henkel verließen die Partei, deren Profil sich nun noch einmal verdeutlichte: Die Partei der Pöbler, der Vorurteile, der Hetzer und der Wutbürger. Ganz im Sinne des Zeitgeistes. Mit Eurokritik war kein Blumentopf mehr zu gewinnen, mit dem Schüren von Ängsten gegenüber Islam und Flüchtlingen allerdings schon. Das hatten die Höckes und Poggenburgs schnell erkannt.

Das Konzept ging auf. Ende 2015 saß die AfD bereits in zahlreichen Kommunalparlamenten, im Europaparlament, in den Landtagen Sachsens (9,7 %), Brandenburgs (12,7 %) und Thüringens (10,6 %), jenen drei Parlamenten, in denen sie 2019 ihre Ergebnisse verdoppeln, ja fast verdreifachen konnte. Zudem zog sie in Hamburg und Bremen zwar knapp, aber dennoch erstmals in zwei westdeutsche Landesparlamente ein.

Zahlreiche Studien zur Partei und Umfragen unter ihrer Anhängerschaft belegten ihr seit dieser Zeit einen Wandel weg von einer wirtschaftskonservativen Partei mit einer Wählerschaft, der eher ein hohes Einkommen und hohe Schulbildung zugeschrieben wurde, hin zu einer ausländerfeindlichen, antisemitischen und nationalistischen Klientel mit Hang zur Verharmlosung des Nationalsozialismus. Spätestens zu diesem Zeitpunkt hätte allen Seiten

* Initiatoren des Vereins waren Parteigründer Bernd Lucke und Hans-Olaf Henkel. Im Grundsatzpapier hieß es: »Die AfD kann nicht erfolgreich sein, wenn manche Führungspersonen weiterhin versuchen, die politischen Ränder aufzuweichen, und auch radikale Kräfte integrieren wollen, die grundsätzlich systemkritisch, fundamental-oppositionell und nationalistisch daherkommen.«

nun wirklich klar sein müssen, wohin die Entwicklung der AfD ging.

Dennoch blieb man medial weiterhin gewohnt vorsichtig und etablierte die inhaltlose und verherend gefährliche Worthülse »rechtspopulistisch«. Inhaltlos, weil unpräzise, gefährlich, weil gefällig. Populismus, das hört sich nicht schlimm an. Ach, Gerhard Schröder, den hat man auch gerne als Populisten bezeichnet. Und die *Bild*-Zeitung doch auch. Alles halb so wild. Die sind halt ein bisschen drüber. Radikale und Extremisten unter dem Begriff Rechtspopulismus zu subsumieren, der umgangssprachlich völlig anders konnotiert ist als wissenschaftlich, verharmlost nicht nur nach außen die Gesinnung, sie verharmlost sie auch nach innen. Es fällt eben viel leichter, bei einer Bewegung mitzumachen, in der es *auch* Rechtsextreme gibt, man aber nicht an denen gemessen wird.

Diese scheinbar komplexe Deutung hat sich bis heute gehalten. Was sollen wir mit Menschen machen, die mit Nazis marschieren? Entweder wir sagen, dass nicht alle, die mit Nazis marschieren, auch Nazis sein müssen, oder wir sagen, dass jeder, der mit Nazis marschiert, sich auch daran messen lassen muss. Ersteres verharmlost und nimmt den Menschen die Entscheidung ab, sie schreibt dem Mitmarschierenden lediglich eine passive Rolle zu. Letzteres fordert dazu auf, sich zu bekennen, sie zwingt sie also, eine aktive Rolle anzunehmen. Warum Politik und Medien der rechten Anhängerschaft das Schlupfloch der Passivität angeboten haben, bleibt mir ein Rätsel.

Auf dem Parteitag der Hamburger AfD habe ich eine Anhängerin mal gefragt, was für sie »rechts« sei. Sie zögerte kaum und antwortete: »Hitler.« Dann fragte ich, wo die AfD sich selbst verorte. Sie antwortete erneut schnell: »Rechts.« Doch dann fiel ihr auf, dass rechts ja schon von Herrn Hitler besetzt war, und fügte nach kurzem Zögern »liberal« hinzu.[1] Ein bisschen Hitler, ein bisschen liberal. Das meinte die AfD also mit alternativ.

***

Der Jahreswechsel 2015/16 änderte die Stimmung in der Gesellschaft schlagartig. »Liberal« tauchte danach nicht mehr im Wortschatz der AfD auf. Die Silvesternacht in Köln war meiner Meinung nach ein Schlüsselerlebnis im Umgang mit der Neuen Rechten. Was in dieser Nacht in Köln und weiteren Städten tatsächlich passierte, konnte bis heute nicht geklärt werden. Hunderten mutmaßlichen Opfern stehen drei überführte Straftäter gegenüber.[2] Abgesehen von der dünnen juristischen Bilanz war damals die Brisanz der Situation vollkommen klar. Die massiven Reaktionen der politischen Führung zeigten, welche heftigen Konterreaktionen nach diesen Taten befürchtet wurden, insbesondere in Hinblick auf eine immer stärker werdende AfD und fünf anstehende Landtagswahlen. Die Hoffnung, das würde sich alles schon wieder irgendwie legen, geriet stark ins Wanken.

Bundesinnenminister de Maizière verurteilte die Taten als »abscheulich«, fügte im gleichen Atemzug aber hinzu, dass die Taten »nicht dazu führen, dass nun Flüchtlinge gleich welcher Herkunft, die bei uns Schutz vor Verfolgung suchen, unter einen Generalverdacht gestellt werden«.[3] Er war sich wahrscheinlich bewusst, was passieren würde, wenn die Stimmung kippen sollte. Claudia Roth sagte: »Es ist doch nicht so, dass wir jetzt sagen können, das ist typisch Nordafrika, das ist typisch Flüchtling«, aber genau das Gegenteil trat ein.

Flüchtlinge vergewaltigen auf deutschem Boden deutsche Frauen. Es bedurfte schon damals nicht vieler Phantasie, um zu erkennen, was die mittlerweile gut vernetzte Neue Rechte daraus machen würde. Im Gegensatz zu den Anschlägen aus den vorherigen Jahren fehlte es ihnen diesmal nicht an einer funktionierenden Struktur, um die Taten für sich zu vereinnahmen und daraus Kapital zu schlagen. Deutschlands liebstes Kind hieß bereits Facebook. Es wurde diskutiert, geliked und geteilt, als gäbe es kein Morgen. Das Erstarken der Neuen Rechten in Kombination mit dem Vehikel Soziale Netzwerke führte dazu, dass schnell und flächendeckend viele Menschen mobilisiert werden konnten. Schon ob der schieren Lautstärke der Schreihälse fühlten sich Politik und Medien zu Reaktionen genötigt.

Reaktionen und Gegenreaktionen in der Folge dieser Silvesternacht veränderten unsere Presselandschaft nachhaltig. Durch die massive Mobilisierung der Rechten im Internet und den ununterbrochen einschlagenden Reaktionen ihrer Anhänger und Parteifunktionäre, die eben nicht mehr wie verstrahlte NPDler als ewig Gestrige abgetan, sondern von Politik und Presse mit dem Prädikat »besorgter Bürger« in den Stand von ernst zu nehmenden Streitern für das Wohl des deutschen Volkes erhoben wurden, fand sich die Presse plötzlich mit dem Rücken zur Wand wieder, konfrontiert mit dem allgemeinen Tenor: Warum habt ihr nicht unmittelbar berichtet, während unsere Frauen von den Nafris auf offener Straße vergewaltigt wurden?

Dabei war es keineswegs nur die AfD, die ihren geistigen Müll mit der Bevölkerung teilte. Es war Exbundesinnenminister Friedrich, der monierte, die Presse habe nicht schnell genug reagiert und ausreichend berichtet. Er phantasierte von einem »Schweigekartell« und einer »Nachrichtensperre«, sobald es um Vorwürfe gegen Ausländer gehe.[4] Der damalige CSU-Generalsekretär Andreas Scheuer wurde noch deutlicher. In einem Interview im Deutschlandfunk sagte er: »Die Menschen, die in Sorge sind in unserer Gesellschaft, wie sich unsere Gesellschaft entwickelt, die kritisieren genau das, dass es eine veröffentlichte Meinung teilweise gibt, die nicht die Realität widerspiegelt, weil man meint, man muss hier eine falsch verstandene Vorsicht an den Tag legen.«[5]

Da hatten wir es wieder und diesmal von ganz oben: Gefühle, Mutmaßungen und Annahmen. Menschen »seien besorgt«, weil sie »der Meinung seien«, dass »die Realität nicht wiedergespiegelt würde«. Und alles natürlich wie immer aus »Sorge um die Gesellschaft«. Viel Konjunktiv, viel Passiv, viel Vorwegnahme, diesmal von der CSU. Wer diese Menschen waren, unter wessen Banner sie auf der Straße liefen, welche Ideologie sie vertraten, das interessierte die CSU freilich wenig, denn »Menschen waren in Sorge und die hatten da so ein Gefühl«. Dass der Rechtsstaat glücklicherweise auf Gefühle pfeift, hätte Herr Scheuer eigentlich wissen müssen, aber wenn so viele Gefühle im Internet auf einen niederprasseln, dann wird man auch mal unsicher, wie das denn noch mal war mit dem Rechtsstaat und dem Volksempfinden.

Einzig der Bundesvorsitzende des Deutschen Journalistenverbands Frank Überall konterte adäquat: »Journalisten müssen informieren, aber nicht spekulieren. Eine nicht durch solide Recherchen gedeckte Verdachtsberichterstattung ist nicht nur unvereinbar mit den Prinzipien des professionellen Journalismus, sondern auch innenpolitisch brandgefährlich.«[6]

Es dauerte nicht lange, bis sich diese politische Enthemmung gnadenlos auch in das reale Leben ergoss. Am Hamburger Hauptbahnhof beobachtete ich einen älteren Herrn, gut gekleidet, typischer Hanseat, wie er einem Schwarzen auf der Rolltreppe unvermittelt verbal ins Gesicht spuckte: »Was wollen Sie hier? Wann gehen Sie wieder?« Es war nicht ersichtlich, ob der Angesprochene den Mann überhaupt verstand, er lächelte nur und fuhr einfach auf der Rolltreppe weiter. Ich hingegen hatte den Mann sehr gut verstanden. Das hatte nichts mehr damit zu tun, besorgt zu sein, dieser Mann war völlig enthemmt. Ich für meinen Teil wollte reagieren und war kurz davor, ihn zu fotografieren und ins Internet zu stellen: »Dieser Mann ist ein Rassist.« Es war ein spontaner Impuls, aus der Wut geboren. Doch konnte ich das natürlich nicht tun. Die Nazis hatten ihre Judenpranger, wo jedermann andere ohne Beweise denunzieren konnte. So wollte ich nicht sein.

Einer meiner persönlichen negativen Höhepunkte des Jahres waren die widerlichen Ereignisse, die sich rund um den Tag der Deutschen Einheit in Dresden abspielten. Als der pöbelnde Mob einen Schwarzen von Affenlauten begleitet als Bimbo und N*** beschimpfte, während er auf dem Weg in die Kirche zum Gottesdienst war, als Bundeskanzlerin und Bundespräsident als Fotze und

Volksverräter beleidigt wurden, als Judensau wieder öffentlich gerufen wurde, ohne dass jemand darauf reagierte, und als ein Polizist den Pegida-Anhängern die Auflagen der Demonstration vorlas und ihnen zum Schluss einen »erfolgreichen Tag« wünschte, da musste ich feststellen, dass das Tabu der rechtsnationalen Bewegung nach Auschwitz in Deutschland endgültig gefallen war.[7]

Eine fragwürdige zweite Befreiung für all jene, die der Meinung waren, dass es jetzt mal reichte mit dem Dritten Reich und der Schuldfrage. Man wird ja wohl noch sagen dürfen, dass Schwarze stinken, Araber dumm sind und Juden ein spezielles Gen haben. Ist doch die Wahrheit! Und wer sie ausspricht, ist mutig, in diesen so unglaublich unsicheren Zeiten, wo die Islamisierung des Abendlandes im Grunde vor der Tür steht und 0,4 Prozent Muslime in Sachsen dabei sind, den Freistaat in eine islamische Republik umzuwandeln. Bernhard Hoëcker visualisierte diesen Irrsinn bei einem Auftritt in der *NDR Talk Show*, als er zwei Zuschauer bat aufzustehen, um den prozentualen Zuzug von Flüchtlingen nach Deutschland zu symbolisieren. In dem 120 Personen fassenden Studio wirkten diese beiden »Flüchtlinge« ziemlich verloren, und als Hoëcker dann sagte, diese beiden Menschen würden unsere Kultur überfluten, wirkte die Szene noch bizarrer. Würden wir unseren christlichen Glauben verlieren, nur weil die beiden an etwas anderes glaubten? Nein. Wenn man das glaubt, dann hat man offensichtlich ein Problem. Mehr als zustimmendes Nicken gab es aber nicht. Genau ein Jahr nach Anja Reschkes Kommentar. Der Aufstand war ausgeblieben, stattdessen Tiefschlaf oder Bewusstlosigkeit.

2016 haben wir unsere Manieren verloren, unsere Haltung, unseren Verstand. Wir haben Hoëcker zugestimmt und trotzdem auch heimlich genickt, wenn einer dieser sorgenvollen Bürger die Deutschlandfahne schwingend gegen Minderheiten gehetzt hat. Wir haben verharmlost, in Talkshows diskutiert, Faschisten zu Populisten gemacht, Nazis zu Besorgten und dreiste Lügen zu Argumenten, über die zumindest mal diskutiert werden sollte. Wir haben uns vor einen Karren spannen lassen, vor den wir uns niemals hätten spannen lassen dürfen. Wer dieses »Wir« war und ist, muss jeder für sich entscheiden.

***

Lassen Sie uns mal nach Bischofswerda schauen. Da ist Anke Rölke Lehrerin am Goethe-Gymnasium. Sie setzt sich für Flüchtlinge ein. Und sie wird dort auf der Straße beschimpft, wenn sie mit ihnen unterwegs ist. Wenn ihr Verein für einen Ausflug einen Bus mieten will, lehnen die Unternehmen den Auftrag meist ab. Findet sich doch ein Bus, hämmern an der Ampel schon mal Passanten gegen die Busscheiben, bis die Kinder anfangen zu weinen. Alltagsrassismus nennt Rölke das gegenüber dem *Spiegel*.[8]

Diese Menschen dort, selbst eine Gymnasiallehrerin, waren 2016 anscheinend so weit weg von der Realität, dass sie das tatsächlich »Alltagsrassismus« nannten. Sie taten eine Straftat als Alltäglichkeit ab. Als etwas, an das man sich gewöhnt hat. Alltäglich eben. Normal. Es war der Beginn einer langanhaltenden Phase der Abstumpfung. Solche Nachrichten gingen bereits damals spurlos an vielen vorbei, wenn sie überhaupt noch gelesen wurden. Heute hat so etwas nicht mal mehr einen Nachrichtenwert. Die Reaktionen sind bekannt und automatisiert: Kopfschütteln, kurz betroffen sein (2016 allerdings noch heftiger als heute), Sachsen halt (mittlerweile auch wahlweise ein anderes Bundesland), weitermachen. Busklopfer, Bierflasche übern Kopf, auf dem Schulweg krankenhausreif geprügelt, weil Kopftuch. Normal eben. Und ein bisschen toleriert.

Um zu verstehen, wie das passieren kann, braucht man gar nicht unbedingt in die Abgründe der AfD zu schauen, es reicht schon ein Blick auf die Regierungsparteien. Auch Horst Seehofer gibt allerlei rassistischen Unsinn von sich. Dass andere dann auch mutig sein wollen und Busse stoppen, Handgranaten werfen oder Politiker niederstechen, ist leider nicht so unwahrscheinich. Denn anscheinend ist das Abendland in Gefahr und es braucht Mutige, die es verteidigen, angestachelt und befeuert von Tönen aus einem undefinierbaren Sumpf von parteipolitischer Taktik, Hetze und Ohnmacht vor dem ganz persönlichen Unvermögen. Dass Politiker mit Kalkül argumentieren, das gehört zu den Grundbausteinen ihrer Rhetorik. Das sollte man wissen, um ihre Aussagen einordnen zu können. Viele machen das aber anscheinend nicht. Sie wollen handeln, wenn sie die Aussagen der Hetzer hören. Ich kann es ihnen nicht einmal verdenken, ihre Vorbilder benehmen sich ja auch völlig daneben, warum sollen sie dann Taktgefühl beweisen?

2016 war sie da, die völlig enthemmte Gesellschaft. Der einfache Bürger verstand natürlich nicht, warum Herr Seehofer poltern und Frau Petry hetzen darf, einen Bus zu stoppen und Leute an Bäume zu binden* aber gleich verfassungsfeindlich ist. Man hatte doch zum Handeln aufgerufen. Was war jetzt richtig und was falsch? Aus Unverständnis wird Frust, aus Frust wird Hass. Und dann steht der Rattenfänger auch schon hinter der nächsten Straßenecke und verspricht dir alles, wenn du zu ihm kommst, denn du bist im Recht.

Ich habe mit vielen dieser Enthemmten und Unzufriedenen gesprochen. Der Ablauf der Wiedervereinigung und die versnobte westdeutsche Haltung gegenüber den neuen Bundesländern nach dem Motto »Leute, aufgepasst, ihr seid alle doof, hier war alles schlecht, lebt jetzt so wie wir, hier habt ihr 100 Mark, kauft Bananen und seid glücklich«, war fatal. Aber dieses Problem mit der Angst vor dem Islam zu übertünchen, ist noch fataler, denn wenn man Unrecht mit Unrecht bekämpft, braucht man immer neue Sündenböcke.

Bereits 2016 reichte es eigentlich nicht mehr, im Netz die Rechtschreibfehler von Nazis zu korrigieren und Witze über Verschwörungstheoretiker zu machen. Wir hätten aufhören müssen, die Leute

* Im Mai 2016 fesselten im sächsischen Arnsdorf der CDU-Gemeinderat Detlef Oelsner und drei andere Männer einen psychisch kranken Flüchtling mit Kabelbindern an einen Baum, weil dieser zuvor in einem Supermarkt randaliert hatte.

noch weiter zu enthemmen. Aber aus »Ich habe nichts gegen Ausländer, aber …« wurde Beifall, als Flüchtlingsheime brannten, während Kinder dazu ihren rechten Arm hoben. Das muss fassungslos machen. Und doch gibt es aus den letzten Jahren unzählige ähnliche Nachrichten. Wo ist der Aufstand der Anständigen geblieben, den damals die Anständigen selbst forderten?

Ein paar Jahre später, 2019, mobilisiert stattdessen die AfD bei allen drei Landtagswahlen in Ostdeutschland mit Abstand die meisten Nichtwähler. Wir sollten weniger Angst vor dem »schwarzen Mann« haben, der angeblich nur deshalb aus Afrika kommt, um unsere Frauen zu vergewaltigen, wie es uns die Rechten glauben machen wollen. Viel gefährlicher ist der unauffällige, gut gebildete weiße Bürger von nebenan. Der war es nämlich, der in letzter Zeit wahllos ziemlich viele Brandsätze geworfen hat, natürlich ohne jeglichen fremdenfeindlichen Hintergrund, wie uns die Polizei immer wieder mitteilte. Was bedenklich ist. Denn würde man ihn als das benennen, was er ist, ein Rassist, dann hätten wir ein Täterprofil, so ist er nur ein Amokläufer: völlig unkontrollierbar. Unsere Enthemmten waren von Anfang an nicht an Inhalten interessiert oder daran, Lösungen zu finden. Das hätte jedem klar werden müssen, als Alexander Gauland im Dezember 2015 dem *Spiegel* sagte: »Natürlich verdanken wir unseren Wiederaufstieg in erster Linie der Flüchtlingskrise. Man kann diese Krise ein Geschenk für uns nennen.«[9] Statt dem auf den Grund zu gehen, wurde die Gefahr, die von dieser Partei ausgeht, weiter bagatellisiert. Und die Menschen laufen in Scharen weiter in ihre Arme.

2016 war alles andere als die erhoffte Rückkehr zur Normalität. Die angespannte Stimmung aus den beiden Vorjahren setzte sich, verfestigte sich, und einige erkannten, dass daraus Profit zu schlagen ist. Und heute sind Rechtspopulismus, Rechtsradikalismus, Rechtsextremismus, Islamophobie, Antisemitismus und Fremdenfeindlichkeit zu einem festen Teil der Gesellschaft geworden.

Distanzierung

Es gab 2016 auch den Fall der türkischstämmigen Politikerin Selin Gören.[10] Sie wurde von drei arabisch sprechenden Flüchtlingen vergewaltigt und log anschließend. Bei der Polizei gab sie an, dass Deutsche ihr die Handtasche gestohlen hätten. Die Vergewaltigung verschwieg sie. Sie hatte Angst, dass die Geschichte von Rassisten missbraucht und mit ihrer Hilfe weiter gegen Flüchtlinge gehetzt würde.

Der Fall der Linken-Politikerin ist absurd. Er ist in vielerlei Hinsicht verstörend und zeigt, wie es um die gesellschaftliche Stimmung bestellt ist, wenn sich jemand genötigt fühlt, so etwas Verrücktes zu tun. Wie groß muss die Angst vor Repressalien gegenüber Flüchtlingen sein, dass man so eine Straftat, bei der man selbst das Opfer ist, zugunsten der Täter verheimlicht? Eine Angst vor einer sich immer weiter radikalisierenden Gesellschaft, deren Opfer irgendwann auch die türkischstämmige Selin Gören sein kann? Wir haben eine brandgefährliche Stimmung geschaffen, die bis heute anhält und unserer Gesellschaft weiter nachhaltigen Schaden zufügen wird, wenn wir sie nicht wieder loswerden.

Natürlich sind sie da, die Migranten und Flüchtlinge, die sich nicht benehmen. All die Menschen, die sich nicht in dieses System integrieren möchten. Menschen, die eine Kultur in diesem Land leben wollen, die nicht hierher passt. Es gibt sie. Und das sind nicht wenige. Menschen, die nicht an das Grundgesetz glauben, die nicht mit unserer Ordnung klarkommen und die im schlimmsten Fall versuchen, diese Ordnung zu untergraben. Menschen, die ihre eigene Ordnung haben. Es gibt sie. Darf man darüber reden? Als Migrant? Man muss darüber reden. Als Migrant. Sonst ist man wie Selin Gören, und das wäre falsch. Diese Menschen machen auch mir Angst. Es sind die, die dieses schlechte Licht auf uns werfen, die wir uns hier so gut eingewöhnt haben. Jeder islamistische Anschlag erschüttert auch mich. Wer könnte glauben, dass wir es gutheißen, wenn Menschen sterben? Diese Menschen beschmutzen unser Ansehen und sie drängen uns in eine Ecke, aus der wir nur schwer wieder rauskommen können. Doch wir Migranten sind auch Teil dieser Gesellschaft. Unsere Werte werden hier genauso angegriffen.

Natürlich hat der Rechtsruck auch etwas damit zu tun, dass Menschen hierhergekommen sind, die nicht bereit sind, sich anzupassen. Aber ist das eine Entschuldigung dafür, eine Kollektivschuld zu suchen, nur weil dieser Weg am einfachsten erscheint und so die größtmögliche Stimmung gemacht werden kann? Nein. Denn wer dieses Motiv verfolgt, sucht in erster Linie nur seinen eigenen Vorteil und nimmt die Stigmatisierung der anderen als einen Kollateralschaden hin. Ich wurde auch unruhig, als ich die Bilder von Millionen Flüchtlingen sah, die sich zu Fuß auf den Weg nach Deutschland machten. Es ist nicht so, dass diese Bilder an mir spurlos vorbeigegangen sind. Auch ich habe mir Gedanken gemacht, wie das alles mit so viel neuen Menschen funktionieren soll. Denn jede negative Entwicklung, jede Art von Kriminalität, die eventuell von diesen Menschen ausgehen könnte, würde selbstverständlich auch auf mich zurückfallen. Ich bin Iraner. Die Menschen, die da kamen, waren auch mir fremd. Nur weil sie für deutsche Augen aus meinem Kulturkreis zu kommen scheinen, heißt das nicht, dass ich sie verstehe. Ich spreche ihre Sprache nicht, ich kenne ihre Bräuche nicht. Es kann aber kein Grund sein, Schutzsuchende abzuweisen, nur weil man sie nicht kennt und nicht weiß, was einen erwartet. Mir wurde beigebracht, dass es die größte menschliche Pflicht ist, seinen Brüdern und Schwestern in Not zu helfen.

Wie könnte ich in einem so reichen Land wie Deutschland leben, in dem Wissen, dass mein Wohlstand zu einem großen Teil auf dem Leid anderer basiert, und dann diese Menschen, die ausgebeutet wurden, damit ich besser leben kann, und die deshalb bei sich zu Hause keine Perspektive mehr sehen und Hilfe brauchen, an unserer Grenze abweisen? Ich kann es nicht. Dabei ist es egal, aus welcher Not sie zu uns kommen. Solange ich weiß, dass meine Lebensweise und mein Staat dazu beigetragen haben, dass diese Menschen ihr Zuhause aufgeben mussten und nun hilflos über das Mittelmeer treiben, damit sie sich und ihren Kindern eine Perspektive bieten können, ist es nur fair, wenn ich ihnen jetzt ein Stück von meinem Kuchen abgebe.

Genauso steht es für mich nicht zur Debatte, dass Flüchtlinge, die gegen unser Recht verstoßen, abgeschoben werden müssen. Unsere Gesetze stehen nicht zur Disposition. Aber von vornherein zu mutmaßen, dass genau das passieren muss, weil sie angeblich »kulturfremd« sind, ist absurd. Damit Stimmung zu machen, ist nicht nur gefährlich, sondern auch unmenschlich. Political Correctness hat seine Grenzen, aber die Festlegung dieser Grenzen sollte nicht den Rechten überlassen werden. Dieses reiche Land muss sich seiner Verantwortung stellen, und ich bin daher sehr dankbar dafür, dass die Bundeskanzlerin die Grenzen geöffnet hat. Alles andere hätte mich nicht mehr ruhig schlafen lassen können. Es ist bedauerlich, dass viele Länder diesem Beispiel nicht gefolgt sind. Aber das ist ihr eigenes Problem. Sie werden sich in Zukunft daran messen lassen müssen. Sie sind es, die mit dieser Entscheidung ruhig schlafen müssen. Wir haben einen kleinen Teil unserer Schuld erbracht.

Und dann sind da noch die Probleme mit denen, die wir nicht so einfach abschieben können: die deutschen Staatsbürger. Es kann nicht sein, dass wir Menschen, die uns unlieb sind, die jetzt Deutsche sind, mit sämtlichen Pflichten, aber auch Rechten, den Pass wieder entziehen wollen, um sie wegzuschicken. Unser Rechtsstaat ist nicht Alexander Gauland, er entsorgt niemanden in Anatolien,* der ihm nicht passt.[11] Eingebürgerte Deutsche sind keine Deutschen zweiter Klasse. Alles andere wäre ein Verrat an unserer freiheitlich-demokratischen Grundordnung. In diesem Land gibt es aus gutem Grund keine Klassengesellschaft mehr. Das zu verteidigen sollte höchste Priorität haben. Mir passen straffällige Migranten auch nicht, aber, um ehrlich zu sein, passen mir überhaupt keine straffälligen Menschen. Sollen wir jeden aus Deutschland verstoßen, der das Gesetz bricht? Wir müssen darauf vertrauen, dass die Justiz dieses Problems auch ohne die Einführung einer Zweiklassengesellschaft Herr wird. Sollte das nicht geschehen, müssen wir nachbessern.

Zudem sollten wir weiter daran arbeiten, Parallelgesellschaften, Perspektivlosigkeit und die unter anderem deshalb straffällig gewordenen Migranten durch Chancengleichheit und Gleichberechtigung weiter in unser System zu integrieren, statt durch Pauschalisierung die gut integrierten Migranten weiter aus der Gesellschaft zu drängen. Der Islam braucht nicht zu Deutschland zu gehören, aber doch bitte seine Anhänger. Was hat die Religionsfreiheit sonst für einen Sinn? Abgesehen davon hegen die wenigsten Migranten, die ich kenne, diesen Wunsch, weil sie selbst mit dem Islam wenig zu tun haben, und wenn überhaupt, dann auf einer für die Allgemeinheit unbedeutenden kulturellen Ebene. Die aber, die mehr damit zu tun haben, sollten ihren Glauben im Rahmen der Gesetze ausleben dürfen. Es ist ihr Recht.

***

* Staatsministerin Aydan Özoğuz sagte im Mai 2017 dem *Tagesspiegel*: »Eine spezifisch deutsche Kultur ist, jenseits der Sprache, schlicht nicht identifizierbar.« Gauland sagte dazu auf einer Wahlkampfveranstaltung in Eichsfeld: »Das sagt eine Deutsch-Türkin. Ladet sie mal ins Eichsfeld ein und sagt ihr dann, was spezifisch deutsche Kultur ist. Danach kommt sie hier nie wieder her und wir werden sie dann auch, Gott sei Dank, in Anatolien entsorgen können.« Darauf angesprochen, konnte er sich nicht mehr an seine Wortwahl erinnern.

2016 ließ vielen aber nicht die Zeit, durchzuatmen, um sich mit den Problemen der eigenen Community zu beschäftigen. Der Druck wurde immer heftiger. Nach den islamistischen Anschlägen in Brüssel am 22. März 2016 und in Nizza am 14. Juli 2016 bildete sich eine regelrechte gesellschaftliche Forderung nach einer Distanzierungskultur. Menschen, die man augenscheinlich dem Kulturkreis der Täter zuordnen konnte, sahen sich plötzlich gezwungen, sich von Dingen zu distanzieren, die eigentlich keiner dezidierten Distanzierung bedurften. Eigentlich. Das Problem gab es bereits nach den Anschlägen im Jahr 2015, eigentlich immer, wenn es um islamistischen Terror geht, seit dem 11. September 2001. Mit der schreienden Neuen Rechten aber plötzlich viel vehementer mit einer sonderbaren, konkludenten Zustimmung aus dem gemäßigten Teil der Bevölkerung. Wahrscheinlich jenen, die damals noch nicht rechts wählten, aber heute. Irgendwo müssen die Zugewinne ja herkommen.

Ich hatte gedacht, dass es ausreichen würde, sich einmal kategorisch von Gewalt zu distanzieren, auch wenn mir das schon damals absurd vorkam. Als ich mit meinem Schild auf dem Jungfernstieg stand, fiel der Satz: »Ich habe nichts gegen den Islam, aber sie müssen intern klären, wie sie mit diesen Terroristen umgehen, und sie müssen noch mehr klarstellen, dass sie sich von denen distanzieren.« Wie anderthalb Milliarden Muslime verteilt auf die halbe Welt in Dutzenden Ländern ohne gemeinsames geistiges Oberhaupt »intern« etwas klären sollen, ist mir bis heute ein Rätsel. Es ist ja nicht so, dass wir alle über einen geheimen Buschfunk miteinander verbunden sind, um Dinge zu klären. Darüber konnte ich noch lachen. Aber die Bemerkung »Sie müssen noch mehr klarstellen, dass Sie sich von denen distanzieren« hatte nahezu schon etwas Beleidigendes. Da steht ein Mann vom NDR vor Ihnen und Sie verlangen von ihm, sich von Terrorangriffen zu distanzieren, von Menschen, die anderen den Kopf abschneiden. Impliziert eine Nichtdistanzierung denn meine Zustimmung zum Terror und falls ja, was sind die Merkmale, die darauf schließen lassen?

Es tat sehr weh, dass Menschen dachten, ich würde den Terror möglichweise gutheißen. Außerdem habe ich bis heute nicht verstanden, was meine konkrete Distanzierung für die Menschen für einen Mehrwert hätte. Vielleicht ja die Sicherheit, dass zumindest ich mich nicht in die Luft sprengen werde. Ich weiß es nicht.

Auch 2016 wurde wieder diese Distanzierungskultur beschworen. Die Forderungen und das mir damit entgegenwehende Misstrauen machten mir Angst. Sie machen mir bis heute Angst. Hinzu kommt die Frage, warum Muslime sich immer für Taten ihrer vermeintlichen Glaubensbrüder rechtfertigen müssen, alle anderen aber nicht. Haben sich christliche Gruppen von dem Anschlag in Christchurch distanziert? Sind Christen durch die Straßen gezogen und haben gegen fundamentalistische Gewalt protestiert? Und nicht nur in Neuseeland, sondern hier in Deutschland? Hat sich die katholische Bischofskonferenz hier in Deutschland distanziert? Haben Sie sich persönlich und öffentlich von Taten radikaler Christen distanziert? Ach so, Sie sind gar kein Christ. Aber Sie sehen so christlich aus. Kommen Sie denn nicht aus Deutschland? Doch? Dann sind Sie doch Christ. Sie gehen nicht in die Kirche? Aber Sie waren schon mal in einer? Das reicht mir aus, Sie sind Christ. Bitte distanzieren Sie sich. Jetzt.

Jeder Terror, gleich welcher Art, gleich welcher Herkunft, erfüllt mich mit Abscheu. Die Forderung, sich explizit von bestimmten Handlungen zu distanzieren, ist erniedrigend. Es gibt einem ständig das Gefühl, nicht dazuzugehören. Ich verarbeite das auf meine Art in meinem Beruf und im Privaten. Es gibt aber viele Menschen, die keine Möglichkeit haben, das zu verarbeiten. Sie werden das Gefühl der Ausgrenzung nicht mehr los und fangen an, sich immer mehr aus der Gesellschaft zurückzuziehen. Sie bauen sich mit Gleichgesinnten eine eigene Gesellschaft auf, in der sie nicht ausgegrenzt werden, in der keiner nach Distanzierung schreit, weil über die Abscheu Konsens besteht. Da verlangt niemand, sich immer doppelt so gut zu benehmen wie die anderen, da werden Fehler und Schwächen akzeptiert. In der anderen Welt aber reicht es nie aus, wie sehr man sich auch bemüht.

Für einen Fernsehbeitrag hatte ich auf dem Hamburger Rathausmarkt einen kleinen Stand aufgebaut und forderte: »Kein Wahlrecht für Muslime.« Ich wollte wissen, wie viele Menschen anderen aufgrund ihrer Religion (und dem, was damit nur zu oft verbunden wird, nämlich Terror, Terror und noch mal Terror) das Wahlrecht aberkennen würden. An meinem »Wahlstand« bekam ich neben viel Ablehnung auch viel Zustimmung. Nicht schön, aber zu erwarten. Ich möchte von einem bestimmten Passanten erzählen, der für die Entziehung des Wahlrechts stimmte: ein schwarzer Hamburger. Ich fragte ihn daraufhin, wie er es finden würde, wenn auf dem Schild »Kein Wahlrecht für Schwarze« stünde. Er antwortete, er würde das nicht gut finden. Ich fragte ihn, was er glaubte, wie die Muslime dann meine Forderung fänden. Er sagte, die Antwort könne man sich denken. Der Fernsehbeitrag dazu wurde Millionen Mal geklickt, geteilt, kommentiert und aufgerufen. Mittlerweile wurde er gelöscht, um diesen Mann zu schützen. Paradox. Denn was er gesagt hatte, war ähnlich unerträglich wie der Hass, der nun von der Gegenseite einsetzte. Menschen, die dem Passanten Rassismus und Diskriminierung unterstellten und sich über seinen Äußerungen aufregten und empörten, griffen jetzt den vermeintlichen Rassisten selbst rassistisch an. Vorwiegend taten dies Menschen aus dem islamischen Kulturkreis. Sie begegneten seiner Meinung nicht mit sachlicher Ablehnung und Diskussion, sondern mit Aufrufen zu Gewalt und Mord. Der junge Mann traute sich infolge des Beitrages nicht mehr aus seinem Haus. Er hatte Angst um sich und seine Familie. Warum? Weil er eine Aussage getätigt hatte, zugegeben eine hässliche Aussage, aber eben nur eine Aussage, wie so viele vor ihm auch dummes Zeug in die Kamera gesagt hatten. Jetzt aber wurde Rassismus mit noch heftigerem Rassismus begegnet. Da wundert es mich manchmal nicht, dass Teile der Gesellschaft uns ablehnen. Rassismus (und auch Straftaten) sind nämlich nur bestimmten Menschen vorbehalten, wenn aber andere ihn ausleben, denen man sowieso nicht ganz traut, ist es ein Zeichen ihrer Nichtintegration. Diese Doppelmoral ist bezeichnend für unsere heutige Zeit, bezeichnend für die Diskussionskultur im Internet, bezeichnend für die aufgeladene Stimmung, die man überall spürt, bezeichnend für das Erstarken der Rechten. Rassismus und Fehlverhalten sind selbstverständlich genauso auch unter den Migranten vorhanden. Nur mit dem Unterschied, dass der Migrant sich eben nicht so einfach danebenbenehmen kann, auch nicht in den Kommentarspalten. Sich ungestraft danebenzubenehmen scheint weiterhin ein Privileg des weißen Mannes zu sein.

Der junge Mann hat sich anschließend via Facebook entschuldigt. Das entschuldigt zwar nicht seine Forderung, aber es zeigt, dass er bereit ist, über das, was er gesagt hat, nachzudenken. Das ist in Deutschland längst nicht jedem unserer Mitbürger gegeben. Als mein Kollege übrigens in einem Hamburger Copyshop das Plakat »Kein Wahlrecht für Muslime« druckte, kam ein Mann auf ihn zu und nickte zustimmend. Er gab ihm dann etwas, was er gerade selbst druckte, um es in der Öffentlichkeit zu verteilen, und sagte: »Das könnte Sie auch interessieren.« Es war ein Pamphlet mit dem Titel: »20 Gründe, warum der N*** dumm ist.«

Mein Appell an die Migranten: Man sollte die Richtigen bekämpfen, demokratisch, mit Hilfe von Recht und Gesetz, aber nicht durch Aufruf zu Mord und Hetze. Sonst ist man selbst keinen Deut besser als die anderen und erweist den friedlichen Menschen, die immer etwas mehr auf ihr Handeln schauen müssen als die anderen, einen Bärendienst. Es ist natürlich auch die Pflicht der Migranten, sich in solchen Fällen in die gesellschaftliche Debatten einzumischen und Farbe zu bekennen. Migranten, die zu diesen Themen schweigen, bei denen auch insbesondere ihre Stimmen gefragt sind, tragen genauso zur Vergiftung des gesellschaftlichen Klimas bei. Manchmal sollte man sich eben deutlicher positionieren, wenn andere es nicht machen. Dabei muss auch gesagt werden, dass migrantische Verbände sich sehr wohl von Anschlägen, Gewalttaten und anderen Verbrechen distanzieren und deutliche Worte finden. Es fehlt ihnen aber oft an gesellschaftlicher Reichweite. Und all jene, die dazu keine Meinung haben oder solche Taten verharmlosen, müssen mit den Konsequenzen leben, dass sie dann eben auch nicht mehr Teil dieser Gesellschaft sind, wie sie es auch selbst bei den Rechten fordern. Es ist die Aufgabe der Migranten, aus ihrer eigenen Community heraus solche Dinge zu erkennen, zu diskutieren und Haltung zu zeigen. Keiner ist von der Gesellschaftsbildung ausgeschlossen. Solange aber Vorbilder fehlen, die für die anderen sichtbar Haltung zeigen, ist es noch ein langer Weg. Darum sollten wir uns kümmern.

***

Ich wurde in der vergangenen Zeit häufig danach gefragt, wie es um Deutschland steht. Um ehrlich zu sein, es kommt darauf an. Meine subjektive Sicht ist ambivalent. Es kommt darauf an, was mir gerade passiert. Öffne ich mein Postfach und muss einmal mehr feststellen, wieviel Böses da reingerauscht ist, dann denke ich, dass die Zukunft schlimm ausschaut. Das Gefühl des Fremdseins hängt immer mit unmittelbaren Erlebnissen zusammen. Es ist nicht so, dass ich ständig rumsitze und an nichts anderes denken kann, als dass ich ja so fremd in diesem Land bin, nein. Doch dann kommt wieder eine E-Mail oder ein Tweet oder ein Kommentar auf der Straße: »Warum machen Sie Ihre Arbeit nicht in Ihrem Land?«, »Was maßen Sie sich an, über uns Deutsche zu urteilen?« Als ich damals mit meinem Schild auf dem Jungfernstieg stand, fragten mich viele, wann denn mein Rückflug gehe. Das sind die Momente, in denen ich mich in Deutschland fremd fühle.

Der Hamburger Bürgermeister Peter Tschentscher erzählte mir einmal, dass er in den Randgebieten Hamburgs, etwa in Billstedt oder Harburg, von Leuten immer zu hören bekomme, dass dies hier nicht mehr ihr Deutschland sei. Weil in ihren Orten das Gleichgewicht fehle, zwischen Menschen mit Migrationshintergrund und ihnen, den Biodeutschen. Ganz gleich, ob es je ein Gleichgewicht geben kann, muss oder soll, gilt es dennoch ein Gleichgewicht zu finden, bei dem sich alle wohlfühlen. Ich kann das verstehen. Ich fühle mich auch unwohl damit, wenn ich an einem Ort nur Menschen aus anderen Kulturkreisen sehe. Denn Deutschland ist auch meine Heimat, und wenn plötzlich keiner mehr deutsch spricht, dann komme ich mir manchmal auch fremd vor. Ja, selbst Migranten geht es so, nur werde ich deshalb nicht gleich rechtsradikal. Wenn ich über den Hamburger Steindamm in St. Georg laufe, kriege ich mich manchmal auch mit Leuten in die Haare, die die ganz normalen Regeln, die mir beigebracht worden sind, nicht respektieren. Letztens habe ich mich dort im Supermarkt mit einer persisch sprechenden Frau in die Haare gekriegt, weil sie mich ziemlich brutal wegdrängelte und über mich rübergegriffen hat, um sich eine Gurke zu sichern. Dabei war da sehr viel Platz und kein Mangel an Gurken. Darüber beschwerte ich mich bei ihr: »Wie die Wilden … Nichts haben diese Leute gelernt, kommen hierher und benehmen sich nicht.« Mit einer sehr spitzen Beleidigung hat sie dann auf Persisch geantwortet. Damit waren wir quitt. Ja, das passiert selbst »uns«. Mir sind viele Kulturen genauso fremd. Dafür muss ich nicht hier geboren worden sein. »Den« Migranten gibt es nämlich nicht. Das müssen wir als Erstes begreifen.

Über diese Textstelle haben mein Lektor und ich etwas diskutiert. Er sagte: »Wenn in Deutschland negativ über Viertel mit hoher Migrantendichte gesprochen wird, muss ich immer an Chinatown und Little Italy in den USA denken. Das sind Touristenmagnete, die Leute finden es toll, dass es diese Viertel gibt. Daran sollte man auch immer etwas denken, wenn man vom ›Schrecken Neukölln‹ spricht.« Ich bin da aber anderer Meinung. Für mich ist das nicht vergleichbar, weshalb wir länger über dieses Thema sprachen. Schließlich erzählte er mir die Geschichte von einem syrischen Flüchtling in Berlin, über die er lange hatte nachdenken müssen. Der Syrer hatte eine kleine Wohnung in Charlottenburg, aber die Ämter drängten ihn immer wieder dazu, nach Neukölln zu ziehen und sich dort nach einer Arbeit umzusehen, weil er »doch da Arabisch sprechen könne«. Er wollte das aber partout nicht: »Dafür bin ich nicht nach Deutschland gekommen, in Neukölln fühle ich mich nicht wohl.« Ja, es gibt sie, die Migranten, die nicht nur unter Migranten leben wollen. Ich denke, das gilt auch für viele von New Yorks Chinesen, die nicht in Chinatown wohnen wollen, so schön es da auch sein mag. Nur sind sie manchmal dazu gezwungen.

Man sieht, Deutschland geht es mal so, mal so, auch meinem Deutschland. Dennoch, ich werde das Gefühl nicht los, dass Dinge, die man finden kann, wie man will, von einigen Menschen missbraucht und zu einer Katastrophe hochstilisiert werden, die so nicht da ist. Es wird nach etwas gesucht, dem man pauschal die Schuld an allem geben kann, unter dem alle Probleme subsumiert werden können, sei es Arbeitslosigkeit, steigende Kriminalität, fehlende Aufstiegschancen, Wohnungsmangel oder Terrorismus, die Palette ist sehr lang und anpassungsfähig. Diese Schuld, der Grund für die eigene Ohnmacht oder das Unvermögen, wird seit Jahren zunehmend bei den Migranten gesucht, und mittlerweile auch wieder vermehrt bei den Juden. Die einzelnen Bevölkerungsgruppen werden durch Falschinformationen gezielt zur Stärkung der eigenen Interessen gegeneinander aufgebracht, damit sich eine Partei wie die AfD als rettende Lösung, als Macher, dem verzweifelten und wütenden Wähler anbiedern kann. Mit einigen Themen geht das eben besser als mit anderen. Dabei wird man nicht müde, sich der krudesten Mittel zu bedienen, um den eigenen Rassismus zu rechtfertigen. Da tauchen dann mitunter diese Paradoxa auf, die einen sprachlos zurücklassen. Etwa die Mischung aus Hausjuden und Jubelpersern, die eifrig bei den Rechten mitmischen.

Ansgar Graw schrieb 2019 in einem Artikel in der *Welt*: »Dabei geht es längst nicht mehr durchgängig um die Verteidigung biodeutscher Identitäten. Man hört Taxifahrer mit türkischem Namen und starkem Akzent schimpfen auf die, ›die hierherkommen, um sich durchfüttern zu lassen‹, und Iraner, die in den 80er-Jahren vor den Ajatollahs flohen und nun zweifeln, ob all diese Syrer, die jetzt kommen, wirklich verfolgt wurden – und überhaupt Syrer sind.«[12] Wenn der eigene Wohlstand gefährdet erscheint, wird aus dem Iraner genauso ein besorgter Iraner. Auch der schimpfende türkische Taxifahrer gibt niemandem die Legitimation, andere aufgrund ihrer Herkunft oder ihres Glaubens, ihrer Sexualität oder ihrer politischen Meinung herabzuwürdigen, anzugreifen oder zu töten. Wir reden hier nicht von Menschen, die ernsthaft um ihre Zukunft Sorge haben, sondern über die, die das Klima vergiften. Hören Sie auf, die alle zusammenzuwerfen.

Eine billige Argumentation, die zeigen soll, dass man gar nicht rassistisch sein könne, wenn man Ausländer kennt, die dieselben Standpunkte teilen. Insbesondere die AfD schmückt sich gerne mit solchen Menschen. Ein prominentes Beispiel ist der schwarze AfD-Politiker Achille Demagbo. David Joram schrieb über dieses Phänomen in der *taz*, dass die AfD zum »sozialdarwinistischen Rassismus [sic], den Demagbo aus dem Benin kennt«[13] passe.

Wie radikal diese Leute mitunter sein können, zeigte die Reaktion der Juden in der AfD (JAfD) auf ein Bild von Angela Merkel vor der Neuen Synagoge in Berlin nach dem Anschlag von Halle: »Bundeskanzlerin Dr. Angela Merkel und ihre PoC-Fanboys und -Girls haben nur darauf gewartet, sich endlich mal wieder als Beschützer der Juden inszenieren zu können. Wurde auch mal wieder Zeit nach den ganzen islamischen Attacken der letzten Wochen und Monate.«[14] Der türkischstämmige Bremer AfD-Schatzmeister Mertcan Karakaya ist sogar so rechts, dass sich selbst die AfD von ihm distanziert und den Parteiausschluss fordert.[15]

Vorurteile, Ausgrenzung und Hetze gibt es überall, und es macht die AfD nicht weniger rassistisch, wenn sie einen Schwarzen, einen Flüchtling, einen Muslim oder einen Juden in ihren Reihen hat.

Natürlich sind Migranten in den Reihen der Rechten die Ausnahme. Aber auch jene, die nichts mit der AfD zu tun haben, sehen sich doch immer wieder gezwungen, sich von der Gewalt der Islamisten zu distanzieren. Viele werden das Gefühl nicht los, dass es egal ist, was sie auch machen, es kommt immer der Punkt, wo alles wieder von vorne beginnt. Haltung und Distanzierung, sie halten nur kurz, im Großen und Ganzen bleibt eine jederzeit mögliche, niedrigschwellige Ablehnung, die wie ein dumpfer Klangteppich unter der Gesellschaft liegt.

Alle Mühen der Migranten, sich als Teil der Gesellschaft zu fühlen und zu präsentieren, werden durch die Taten ihrer vermeintlichen Geschwister immer wieder zunichte gemacht, so auch von Anis Amri am 19. Dezember 2016 mit dem Anschlag auf den Berliner Weihnachtsmarkt am Breitscheidplatz. Die Gutschriften auf dem Distanzierungskonto waren damit wieder mal auf null gesetzt.

2017

Plötzlich Oppositionsführer

Normalisierung

2017 war da dieser leidenschaftliche Künstler, einer dieser Rechtsradikalen in Sachsen, der den auf einer Pegida-Demonstration berühmt gewordenen Merkel-Galgen nachbastelte – ebenso beschriftet wie das Original mit »Reserviert für Angela ›Mutti‹ Merkel« und »Reserviert für Sigmar ›das Pack‹ Gabriel« – und die Nachbildungen anschließend in den Räumen des Vereins »Heimattreue« verkaufte. Die Staatsanwaltschaft in Sachsen, die bereits beim »Original« nichts Schlimmes erkennen konnte, sah natürlich auch bei den Nachbildungen keinen Grund zur Beanstandung. Der Verein wird übrigens vom Landesamt für Verfassungsschutz beobachtet und mindestens der Vorsitzende Thomas Witte als rechtsextremistisch eingestuft. Die *Süddeutsche Zeitung* schrieb dazu:
»Das zentrale Argument der Staatsanwaltschaft Chemnitz: Die Galgen seien Kunst, nicht ganz ernst zu nehmen. Man könne sie auch so interpretieren, dass man Regierungspolitikern keinen physischen Schaden an den Hals wünsche, sondern lediglich, ›quasi symbolisch, den politischen Tod‹. Das sei straflos. Viel Feinsinn für ein Bundesland mit 244 Volksverhetzungs-Anklagen.«[1]

Sehr viel Feinsinn für ein Bundesland, in dem die AfD 2017 stärkste Kraft bei der Bundestagswahl geworden ist. Sehr viel Feinsinn für ein Bundesland, in dem 2019 die AfD 27,5 % bei den Landtagswahlen holte. Oder etwas drastischer formuliert: genau der erwartbare Feinsinn in einem Bundesland, wo viele rechte Sympathisanten auf den Stühlen der Behörden und Gerichte sitzen, die diese Aktionen durchaus gut nachvollziehen können – ein Schelm, wer denkt, man würde sie womöglich auch unterstützen. Wenn über ein Viertel der Sachsen hart rechts wählt, muss man doch sehr naiv sein zu glauben, dass keiner dieser Rassisten und Demokratiefeinde irgendeinen entscheidenden Posten in der Justiz oder der Polizei innehat. Denn eigentlich wäre es doch naheliegend, dass gerade in Sachsen die Justiz die Signale hören und viel deutlichere Zeichen setzen würde als anderswo. Die wehrhafte Demokratie hat sich in vielen Teilen Deutschlands aber leider immer wieder als sehr rechts entpuppt.

Dass der Staat sich nicht wehrt, ist eine Sache. Einen Galgen zu bauen, um den Tod der Kanzlerin zu fordern, eine andere. Diese Entwicklungen sind nicht Sachsen vorbehalten. Es gibt sie überall in Deutschland. Als ich vier Wochen im sogenannten Nazidorf Jamel in Mecklenburg-Vorpommern gelebt und dort versucht hatte zu verstehen, warum der gemeine Nazi so tickt, wie er tickt, besuchte ich eine Nazidemo in Waren an der Müritz. Der Demonstrationszug zog bewusst nicht nur durch die Innenstadt des malerischen Badeortes, sondern auch durch Wohngebiete. Die Häuser dort erinnerten mich an das Hochhaus in Eidelstedt, in dem ich aufgewachsen bin. In Waren jubelten die Menschen von den Balkonen den Nazis zu, die Hauptkundgebung mit prominenten Rednern der NPD fand zwischen den Plattenbauten statt, Familien warteten auf den Demonstrationszug und reihten sich samt Kindern mit rosa Schleife im Haar nahtlos ein. Es waren erschreckende Bilder, die damals weit weg erschienen, irgendwo in Brandenburg, angeführt von der NPD. So erschreckend diese vielen Menschen auch waren, die in einem sehr unkoordinierten Gleichschritt versuchten, Hitler-Deutschland wiederaufleben zu lassen, die mit mir vielleicht das erste Mal einen leibhaftigen Ausländer sahen, die so fern davon waren, »islamisiert« zu werden, die sicher Probleme gehabt hätten, das Vaterunser aufzusagen und Antisemitismus als eine vom Grundgesetz geschützte

Meinung ansahen, aber genau jene christlich-jüdische Tradition des Abendlandes vor den muslimischen Invasoren schützen wollten, so weit weg von der deutschen Realität erschienen sie mir auch, dort in Waren. Das war kurz danach bereits anders, das ist heute anders. Bloß nicht hinschauen! Das geht vorbei!

Ich hatte schon als Jugendlicher Kontakt zu Neonazis. Der Bruder einer meiner Freunde war aktiv in der Szene und eben jenem Freund gab ich zu Hause oft Nachhilfeunterricht in Mathe, Deutsch und Politik. Glatze, Bomberjacke, Springerstiefel, weiße Schnürsenkel – das war sein Bruder. Er und seine Freunde hingen in der Wohnung ab. Sie hörten Störkraft, Frank Rennicke und Wolfsrudel und sangen ihr Lieblingslied »Rudolf Hess – Märtyrer des Friedens«, während ich um Ruhe bittend zwischen ihnen umherlief und versuchte, Mehrheits- und Verhältniswahlrecht zu erklären. Ich hatte ihre Absolution aus zwei Gründen: Mein Geburtsdatum und meine profunden Kenntnisse über Hitlerdeutschland. Zu tiefen Gesprächen waren die meisten aber nicht in der Lage, wir haben also nie erläutert, was an den Ausländern so schlimm sei. Sie bestellten sich die ganzen Nazisymbole und lauter anderes wirres Zeug über das damals noch frische Internet. Es kam dann meist aus dem europäischen Ausland oder den USA und landete ganz unbehelligt im Briefkasten. Damals war es noch nicht so einfach, seine Gesinnung auszuleben. Heute postet die Bundeswehr Hakenkreuze auf Instagram.* Die Zeiten ändern sich, schleichend, aber sie ändern sich.

Anderthalb Jahrzehnte später versuchte ich in Jamel nachzuholen, was damals nicht ging, nämlich zu verstehen, warum man so ist. Die Dokumentation entstand für die ARD-Themenwoche »Heimat«. Wir hatten uns Jamel ausgesucht, weil es mit dem mittlerweile abgehängten Schild »Nationalbefreite Zone« und dem Wegweiser

* Die Bundeswehr postete Ende 2019 eine Wehrmachtsuniform samt Hakenkreuz, versehen mit dem Hashtag #retro, Bildunterschrift: »Auch Mode ist ein Aspekt. Bis heute halten sich militärische Stilelemente in der #HauteCouture«. Viel Interpretationsspielraum, den die Bundeswehr da zulässt.

mit Schildern nach Braunau, Narvik und der Ostmark medial zu einem Sinnbild des Neonazi-Problems in Ostdeutschland geworden war. Richtige Rechtsextreme, keine besorgten Bürger, für die war die AfD ein Vogelschiss. Am Ende kam dabei ein Film heraus, der ganz nüchtern zeigen sollte, wie es mir dort erging. Man kann von deren Ideologie halten, was man will, aber ich traf in Jamel zumindest auf nach außen hin freundliche und zugängliche Leute, mit denen ich viel sprach, teilweise auch recht offen und kontrovers.

Dass beide Parteien eine vorgefertigte Meinung hatten, ich aus den Nazis keine Flüchtlingshelfer machen würde und sie mich nicht zum Nazi »bekehren« würden, war sicher allen klar. Aber das war auch nicht die Intention. Die Intention war, zu verstehen, was passieren musste, damit jemand sich so radikalisierte und die freiheitlich-demokratische Ordnung des Landes, dessen Teil er war, so vehement bekämpfte. Also saß ich da auf meiner Wiese in dieser Idylle und beobachtete.

Das Dorf war nachts recht dunkel, es gab kaum Straßenlaternen. Wenn ich mich richtig erinnere, hatte die Dorfgemeinschaft die wenigen Laternen selbst aufgestellt. Der Bürgermeister der Gemeinde sagte mir, man würde die Dörfer hier aktiv sterben lassen. Es lohne nicht mehr, hier Laternen hinzusetzen oder für schnelles Internet zu sorgen. Für wen auch. Nicht, weil hier Nazis wohnten, sondern weil es hier nur noch so wenige Menschen gab, am Ende vom Nirgendwo, in einer Sackgasse. Ein Schicksal, dem man in der ehemaligen DDR oft begegnet.

Eine Dorfbewohnerin erzählte mir, wie schön es hier mal gewesen sei, sogar einen Laden habe es gegeben, wo man einkaufen konnte. Heute wohnen in Jamel nur noch 35 Menschen. Außerdem sei man nicht das einzige Dorf hier in der Gegend mit rechtem Gedankengut, die Nachbardörfer seien genauso, aber über die würde keiner berichten, immer nur über Jamel. Den Reichsfarben Schwarz-Weiß-Rot begegnete man tatsächlich gar nicht so selten, wenn man durch das schöne Hinterland bis zur Ostsee fuhr. Etwas abgehängt wirkte schon alles. In den Supermärkten wurde mit Produkten aus »der Heimat« geworben, Heimatbrot, Heimatbier, Heimatradiosender. An sich nichts Schlechtes, wenn man außer Acht lässt, dass diese Heimat leider sehr genau definiert wurde. Ich gehörte nicht dazu. Und würde es auch nie.

Ein Einwohner Jamels erzählte mir von einer Reise nach Paris. Es hätte ihm da gar nicht gefallen, so viele Ausländer. Das Flair sei nicht dasselbe gewesen. Dasselbe wie damals bei Adolf vorm Eiffelturm oder welches Flair, fragte ich zurück. Gar keine Franzosen mit Baskenmützen, Fahrrädern und Baguettes unter dem Arm, die vom ganzen Rotwein Schlangenlinien fuhren? Und übrigens: Du bist auch Ausländer, wenn du in Paris bist. Ob es dem Pariser so gut gefallen hätte, dass da ein Neonazi rumläuft und sich darüber echauffiert, dass es zu viele »Ausländer« gebe? Keine Antwort.

Mit dem Obernazi und Dorfchef Sven Krüger sprach ich darüber, warum man in Jamel keine Fremden möge, und wie es wohl wäre, wenn man Flüchtlinge ins Dorf brächte. Bis von ihm der mittlerweile legendäre Satz kam: »Wenn man sie erst mal kennt, dann kann man sie nicht mehr hassen.« Nur will man in Jamel einfach keine Migranten kennenlernen. Ich war erst mal genug. Das kann ich nicht verstehen.

Was ich wiederum verstehen kann, ist, dass man etwas wehmütig auf sein Zuhause schaut und dann wütend wird. Dass man sagt: »Früher war alles besser.« Dass man sich nach diesem Früher sehnt, auch wenn man weiß, dass dieses Früher seine Nachteile hatte. Zwischen Dorfidylle, Wegweiser und dem Wandbild einer »arischen« Familie, das mich jeden Morgen durch mein Fenster aufs Neue daran erinnerte, wo ich hier gelandet war, kam ich nach und nach mit fast allen Einwohnern in Kontakt. Eine freundliche Dame, die am äußersten Ende des Dorfes lebte, besuchte ich immer wieder. Sie hatte die DDR in ihrer vollen Härte erlebt, sagte aber: »Wenn es nach mir ginge, dann würde ich die Mauer wieder aufbauen. Drei Meter höher. Was will ich mit Reisefreiheit, ich bin doch seit der

Wende nirgendwo hingefahren.« Eine wirklich nette Dame mit unglaublich viel Wut und einer ordentlichen Portion Alltagsrassismus, der ihr selbst aber, glaube ich, gar nicht wirklich klar war. Sie schmetterte einem die üblichen Parolen entgegen, die man heute mittlerweile täglich von der AfD hört. Ob sie denke, dass sie rechts sei, fragte ich sie frei heraus. »Hören Sie mir auf damit. Ich habe mit den Nazis nichts zu tun«, kam die prompte Antwort. »Aber die Leute hier helfen mir, wenn ich mal eingeschneit bin. Den Bürgermeister interessiert das einen Dreck. Obwohl es seine Aufgabe ist.«

Da fragt man sich dann, wie schlimm es hier sein muss, wenn man sich nach dem Unrechtsstaat der DDR zurücksehnt. Wir haben diese Menschen nach der deutschen Einheit in einer zeitlichen Transitzone zurückgelassen und ernten jetzt schlecht integrierte Deutsche, die mit der aktuellen Situation völlig überfordert sind und ihrem Frust auf der Straße Luft machen. Über ihre Sorgen hat sich tatsächlich kaum ein Politiker je mit diesen Menschen unterhalten. Man hat sie dort vergessen. Das rechtfertigt es nicht, eine menschenverachtende Ideologie gutzuheißen, aber es ließ mich zumindest verstehen, woher der ganze Frust kam. Wenn da dann die richtige Person kommt und dir erzählt, das hätte alles mit den Flüchtlingen zu tun, den Ausländern, die dir alles wegnehmen wollen, dann kann ich verstehen, dass man dafür empfänglich ist. Dafür braucht man gar keine Ausländer zu kennen. Es muss sie da nicht einmal geben. Es geht schlicht darum, dass einem überhaupt mal jemand zuhört. Die Schuld anderen zu geben, ist immer leichter, anstatt nach den Ursachen bei sich selbst zu suchen. Manchmal muss man sich aber auch eingestehen, dass man nicht immer von den Menschen erwarten kann, selbst zu handeln. Der Staat muss hier handeln. Das hat er aber nicht, und so sind viele in die Fänge der Rechten geraten und bleiben auch dort, teils aus Frust, aus Trotz, aus Alternativlosigkeit, aus purer Zustimmung und manchmal auch einfach aus Blödheit. Es gibt viele Jamels in Deutschland und viele weitere Dörfer, die auf dem Weg dorthin sind.

Wenn man wie ich 2015 dort für einen kleinen Moment gewohnt hat, erscheint die Entwicklung in Deutschland nicht überraschend, sie ist sogar irgendwo logisch. Da reicht es eben nicht nur zu sagen, seht her, es gibt doch so viele Perspektiven, seid nicht so perspektivlos. Wenn man sich ausgestoßen und ausgegrenzt fühlt, ist das kein guter Rat. Was die Neue Rechte daraus gemacht hat, ist eine andere Geschichte. Warum es dazu aber überhaupt erst gekommen ist, wird nicht genügend gewürdigt. Es fehlen Ideen, dieser Perspektivlosigkeit etwas entgegenzustellen, sei sie auch nur gefühlt. Das, was man fühlt, ist für einen eben auch Teil der Realität. Und es ist die Aufgabe der Politik, Lösungen anzubieten, nicht die von Frau Müller im Ehrenamt. Wenn die Zivilgesellschaft nicht mehr weiterweiß, müssen übergeordnete Mechanismen greifen. 2021 sind in Mecklenburg-Vorpommern wieder Wahlen und mein Gefühl sagt mir leider, da werden einige weitere Prozente hinzukommen.

Ganz ähnlich verhält es sich übrigens auch mit den Migranten, die sich vom Staat im Stich gelassen fühlen. Jenen, die hier keine Heimat mehr sehen, sei es durch fehlende Aufstiegschancen, den latenten Rassismus in der Bevölkerung oder das Gefühl, unerwünscht zu sein oder nicht dazuzugehören. Auch das ist Perspektivlosigkeit und auch diese Menschen flüchten sich in Parallelgesellschaften, missbilligen das System, werden möglicherweise radikalisiert und wenden sich ab von Staat und Demokratie. Sie durchlaufen die gleichen Schleifen wie die Menschen, die in der Radikalität der AfD ein Zuhause gefunden haben. Verschiedene Aspekte derselben Ursache gipfeln in den gleichen Symptomen. Dabei müssen sie selbst gar keine Extremisten sein, weder die Rechten noch die Migranten. Den Extremismus übernehmen die, die sie gewählt haben, und tragen ihn selbst mit den Mitteln der Demokratie in das gesellschaftliche Leben.

Die Migranten haben diese Lobby noch nicht, die Rechten schon. Zu ihren Ungunsten hat eine Kräfteverschiebung stattgefunden, die sie in Zukunft noch weiter isolieren und den Frust steigern wird.

Diese Entwicklung müssen wir aufhalten, weil wir ansonsten zwei radikalisierte Extreme haben, die sich unvereinbar gegenüberstehen und unsere Demokratie lahmlegen. Das Ziel sollte sein, das Abrutschen in den Extremismus aufgrund von Perspektivlosigkeit zu stoppen. Das passiert aber nicht. Dabei heißt Extremismus nicht gleich, dass man einen Bombenanschlag plant. Es reicht schon, wenn man sich mit den Ideen identifizieren kann, sei es zu Beginn auch nur zaghaft. Jene, die dadurch an die Macht gekommen sind, werden alles daran setzen, die Radikalisierung mit allen Mitteln voranzutreiben, um noch mächtiger zu werden. Nichts anderes macht gerade die AfD.

Auch wenn es 2017 wieder danach aussah, als hätte sich die Lage etwas entspannt, war es genau dieser Trugschluss, der wieder dazu geführt hat, dass nicht gehandelt wurde. Statt sich konstant der Lösung zu widmen, vertraute man wieder darauf, dass es alles schon nicht so schlimm kommen würde. Man macht das selbst heute noch so. Dabei spielt wahrscheinlich eine Rolle, dass es für dieses Problem keine einfache Lösung gibt. Wenn Menschen Fragen nach Zugehörigkeit, Identität, Glaube und Heimat umtreiben, ist es vermessen, wenn die Politik diese Fragen weiterhin als belanglos abtut, weil sie als unmodern gelten. Sie lässt so zu, dass radikale Kräfte diese Felder besetzen. Jene, die eigentlich gegensätzlicher nicht sein können, finden dann mitunter zueinander, vereint durch die Ablehnung ihrer Ansichten durch die demokratischen Parteien. Man mag Ansichten wie Nationalismus und Religion als nicht mehr zeitgemäß ansehen, nur ist das keine Lösung für jene, die das anders sehen. Vielmehr braucht es statt der Verdammung ein Gegennarrativ, das es diesen Menschen ermöglicht, in Einklang mit ihrem Land leben zu können, ohne ständig das Gefühl haben zu müssen, abgetan zu werden. Wenn *das* die tatsächlichen Sorgen sind, dann muss man diese auch wirklich ernst nehmen. Zu der Wahrheit, die damit einhergeht, gehört dann auch, dass nicht jeder AfDler gleich Nazi und jede Kopftuchträgerin Islamistin ist.

Dieses Eingeständnis vertagen die Parteien immer wieder. Stattdessen zerfleischen sie sich in altmodischen Grabenkämpfen und einer zwanghafter Suche nach Einigkeit. Sie selbst sind es, die genauso unmodern daherkommen wie jene, denen sie es indirekt vorwerfen. Die Verzweiflung etwa angesichts des Rezo-Videos bescheinigt ihnen eine katastrophale Ohnmacht gegenüber der modernen Welt, in der sie sich offensichtlich nicht mehr zurechtfinden.

Wenn die Rechte teilweise über ein Viertel der Wähler abholt, darf die Antwort darauf nicht heißen: Oh, Sachsen. Dann muss man eben über nationale Identität sprechen. Die etablierten Parteien müssen die Defensive verlassen, ohne Angst davor zu haben, sich zu positionieren. Den meisten Erfolg haben doch gerade jene, die deutlich Farbe bekennen, auch wenn ich diese Farbe nicht mag. Doch die etablierten Parteien tun sich genau damit schwer. Sie hoffen, dass alles vorübergeht, ohne dass sie grundsätzlich etwas ändern müssen. So spielen sie mit unser aller Zukunft. Bevor der junge Muslim seine Heimat beim Hassprediger findet, weil niemand mit ihm über Glaube und Religion spricht, oder der perspektivlose Jugendliche in Bautzen zu den Rechten läuft, müssen die Demokraten diese Felder rhetorisch besetzen. Stattdessen werden immer wieder Floskeln bedient, als seien die Wähler taub und blind. Nach einer Wahl sind die Reaktionen leider immer wieder dieselben:

Der Wähler hat gesprochen. Ein historisches Wahlergebnis. Ein bitterer Abend. Das müssen wir erst mal verdauen. Wir müssen das jetzt genau analysieren. Aber wir müssen erst mal das Endergebnis abwarten. Dennoch haben wir einen klaren Regierungsauftrag. Trotz des historisch schlechten Ergebnisses. Der Ball liegt jetzt bei den anderen. Wir müssen uns jetzt zusammensetzen. Wir werden mit allen demokratischen Parteien Gespräche führen. Wir müssen uns der Verantwortung stellen. Wir dürfen uns jetzt keine Denkverbote auferlegen. Wir müssen mehr wagen. Jetzt beginnt die Arbeit. Wir werden für alle Bürgerinnen und Bürger da sein. Jetzt geht es um unser Land. Es ist ein Sieg für die Demokratie.

Wir schalten nach Berlin. Mein Kollege hat dort den Spitzenkandidaten der anderen Partei am Mikrofon. Was sagen Sie zu dem Ergebnis?

Nun, der Wähler hat gesprochen. Ein historisches Wahlergebnis. Ein bitterer Abend. Das müssen wir erst mal verdauen. Wir müssen das jetzt genau analysieren. Aber wir müssen erst mal das Endergebnis abwarten. Dennoch haben wir einen klaren Regierungsauftrag. Trotz des historisch schlechten Ergebnisses. Der Ball liegt jetzt bei den anderen. Wir müssen uns jetzt zusammensetzen. Wir werden mit allen demokratischen Parteien Gespräche führen. Wir müssen uns der Verantwortung stellen. Wir dürfen uns jetzt keine Denkverbote auferlegen. Wir müssen mehr wagen. Jetzt beginnt die Arbeit. Wir werden für alle Bürgerinnen und Bürger da sein. Jetzt geht es um unser Land. Es ist ein Sieg für die Demokratie.

Wer will diesen Blödsinn noch länger hören? Mir zumindest fällt es schwer, diese Floskeln tagein, tagaus zu ertragen. Wie soll es erst denen gehen, die mit diesem Parteiensystem gar nichts mehr anfangen können?

Den »Schuldigen« an dieser Misere gibt es nicht, das ist klar. Weder »die Politik« noch »die Medien«, noch »die Gesellschaft«. Es müssen viele Räder ineinandergreifen, damit es zu so einer immensen Verschiebung in der Gesellschaft kommt, wie wir sie heute erleben. Das passiert über Jahre und hat viele Faktoren. Manchmal ist es aber schon nötig, eine Teilschuld deutlich zu benennen, und bei allem Respekt vor der harten Arbeit der Politiker, die wirklich nicht immer angenehm ist (ich habe selbst mehrere Jahre in Hamburg in der Senatskanzlei gearbeitet und es hautnah mitbekommen), kann es nicht sein, dass trotz der Wahlergebnisse der letzten Jahre letztendlich gar nichts passiert. Dieser Kritik muss sich die Politik stellen, dafür ist man gewählt worden, dafür wird man bezahlt, das gehört zum Job. Ständig auf die positiven Entwicklungen hinzuweisen, hat offensichtlich nicht dazu geführt, dass Ronny sein Kreuzchen nicht mehr bei der AfD macht. Wenn Ronny nichts vom Wachstum spürt, macht man es sich sehr einfach zu sagen, dann spürt Ronny halt nichts, der ist taub, da kann man nichts machen. Knapp 30 % nach rechts zu verlieren, ist kein Einzelfall. Es ist kollektives Versagen auf ganzer Linie. Davor die Augen zu verschließen und weiterzumachen wie bisher, ist grob fahrlässig. Mir geht es nicht darum, dass hier jemand abgestraft wird. Ich kann mich nicht freuen, wenn die demokratischen Parteien an Zustimmung verlieren, egal welche. Denn das bedeutet, dass die Antidemokraten erstarken. Wer schützt uns noch vor denen, wenn die anderen nicht mehr da sind?

Ich habe neulich mit einem meiner engsten Freunde gesprochen, wir kennen uns schon sehr lange, und er sagte plötzlich, dass er sich in Deutschland nicht mehr sicher fühle. Bürgerlicher Stadtteil, Vorgarten, zwei Autos, Familie, gebildet, sportlich, fleißig, herzlich, mit gutem Einkommen, biodeutsch. Die Parteien würden ihn einfach nicht mehr abholen. Dann brach es plötzlich aus ihm raus: Wer versteht überhaupt, was die sagen, warum verdienen die Politiker so viel, warum wechseln so viele nach ein paar Jahren im Bundestag in Aufsichtsräte, warum zahlen die großen Konzerne so wenig Steuern? So etwas müsste alles verboten werden, wenn man von einer Demokratie redet, oder man nennt es gleich Lobbykratie, dann können wir zumindest offen reden und ich weiß, woran ich bin. Wer möchte die leeren Phrasen der Politiker überhaupt noch hören? Wer nimmt mich und meine Sorgen mal ernst? Ich mache mir Sorgen um meine Zukunft!

Früher CDU, jetzt Protestwähler Linkspartei. Es waren Sorgen, die ich hier hörte, von denen ich nichts ahnte, Sorgen, die vielleicht in meiner Welt unbegründet sind, die in seiner Welt aber da sind, Wut auf die Politik, die man mit mehr Nähe zum Wähler abbauen könnte. Es passiert aber nicht. Stattdessen kollektive und andauernde Selbstdemontage der Parteien, als würden Wehner und Strauß die ideologische Fehde immer noch in Bonn austragen. Die Zeiten sind vorbei. Da saß kein verkappter Rechter vor mir, sondern ein wirklich unzufriedener Familienvater, unzufrieden mit der Gesellschaft, mit der Politik, und dann kommen die Sorgen. All jene, die ihre menschenverachtende Denke hinter Sorgen verstecken, die Menschen, die gar keinen Dialog suchen, sondern nur Frust und Hass abladen wollen, die nehmen diesen tatsächlich Besorgten ihre Glaubwürdigkeit.

Mit Frank Rennicke kam ich nach den CDs in den Neunzigern in der Wohnung meines Nachhilfeschülers übrigens in Jamel noch einmal in Berührung. Er sollte dort im Wald ein geheimes Rechtsrockkonzert geben, aber die Polizei hatte Wind davon bekommen und den ganzen Landstrich hermetisch abgeriegelt. Das Polizeipräsidium fuhr in Bezug auf Jamel eine Nulltoleranzpolitik. Das macht den Nazis zwar das Leben schwerer, aber ein verhindertes Konzert wird ihnen ihre menschenverachtende Haltung nicht nehmen. In Jamel wirkt dieses Denken wie in Stein gemeißelt. Sich davon loszulösen, bedarf immenser Kraft. Das ist nicht nur in diesem sogenannten Nazidorf so. Diese Meinung ist überall, und überall gleichermaßen festgefahren. Auch der Bruder meines Nachhilfeschülers hat sich bis heute nicht geändert. Wer früher Sympathien für die NPD, DVU oder REP hegte, unterstützt heute die AfD. Wenn sich Dinge erst mal festfahren, dann kann man sie manchmal nur noch ganz schwer bewegen.

Im Herbst 2017 zog die AfD als drittstärkste Kraft in den Deutschen Bundestag ein. Rechts ist jetzt normal. Ganz normal im Bundestag. Bisher hat sie jedoch keinem ihrer Wähler die Sorgen nehmen können – weil Sorgen sie nicht interessieren. Viele ihrer Wähler auch nicht. Und sagen Sie bitte nicht, die AfD sei die neue NPD. Das verharmlost die Neue Rechte. Die NPD ist so bedeutungslos, dass man sie nicht einmal zu verbieten braucht.

Entspannung

Der *Spiegel* schrieb nach den Landtagswahlen 2019 in Sachsen und Brandenburg: »Wer mit Rechtsradikalen verstrickt ist, kann ein Viertel der Stimmen gewinnen. Das ist die Erkenntnis der Landtagswahlen. Dieser Sonntag verändert Deutschland.«[2] Die jüngsten Wahlen in Ostdeutschland waren sicher keine Zäsur. Wer das glaubt, hat die letzten Jahre verschlafen. Die Zäsur liegt schon längst hinter uns. Über die politische Zäsur haben wir gesprochen. Die Zäsur ist aber auch die Unfähigkeit der Medien davor, ein Gegengewicht zur rechten Propaganda aufbauen zu können. Die meisten Nachrichten eröffneten nach den Landtagswahlen in Sachsen und Brandenburg mit dem Ergebnis der AfD. Maximale Aufmerksamkeit. Wie absurd wäre es, wenn nach Weltmeisterschaften zuerst der Vizechampion genannt werden würde? »Moskau. Im Finale der Fußballweltmeisterschaft 2018 im Luschniki-Stadion ist Kroatien Zweiter und damit Vizeweltmeister geworden. Die Mannschaft verlor gegen Frankreich.«

Eine Zäsur waren bereits die Ereignisse aus den Jahren zuvor, die solche Nachrichten bis heute möglich gemacht haben. Das Superwahljahr 2017 war für die Rechten augenscheinlich eine Enttäuschung. 2016 noch mit 20,8 % in Mecklenburg-Vorpommern und 24,3 % in Sachsen-Anhalt in zwei weitere Landtage eingezogen, waren die Ergebnisse 2017 ernüchternd: Niedersachen 6,2 %, Nordrhein-Westfalen 7,4 %, Saarland 6,2 %, Schleswig-Holstein 5,9 %.

Auch auf europäischer Linie lief es schlecht. Geert Wilders holte in den Niederlanden bei weitem nicht das Ergebnis, das erwartet wurde. Auch die FPÖ-Katastrophe in Österreich blieb aus, die Partei von Rechtsaußen H. C. Strache wurde trotz Zuwächsen nur drittstärkste Kraft, und in Frankreich stach Macron erst Le Pen aus und gewann dann im Parlament auch noch die absolute Mehrheit. Hamburg überlebte den G20-Gipfel, Helmut Kohl starb. Es gelang der AfD nicht, große Aufmerksamkeit zu generieren. Als Antwort darauf rückte sie ein weiteres Stück nach rechts. Petry verließ die Partei, Gauland und Weidel traten als neues Spitzenduo an und holten bei der Bundestagswahl 2017 ein solides, aber kein überraschendes Ergebnis von 12,6 %. Man hatte sich mehr erhofft. Alles irgendwie seltsam entspannt, trotz Oppositionsführerschaft.

Es waren einmal mehr die Talkshows, die zeigten, wo wir standen. Natürlich gab es eine Menge vor den Bundestagwahlen. Den Medien wird oft vorgeworfen, Mitschuld am Ergebnis der Wahlen zu haben, weil sie immer das Gleiche besprechen: Flüchtlinge, Obergrenze, Muslime, Islam, AfD. Millionen Zuschauer schalten jede Woche ein und schauen sich die Talks dazu im Fernsehen an. Obwohl man sich eingestanden hatte, dass vielleicht ein kleines bisschen zu viel über die »Sorgen« der Bürger berichtet wurde, wurde fleißig weiter über das Stöckchen der Rechten gesprungen und die Themen zu Tode geritten.

Natürlich hatte die Kritik an der Berichterstattung nach der Kölner Silvesternacht in der Presselandschaft Spuren hinterlassen. Man wollte sich wieder deutlicher den Besorgten zuwenden, damit nicht der Eindruck entstünde, hier werde abgelenkt oder etwas vertuscht. Für meinen Geschmack warf man sich den Wutbürgern vielleicht eine Idee zu sehr in die Arme, aber der Druck schien zu groß. Erst zog die Verkürzung in viele seriöse Redaktionen ein, später die Vereinfachung und schließlich die verkürzte Vereinfachung. Die neuen Medien ließen die Auflagen fallen, und so befand man sich schnell in der Zwickmühle »gesellschaftliche Verantwortung vs. wirtschaftliches Bestehen«. Gleiches gilt in Zeiten von Podcasts und YouTube für die Talkshows. Jetzt, wo jeder labern kann, was er will, und damit selbst Millionen erreichen kann, wie kriegen wir die Menschen dann noch vor die Glotze? Rückblickend war es nicht nur fahrlässig, der AfD diese Bühne zu bieten, sie wurde dadurch auch aktiv in ihrem Aufstieg unterstützt. Jetzt mag man denken, das kann doch gar nicht sein, dass Talkshows für den Aufstieg der AfD verantwortlich sein sollen. Richtig, das ist auch nicht so. Aber mit ihrer Themenwahl, den emotionalen und polarisierenden, nicht immer sachlichen, laut und durcheinander geführten Debatten wurde eben viel über und wenig mit den mutmaßlichen Problemverursachern gesprochen. Der migrantische Anteil der Gäste blieb marginal. Und wenn, dann gerne mit den kontrollierbaren Necla Keleks und Ahmad Mansours dieser Welt, die der Neuen Rechten nach dem Mund plappern und dafür als besonders kritisch gefeiert werden.

Die Zeit für eine ernsthafte Debatte über Flüchtlinge und Islam hat man sich nie genommen. Stattdessen die immer gleichen Gäste mit dem immer gleichen bedeutungslosen Geschwafel. So ein großes Publikum zieht aber Verantwortung mit sich, und es kann nicht sein, dass man für die Quote dieser Verantwortung nicht sorgsam genug nachgeht. Das ist moralisch verwerflich. Die großen Talkshows müssen sich den Vorwurf gefallen lassen, durch ihre Themensetzung zur Bildung des gesellschaftlichen Klimas beigetragen zu haben. 2018 wurde in den vier großen politischen Talkshows neun Mal über Flüchtlinge und innere Sicherheit diskutiert, vier Mal über den Islam und kein Mal über Rechtspopulismus, Rente, Gleichberechtigung und Klimaschutz.[3]

Wir begegnen immer wieder den gleichen Mechanismen. Man findet sie in der gesamten Medienlandschaft, nicht nur in den Talkshows. Die Medien als vierte Gewalt haben es nicht geschafft, die Neutralität zu wahren. Ihre Unabhängigkeit haben sie, wenn nicht vorsätzlich, dann zumindest grob fahrlässig, aufs Spiel gesetzt. Es macht keinen Unterschied, ob wir auf nationale oder regionale Programme und Zeitungen schauen, auf das Hauptprogramm im Fernsehen oder auf die Kulturseite eines Lokalblatts. Wenn die AfD wieder mal in den Parlamenten Nebelkerzen wirft und mit dem Mittel der Kleinen oder Großen Anfrage zu stören versucht, um die eigene Ideenlosigkeit zu verdecken oder auch schlicht die Verwaltung lahmzulegen, wird über Inhalte wenig berichtet. Dass die AfD an einem parlamentarischen Austausch nach wie vor kein Interesse hat und ihr Parteiprogramm für keines der aktuellen Probleme eine Lösung bietet, geht da schnell unter. Es geht lediglich um mediale Präsenz und die wurde ihnen lange genug ermöglicht. »Clickbaiting« und Häppcheninformation sind zu einer Geißel der Medien geworden. Viele mischen in diesem Feld mit und bedienen gnadenlos Publikum, Auflage und Quote. Das Bedienen scheint zwanghaft. Irgendwie lernen wir nicht aus der Vergangenheit, das wurde auch nach dem antisemitischen Anschlag von Halle 2019 deutlich. Besonders in Erinnerung geblieben ist da *hart aber fair*. In der Sendung nach dem Anschlag wurde ein Zuschauerkommentar vorgelesen: »Vielleicht sollte man allmählich das Judenthema etwas zurücknehmen, denn genau das schürt Hass. Wir wissen um unsere Vergangenheit, die Kinder bekommen es eingetrichtert, und gut ist's.«

Holocaust, eingetrichtert, gut ist's. Das ist Antisemitismus. Dafür braucht man nicht mit großer Intelligenz gesegnet zu sein, um das zu erkennen. Frank Plasberg kommentierte: »Ich weiß, dass Sie jetzt schwer atmen. Wir lassen das einfach mal stehen, das ist eine Zuschauerdiskussion, mitten aus Deutschland an einem Montagabend.«

Ich weiß, dass Sie jetzt schwer atmen, aber ich lasse das einfach mal stehen, das ist die Sendungsreaktion, für knapp zwei Millionen Zuschauer in Deutschland. Wundern tut mich das leider nicht, denn als ich selbst knapp ein Jahr zuvor in der gleichen Sendung zum Thema Arm und Reich mit dem Titel »Sprachlos, verständnislos, wütend: Wie gespalten ist Deutschland?« saß und dem Geschwurbel einiger Talkgäste widersprach oder es mir anmaßte, bei gefühlten Wahrheiten nach Quellen zu fragen, brach schon während der Sendung die Shitstormhölle über mir zusammen.

Als Plasbergs Assistentin schon in der Sendung zu einem gemäßigten Ton bei der Online-Diskussion aufrief, dämmerte mir, was da auf mich zukommen würde. Da der Hass aber auch nach der Sendung nicht abriss, sah sich *hart aber fair* am nächsten Tag noch mal genötigt, zu versuchen, dem zumindest online Einhalt zu gebieten: »Wir haben sehr viele Kommentare verborgen und gesperrt in den letzten Stunden, weil sie schlicht beleidigend oder verhetzend sind.« Sagen wir mal, dass »beleidigend« und »verhetzend« die Situation größtmöglich diplomatisch ausdrückten. Die Welle brach aber nicht ab.

Das ist schwer zu ertragende rechte Gewalt, die uns von allen Seiten entgegenschlägt. Wir haben uns ein Publikum erschaffen, das wir zumindest, wenn wir es weiter füttern, nicht mehr loswerden. Über Arm und Reich haben wir übrigens nicht gesprochen.

***

Wie tief das Problem des Umgangs mit dem Thema rechte Gewalt ist und wer genau diese Vorkommnisse wie bei *hart aber fair* potenziert, zeigte ein Artikel von Mathias Döpfner in der *Welt*.[4] Der wunderbare Stefan Niggemeier, der für seine scharfe Zunge in Bezug auf Medienkritik bekannt ist, fasst ihn wie folgt zusammen:

»Mathias Döpfner hat als Reaktion auf den Anschlag eines Neonazis in Halle eine Verschärfung der deutschen Flüchtlingspolitik gefordert. Medien sollten außerdem mehr über ›Ausländerkriminalität‹ berichten, schreibt der Axel-Springer-Chef in einem ganzseitigen Artikel, den die *Welt* heute auf ihrer Titelseite veröffentlicht. Nur ›einige wenige Medien‹ würden nicht beschwichtigen, sondern ›die Fakten nennen‹ und die Realität beschreiben, klagt Döpfner, der

auch Präsident des Verbandes der Zeitungsverleger (BDZV) ist. Prominente Vertreter der AfD zollten ihm Respekt.
Der Rechtsextremist in Halle hatte versucht, ein Massaker in einer Synagoge anzurichten. Als er daran scheiterte, erschoss er eine Passantin und den Besucher eines Döner-Imbisses. Döpfner nimmt das zum Anlass, unter anderem an den Fall eines schwarzen Bundesligaspielers zu erinnern, der als Flüchtling aus Gambia nach Deutschland kam und dem vorgeworfen wird, falsche Angaben zu seiner Identität gemacht zu haben. Polizisten hätten da zu lange ermittelt und Journalisten systematisch weggeschaut, kritisiert Döpfner.
Mathias Döpfner hat den tödlichen Anschlag eines Rechtsextremisten zum Anlass genommen, über alles zu schreiben außer über Rechtsextremismus. Er benutzt die beiden Toten von Halle für seine eigene Agenda: für seinen Kampf gegen die angebliche ›Political Correctness‹, gegen die Flüchtlingspolitik, gegen die Öffentlich-Rechtlichen, gegen Kritiker der *Bild*-Zeitung.«[5]

Die Versäumnisse der Medien in Bezug auf die Thematisierung des Rechtsradikalismus waren (und sind) bisher groß, dazu zählt auch das sich selbst auferlegte zwanghafte Differenzierungsgebot und die daraus folgende mediale Dämonisierung linker Gewalt als Gefahr für die Demokratie. Rechte Gäste kontern den Vorwurf rechter Gewalt in Talkshows stets mit: »Es gibt auch linke Gewalt!« Statt diesen »Whataboutism« zu ignorieren, verschiebt sich anschließend die Diskussion, und ihr Wesenskern, nämlich die rechte Gewalt, wird vernebelt. Dieser Umgang sorgt unter anderem auch dafür, dass etwa die Taten des NSU nach wie vor verharmlost werden. Da macht Mathias Döpfner aus seinem Kampf gegen Antisemitismus eine Kampfschrift pro Islamophobie und bekommt dafür Beifall, selbstverständlich, von der AfD.

Dabei hätte der Anschlag eine Gelegenheit gegeben, es besser zu machen. Man hätte die klare Ausgrenzung der AfD fordern können oder zumindest ihren führenden Köpfen die Möglichkeit der medienwirksamen Propaganda nehmen können. Menschen, die das

Recht fordern, wieder »stolz zu sein auf die Leistungen deutscher Soldaten in zwei Weltkriegen«* und Rechtsextreme in ihren Reihen dulden, haben nichts im öffentlich-rechtlichen Rundfunk verloren.

Man hätte ihnen die Vereinnahmung der Tat als Mittel der Distanzierung von Gewalt nehmen müssen. Das beeindruckende Sammelsurium aus Verharmlosung, Verschwörungstheorien und Scheinheiligkeit, die sie als Reaktionen auf den Anschlag von Halle präsentiert haben, disqualifiziert sie. Der sächsische AfD-Vorsitzende etwa machte »offene Grenzen« für die Morde in Halle verantwortlich.[6] Bitte lassen Sie uns Leute, die bei Nazidemos mitlaufen, auch einfach so benennen, da gibt es nichts auszulegen, da gibt es nichts zuzuhören oder zu analysieren, egal wie lange man es biegt und bricht.

Doch solche Überlegungen bleiben aus mir schleierhaften Gründen weiter unbeachtet. Das ZDF-Morgenmagazin wurde nach dem Anschlag von Halle folgendermaßen angekündigt: »Stand der Ermittlungen. Sicherheitsdebatte nach dem Anschlag. Konsequenzen für Synagogen. Gast: Jörg Meuthen, Bundessprecher der AfD.« Den lädt man nach solch einem Terroranschlag ins Morgenmagazin. Warum?

Nachdem Brandenburgs AfD-Chef Andreas Kalbitz, der 2007 während eines rechtsextremen Aufmarsches in Athen zusammen mit dem damaligen NPD-Chef Udo Voigt auf einem Hotelbalkon die Hakenkreuzflagge zeigte,[7] ein Neonazi-Zeltlager besucht hatte, bescheinigte ihm der AfD-Bundesvorsitzende Alexander Gauland, er könne »nichts Rechtsextremes in ihm finden«.[8] Kalbitz sei ein »bürgerlicher Mensch«. Den lädt die ARD zum Sommerinterview. Warum?

* Wenn Franzosen und Briten stolz auf ihren Kaiser oder den Kriegspremier Winston Churchill seien, »haben wir das Recht, stolz zu sein auf Leistungen deutscher Soldaten in zwei Weltkriegen«, sagte Gauland über die Nazizeit in einer Rede von 2017. Und weiter: »Man muss uns diese zwölf Jahre nicht mehr vorhalten. Sie betreffen unsere Identität heute nicht mehr. Deshalb haben wir auch das Recht, uns nicht nur unser Land, sondern auch unsere Vergangenheit zurückzuholen.«

Wie lange wollen wir noch mit Rechten reden? So bietet man der AfD die Bühne, sich offiziell von Gewalt zu distanzieren, dabei ist sie einer der Hauptgründe dieser Gewalt. Bernd Höcke sagte dem *Wall Street Journal* 2017: »Wissen Sie, das große Problem ist, dass man Hitler als das absolut Böse darstellt. Wir wissen aber natürlich, dass es in der Geschichte kein Schwarz und kein Weiß gibt. Und dass es viele Grautöne gibt.«[9]

Nach dem Anschlag von Halle fragt er sich bei Twitter: »Mit großer Bestürzung habe ich von dem Terroranschlag in Halle erfahren. Meine Gedanken sind bei den Angehörigen der Opfer dieses völlig wahnhaften Verbrechens. Was sind das nur für Menschen, die anderen Menschen so etwas antun?!«

Lass mich dir helfen, Bernd: Leute, die so ticken wie du. Und der sitzt im Fernsehen. Warum?

Jetzt, da Deutschland in Panik gerät, weil eine Synagoge angegriffen wurde, fällt Politik und Medien plötzlich doch ein, dass die AfD geistige Brandstiftung betreibt. Die meisten wussten das schon vorher. Wenn Herrmann, Söder und Co. jetzt fordern, Höcke zu ächten und aus der AfD auszuschließen, sei ihnen gesagt, dass das keinen Effekt mehr haben wird. Bitte machen Sie es sich nicht so einfach. Nach Feststellungen sollten Konsequenzen gezogen werden. Wenn selbst der bayerische Innenminister Joachim Herrmann Höcke als Mitursache identifiziert, warum identifiziert er den Rest nicht gleich mit? Was haben diese Leute in Talkshows zu suchen? Wie lange noch mit Rechten reden?

Alice Weidel konterte die Vorwürfe der Mitschuld mit rechtem Bullshitbingo: »Wer dieses entsetzliche Verbrechen missbraucht, um die politische Konkurrenz mit haltlosen Diffamierungen zu verleumden, der spaltet die Gesellschaft und schwächt das demokratische Fundament, auf dem wir stehen.«[10]

Warum zitiere ich das? Weil ihre Anhänger das nicht als Bullshit ansehen. Sie glauben es. Deshalb und genau deshalb reichen Feststellungen nicht mehr aus. Es braucht unmissverständliche Konsequenzen, Signalpolitik. Unüberhörbare Signalpolitik, sodass die Sirene so laut in den Ohren derer klingt, die in Politik, Gerichtsbarkeit, Verwaltung, Polizei, Bundeswehr, Staatsschutz und wo auch immer sie sitzen, dass sie bis ins Mark erschüttert sind und erst gar nicht auf die Idee kommen, ihre Gesinnung auszuleben. Lassen Sie uns nicht weiter abwägen: AfD und Faschismus gehören zusammen. Wir sehen, es reicht nicht, wenn die Straße das skandiert.

Und was immer wieder nach rechtsradikalen Taten auffällt: In den Kommentarspalten bleibt es auffällig leise.

***

Manchmal jedoch tun sich die demokratischen Parteien doch zusammen, um wirklich zu widersprechen. Man hat ausnahmsweise nicht abgewogen, als Albrecht Glaser 2017 sagte: »Es gibt den Versuch, so zu tun, als gäbe es zwei Arten von Muslimen, Muslime und Islamisten, das gibt es aber nicht. Der Islam ist eine Konstruktion, die selbst die Religionsfreiheit nicht kennt und diese nicht respektiert. Und wer so mit einem Grundrecht umgeht, dem muss man das Grundrecht entziehen.«[11]

Dieser Glaser sollte damals für die AfD Bundestagsvizepräsident werden, und seine Partei stimmte dieser Aussage auch bei: »In der Bewertung sehen wir das alle so wie Herr Glaser.«[12] Alle im Deutschen Bundestag vertretenen Fraktionen stellen je einen Bundestagsvizepräsidenten, das wurde 1994 so festgelegt. Doch muss jeder Kandidat und jede Kandidatin vom Parlament bestätigt werden. Die demokratischen Parteien verweigerten Glaser aber die Stimme. Bis heute stellt die AfD keinen Bundestagsvizepräsidenten. Auch alle anderen Kandidaten wurden bisher abgelehnt.

Was die Distanzierungskultur bereits angestellt hat, zeigte sich in diesem Fall in der paradoxen Haltung des Zentralrats der Muslime, der der AfD in der Causa Glaser überraschend beisprang: »Dann müssen wir eben damit klarkommen, dass wir einen Islamhasser und Rassisten als Bundestagsvizepräsidenten haben«, sagte ihr Vorsitzender.[13] Ein Fall, der zeigte, dass sich der gesellschaftliche Kompass überall verschoben hatte. Es wehte hier schon ein Hauch Stockholm-Syndrom mit. Nein, lieber Zentralrat. Nein. Das ist jedenfalls nicht die richtige Form von Integration, die unsere Probleme löst. Das ist die Denke der Rechten, die ihr sorgenvoll übernommen habt, um dann die Flucht nach vorne anzutreten. Es ist nicht richtig, Gruppen pauschal auszuschließen. Was kommt als Nächstes? Wann müssen wir mit einer Kennzeichnungspflicht klarkommen? Wann benutzen wir verschiedene Eingänge? Wann werden uns weitere Rechte entzogen? Es ging nie darum, den Islam zu verteidigen, sondern um die Freiheit, daran zu glauben. Es geht darum, Grundrechte zu akzeptieren. Da kann sich die AfD nicht ihre eigene Wahrheit basteln und sie so lange propagieren, bis daraus irgendwann Wahrheit wird. Es zwingt sie niemand, den Islamhasser aus den eigenen Reihen vorne hinzustellen. Sie wollen aber genau den, ganz bewusst.

Irgendwo muss Schluss sein. Wenn die demokratischen Parteien hier nachgegeben hätten, hätte das Land verloren. Niemand muss sich anbiedern, nur weil ein paar rechte Arschlöcher Krach machen. Niemand muss das. Es ist schön, dass sich der Zentralrat geäußert hat, aber in diesem Punkt hätte die Antwort meiner Meinung nach eher lauten müssen: Sie können diese Meinung gerne vertreten, aber Verfassungsfeinde können nicht Bundestagsvizepräsident werden. Fertig.

Die demokratischen Parteien haben auch widersprochen, als sie 2019 Stephan Brandner die Eignung absprachen und als Vorsitzenden des Rechtsausschusses im Bundestag abwählten. Für die AfD natürlich ein »Tabubruch«, eine »Zumutung für die Demokratie«. Dabei wurde betont, dass die Abwahl nur für Brandner gelte. Es stehe der AfD frei, einen Nachfolger zu nominieren. Auf die Abwahl angesprochen, faselte Alice Weidel etwas von »dummen Fragen« und »Nichtbildung« der fragenden Journalisten. In bester Trump-Manier versuchte sie die Journalisten gegenüber ihrer Anhängerschaft als »dumm« zu diffamieren. Das ist die Taktik der Neuen Rechten.

Warum ist es so schwer, dieser Taktik die Zähne zu ziehen? Schon mal versucht, im Rahmen des NetzDG einen Tweet bei Twitter zu melden? Viel Spaß. Sie machen es nie wieder. Vor allem, wenn sich ein Shitstorm über Sie ergießt. Allein die Zeit, die dafür aufgebracht werden muss, diese Leute aus dem Verkehr zu ziehen. Das schafft man selbst gar nicht. Aber will und kann man andere Menschen dafür bezahlen, einem im Shitstorm beizustehen? Unter vielen meiner Videos ist die Kommentarfunktion gesperrt, weil keiner dem Problem mehr Herr wird. Das ist schade, weil Sie so gerne mitdiskutieren? Ich soll Leute bezahlen, um Rechtsradikale aus dem Verkehr zu ziehen, damit unsere Diskussionskultur nicht zerstört wird? Ernsthaft? Nein, was wir hier brauchen, sind wirkliche Gesetze, die vom Staat durchgesetzt werden.

»Die britische Regierung will rassistisches Verhalten künftig bestrafen. Wie Innenminister Howard erklärte, seien Gefängnisstrafen von bis zu sechs Monaten geplant. Die Gesetzesvorlage sei gegen Täter gerichtet, die absichtlich Mitgliedern anderer ethnischer Gruppen das Leben schwer machten. Bei Belästigungen dieser Art werde künftig von Vorsatz ausgegangen. Die Polizei habe damit die Möglichkeit, die Täter sofort festzunehmen.«[14]

Das ist eine Reuters-Meldung vom 13. Juni 1994. Nicht dass Großbritannien seitdem kein Problem mehr mit Rassismus hätte, ganz im Gegenteil. Aber während wir hier eingenickt waren, hat man andernorts erkannt, dass gehandelt werden muss. Noch weiter geht man in den USA, seit Trump die Macht übernommen hat. Die Stadt New York hat im Oktober 2019 unter dem Motto »Hate has no place here« die Durchsetzung und Bestrafung von rassistischen Taten verkündet. In einer Richtlinie werden diverse Handlungen beschrieben, die mit bis zu 250 000 US-Dollar bestraft werden können, darunter Aufforderungen wie »Geh doch in dein Land zurück«.

Der Journalist André Voigt besuchte im März 2019 das Länderspiel Deutschland gegen Serbien und schilderte dann unter Tränen bei Facebook seine Erfahrungen im Stadion. Der Fall zeigt, wie selbstverständlich Rassismus noch immer in der Gesellschaft ist, aber auch, wie weit weg er doch für einige scheint, wenn sie nach solchen Vorfällen so emotional darauf reagieren. Wenn man selbst schon mal im Fußballstadion war, dann weiß man, dass das Alltag ist. Drei Männer gaben später zu, einige Spieler, unter anderem Leroy Sané und İlkay Gündoğan, als »N***«, »Bimbo« oder »Türke« bezeichnet zu haben. Zwischendrin fiel auch ein »Sieg Heil«. Sachverhalt soweit klar? Dann ging es vor Gericht. Dort stellte sich dann heraus, dass den Männern gar nicht klar gewesen war, dass diese Wörter als rassistische Beleidigungen aufgefasst werden könnten. Man habe vollkommen ohne rassistischen Hintergrund gehandelt, es sei ein Ausdruck von Unmut gegenüber der Spielweise der beiden Nationalspieler gewesen. Die Staatsanwaltschaft zeigte sich überzeugt. Verfahren eingestellt. Wahrscheinlich litten alle drei am Gauland-Syndrom. Solche Beleidigungen reichen demnach nicht für ein Verfahren wegen Volksverhetzung aus. Nur das »Sieg Heil« kostete den Drittem im Bunde 2400 Euro.[15] Alle gehen wieder nach Hause, der Staatsanwalt legt sich eine Runde hin, während die drei Herren beim nächsten Spiel wieder den rechten Arm heben. Alles ganz entspannt in Deutschland.

Menschen wie die drei Nazis findet man in allen Stadien weltweit. Es wimmelt dort nur so von ihnen. Es wimmelt von ihnen auch im Internet, der Frust entlädt sich gegen jeden. Philipp Lahm ist eine lahme Ente, Thomas Müller hat Tomaten auf den Augen und İlkay Gündoğan ist eben ein scheiß Türke. Nur dass niemand wirklich annimmt, dass Müller Tomaten auf den Augen hat, ein »scheiß Türke« ist da schon etwas anderes. Das würdigt Menschen aufgrund ihrer Herkunft herab. Es findet seinen Weg in unsere Kultur und irgendwann unterscheiden wir dann zwischen dem deutschstämmigen und dem türkischstämmigen Nationalspieler, der dann vielleicht weniger wert ist. Wenn solche Beleidigungen straffrei bleiben, müssen wir uns nicht wundern, wenn der Rassismus – teils subtil, teils mit dem Knüppel – Teil unserer Gesellschaft ist.

Die AfD hat die Grenzen des Sagbaren inzwischen so weit verlagert, dass einem ein »scheiß Türke« wie ein harmloser Kinderstreich vorkommt. Nein, in Zeiten der AfD reicht das nicht mal mehr als Beleidigung aus, das ist schon fast normale Umgangssprache. Das ist fatal. Dieser Fall zeigt ein Komplettversagen von Staat und Justiz. Diese Menschen hätten nie straffrei davonkommen dürfen. New York macht es uns gerade vor. Die vergiftete Atmosphäre im Land sei ein Grund für diese deutlichen Mittel, so die Stadt. Wir haben so etwas anscheinend noch nicht nötig. Wir waren 2017 so entspannt, dass wir dem rechten Blödsinn weiter zugehört haben. Nicht nur in den Talkshows, sondern überall, statt denen zuzuhören, die sich vehement gegen sie gestellt haben. Alles ganz entspannt.

2018

Brief an Merkel

Özil

Kurz nachdem in Leipzig die iranische Familie Ebrahimi an Heiligabend 1000 Döner an Bedürftige verteilte, wurden am ersten Weihnachtsfeiertag 2018 zwei Iraner in Berlin von einer fünfköpfigen Gruppe aus offenbar rassistischen Motiven verprügelt. Ein Opfer musste im Krankenhaus behandelt werden. Die Angreifer sollen »Deutschland den Deutschen« geschrien haben.[1]

Integriert man sich, ist man ein Einzelfall. Hilft man anderen, ist man ein Einzelfall. Macht man was falsch, ist die Kultur schuld. Integriert man sich nicht, werden alle anderen in Sippenhaft genommen. Wir waren immer Deutsche, wenn wir Erfolg hatten, und Migranten, wenn wir Fehler machten. Die Debatte um Mesut Özil hat gezeigt, dass sich daran bis heute nichts geändert hat und wohl auch nie ändern wird. Und nein, die stille Mehrheit ist nicht lauter, sonst hätte sie sich längst erhoben.

Mittlerweile haben wir ein Deutschland geschaffen, in dem Menschen anderer Hautfarbe, Religion, sexueller Orientierung oder auch anderer Ansicht auf offener Straße beleidigt, beschimpft, verprügelt, abgestochen oder erschossen werden. Die friedlich in diesem Land lebenden Migranten, die Abermillionen, die jeden Tag, wie auch alle anderen Deutschen, zum Gelingen unserer Gesellschaft beitragen, sind zum Spielball der Politik geworden. Wir haben uns ein gesellschaftliches Hauptproblem herangezüchtet: die andere Meinung. Es ist mitnichten so, dass nur die Rechten ein Problem sind. Die

Grenzen verwischen sich zunehmend, selbst unter meinen eigenen Followern. Regelmäßig passiert es, dass ich mich zu Themen äußere, bei denen bislang treue Follower eine andere Meinung haben als ich. Dann wird es persönlich, meine ganze Arbeit sei schlecht, ich nicht besser als ein Rechtsradikaler:

»Bei allem Respekt vor Ihrem Engagement: Die Unsachlichkeit einiger Ihrer Äußerungen v. a. über einzelne Personen und Personengruppen hat mittlerweile auch einen Grad erreicht, den Sie bei anderen wohl als Vergiftung des Gesprächsklimas anprangern würden. Ich vermisse Ihren entwaffnenden Charme aus der Jamel-Reportage!!«

Diese Reaktion erlebt man häufig bei Themen, bei denen Menschen eine ganz klare Meinung haben, sei es bei Böllern oder Feinstaub, Veganismus, Tier- und Umweltschutz, Meinungen zur Außenpolitik, der Bundeswehr oder Mesut Özil. Solange ich auf das einhaue, was der Meinung meiner Follower entspricht, ist alles gut. Doch kommt der Punkt, wo man mit meiner Meinung nicht zufrieden ist, dann bin ich ein Hetzer, ein Vergifter und genauso schlimm wie »die Anderen«.

Ich habe die Ursachen für dieses Verhalten über die letzten Jahre in meiner eigenen kleinen Blase analysiert und bin zu dem Schluss gekommen, dass dies oft bei Themen geschieht, die das eigene Leben ganz direkt betreffen. Dann kommt es zu heftigen Reaktionen. Fühlt man sich auf den Schlips getreten, kommt man schnell mit Scheinargumenten daher. Plötzlich fällt auch ein vorher noch so besonnener Follower in rassistische Muster und bietet mir an, »meine Arbeit in meinem eigenen Land zu machen«. Es gibt anscheinend unumstößliche Wahrheiten, von denen ich vorher nichts wusste. Da sind meine Argumente plötzlich falsch, überheblich oder populistisch. Was daran falsch ist, wird hingegen nie klar gesagt, sondern stattdessen mit einem Gefühl umschrieben: Früher waren Sie besser, früher waren Sie anders. Ich war früher anders? Ist es nicht viel mehr so, dass alles in Ordnung ist, solange ich auf Nazis einhaue und du ebenfalls gegen Nazis bist? Du, lieber Leser, nimmst dann alles als gegeben hin, weil du ebenso so denkst. Kommt es dir nicht in den Sinn, dass ich auch Blödsinn erzählen könnte? (Keine Sorge, ich versuche immer sauber zu arbeiten und recherchiere genau. Die Zitate in diesem Buch habe ich mir nicht ausgedacht.) Doch wenn etwas einmal nicht deiner Meinung entspricht, dann wirst du plötzlich zum großen Kritiker und alles, was ich mache, ist dann schlecht. Ich hätte mich verändert, früher war alles besser. So macht man sich doch maximal unglaubwürdig.

Besonders unbeliebt habe ich mich bei Menschen gemacht, die sowohl Nazis als auch Tempolimits doof finden. Da brennen die Synapsen durch. 2018 gab es eine Diskussion, die die Nation nicht losließ, und dabei ging es ausnahmsweise nicht um die AfD, aber für viele war das Problem fast genauso schlimm, der weiße Mann war wieder mal in großer Gefahr. Man wollte ihm an sein wichtigstes Gut. Das Tempolimit. Die *Bild* titelte: »Was haben wir Autofahrer euch nur getan?« Und auch Ex-Formel-1-Weltmeister Nico Rosberg sah sich genötigt, seinen Geist zu bemühen: »Wir würden ein besonderes Stück deutscher Autokultur zerstören. Die Autobahn ist berühmt in der ganzen Welt und sollte es bleiben.«[2]

Das Top-Argument liefert aber wie immer CSU-Verkehrsminister Scheuer. Ein Tempolimit sei »gegen den gesunden Menschenverstand«.[3] Dabei hatte ich bisher immer angenommen, dass wissenschaftlich längst belegt sei, dass allein die Existenz der CSU gegen den gesunden Menschenverstand ist. Aber Scheuer hatte noch ein Knallerargument parat: Es gehe hier nämlich um die Freiheit. Und das Prinzip der Freiheit habe sich bewährt. Überwiegend Männer, die gerne Dinge tun, die ganz offensichtlich unvernünftig sind, lieben nämlich das Argument: Freiheit! »Aber die Raserei tötet Menschen!« – »Ich lass mir meine Freiheit nicht nehmen!« – Deutsche Polizeigewerkschaft: »Es ist an der Zeit, mit intelligenten Entscheidungen Menschenleben, Gesundheit und Umwelt zu schützen. Geschwindigkeit ist immer noch der Killer Nummer eins auf deutschen Straßen.« – »Aber meine Freiheit!!«

Ich bin der Meinung, dass es besser wäre, wenn Deutschland für seine Vorbildrolle in Sachen Umweltschutz und Sicherheit berühmt wäre, als für seine Autobahnen ohne Tempolimit. Um das zu begreifen, braucht man weder Freiheit noch gesunden Menschenverstand, da reicht ein bisschen Nachdenken schon aus. Das kommunizierte ich auch so, aber den Fans von Herrn Rosberg gefiel das nicht. Übt man an Rosberg und dem Tempolimit Kritik, hört es für einige auf, und sie machen das Gleiche, was sie dem politischen Gegner vorwerfen: Blindes Folgen ohne zu hinterfragen. Auch die öffentlichen Personen sollten ihre leichtfertigen Statements heute mehr hinterfragen denn je. Wie kommt man auf so einen Blödsinn wie Rosberg? Die Faktenlage zum Zusammenhang zwischen Klimaschutz, Toten und Geschwindigkeit ist erdrückend. Dann doch bitte einfach: »Ist mir egal, ich will schnell fahren.« Damit kann ich besser leben als mit Deutschlands Autobahn als Kulturgut der Welt und unabdingbarem Bestandteil unserer Freiheit.

Auch Migranten verhalten sich oft nicht anders, wenn man bei ihnen einen Nerv trifft. Dabei ist es genauso auch Aufgabe der migrantischen Community, sachlich zu bleiben und sich die Mittel der Rechten nicht zu eigen zu machen. Bei der Deutschen Islamkonferenz 2018 gab es ein Büfett, und auf diesem Büfett gab es auch Blutwurst. Und sofort twittert jemand: BLUTWURST! Auf der Islamkonferenz! Das ist respektlos! Das ist eine Provokation! Gerade in der muslimischen Community war der Aufschrei groß. Dabei gab es 13 verschiedene Gerichte auf dem Büfett. Von vegetarisch über vegan bis halal und eben auch Blutwurst. Klar gekennzeichnet. Multikulti ist eben alles nebeneinander. Blutwurst *und* Humus. Ich finde Blutwurst eklig. Aber es zwingt mich auch niemand, sie zu essen. Bisher kam noch niemand zu mir und meinte, du lebst hier in Deutschland, da isst man eben Blutwurst. Iss jetzt gefälligst Blutwurst!

Es hätte zwei Minuten gedauert, zu recherchieren, was dort genau auf dem Büfett stand. Diese zwei Minuten nahm sich aber fast niemand, stattdessen wurde wütend getwittert. Das zeigte, wie übermäßig sensibel wir unsere Debatten führen. Wir alle. Immer aus dem Affekt heraus. Hauptsache, irgendwas rausbrüllen, wenn man emotional betroffen ist. Die digitale Revolution hat zu einer Schnelllebigkeit der Gesellschaft geführt, der noch keine adäquate Gegenbewegung gegenübersteht. Verarbeitung und Kanalisierung dieser Informations- und Meinungsflut müssen noch erlernt werden, genauso auch das Reagieren. Heute liest man eine Nachricht, sieht die Reaktionen, in einem selbst machen sich Meinungen und Empfindungen breit, bis man es nicht mehr aushält und reagiert, fast schon zwanghaft.

Das kann nicht immer gut gehen, weil die natürliche Zeit, die eine jede Reflexion braucht, durch den Zwang des unmittelbaren Handlungsimpulses gehemmt wird. Davor ist keiner geschützt. Dabei gilt doch für alle das Gleiche, auch für die muslimische Community, in deren Blase meine Beiträge häufig auftauchen: Erst informieren und dann sachlich bleiben. Es geht hier um unser aller Glaubwürdigkeit. Fake News und gefährliches Halbwissen sollten wir bitte den Populisten und Radikalen überlassen. Es geht nicht darum, schnell einen Aufschrei zu provozieren. Ich weiß, das gibt Klicks und Shares. Aber so führt man keine sachliche Debatte. Die Deutsche Islamkonferenz gibt es übrigens seit 2006 und schon damals gab es Schinkenschnittchen auf dem Büfett. Damals hat sich keiner darüber aufgeregt. Es gab eben auch noch kein Twitter.

***

Zurück zu Özil und damit zu einem der größten Aufreger des Jahres. Ein Deutschtürke hatte dem türkischen Staatspräsidenten Erdoğan die Hand geschüttelt. Noch dazu ein deutsch-türkischer Fußballer. Ein Fall, der zeigte, wo wir in Deutschland 2018 standen: Im tiefen, tiefen Sumpf des Rassismus, mit vielen Wendehälsen, die bis eben noch gemäßigt wirkten, aber bereit waren, ihrem Türkenhass sofort freien Lauf zu lassen.

Die Debatte um Mesut Özil und das Erdoğan-Foto war nichts anderes als die öffentliche Hinrichtung eines anscheinend immer schon ungeliebten Sohnes. Özil schwieg. Es war falsch. Özil sprach. Es war falsch. Die Kritik an Özil sei doch nur eine sachliche Bewertung der Situation, hieß es. Ein Foto mit Erdoğan muss man doch kritisieren dürfen. Das muss Özil schon aushalten. Und dann suchten alle nach dem selbstkritischen Özil. Bei der Diskussion ging es aber nicht um Selbstkritik und schon lange nicht mehr um ein Foto, sondern um den Hass, der sich darüber ergoss. Das Foto diente nur dazu, diesen Rassismus zu rechtfertigen. Die, die Selbstkritik von Özil forderten, waren selbst nicht in der Lage, selbstkritisch einzusehen, dass sie hier schon längst kein Foto mehr kritisierten, sondern lediglich den Migranten in Özil. Es fielen Sätze wie: »Türkenschwein, hau ab!« Bernd Holzhauer von der SPD postete: »Das vorläufige deutsche Aufgebot zur WM – 25 Deutsche und zwei Ziegenficker.« Der Chef des Deutschen Theaters in München tönte: »Hallo, du Idiot, du hast in der deutschen Nationalmannschaft nichts zu suchen. Verpiss dich nach Anatolien.«[4]

Das ist doch keine Kritik. Morddrohungen gegen Özil und seine Familie sind doch keine Kritik, das ist Hetze. Nichts rechtfertigte diesen Hass. Und nichts anderes kritisierte Özil in seinem damaligen Statement, das so viele gesellschaftliche Befindlichkeiten aufdeckte. Die Causa Özil spiegelte viel in den Seelen der Migranten wider, vorwiegend aber das Gefühl, vermittelt zu bekommen, in Deutschland nicht willkommen zu sein. Der Rücktritt und der Umgang damit waren fatale Zeichen an die vielen jungen Migranten in diesem Land, dass es doch Deutsche erster und zweiter Klasse gibt. Eine unsägliche Debatte, die zeigte, was viele Ausländer und Migranten schon immer gesagt und gespürt haben: Deutschland hat ein Problem mit Rassismus, und Deutschland hat vor allem ein Problem mit seinen Zugezogenen.

Ich sagte damals in meiner Kolumne »Der deutsche Schäferhund« bei *Cosmo*, dem ehemaligen Funkhaus Europa, das aufgrund seiner

Geschichte immer noch viel von Migranten gehört wird, »dass man Mesut Özil für das Foto kritisieren kann, ohne Rassist zu sein. ›Hau ab nach Anatolien, du Türkenschwein‹ gehört nicht dazu. Rassismus ist keine Kritik.« Dafür gab es viel Zuspruch, weil es das ist, was viele Migranten wütend macht, nämlich die Art und Weise, mit Themen umzugehen, das ständige Reduziertwerden auf die Herkunft, die subtil mitschwingenden Beleidigungen. In dieser Debatte war schön zu beobachten, wie der weiße Mann versuchte, dem vermeintlichen Ausländer zu erklären, was Rassismus sei und was nicht. Man solle sich nicht so anstellen. Man sei selbst schuld. Man dürfe sich auch nicht wundern. Sätze, die mich in diesen Tagen erreichten. Wer kann das besser beurteilen als der weiße Deutsche, der dem Rassismus Tag für Tag ausgesetzt ist?

Seit dem Erstarken der Neuen Rechten ist die Schwelle, Menschen rassistisch zu beleidigen, deutlich gesunken. Und zwar von allen Seiten, nicht nur von Anhängern der Neuen Rechten, nein, auch aus der Mitte der Gesellschaft, von den Linken und den Grünen. Rassismus ist keine Frage der Parteizugehörigkeit, sondern der eigenen Einstellung. Seit dem Fall Özil wissen wir das noch genauer als davor: Rassismus ist omnipräsent und er tritt zu Tage, wenn die eigene Toleranzschwelle überschritten wird. Jeder findet da seinen Punkt, auch ich. Rassismus ist kein Problem der Rechten. Ich kenne Menschen, die ganz selbstverständlich die Grünen wählen, sich für Tierschutz einsetzen, aber bei der Wahl der Kita darauf achten, dass es da möglichst wenig Migranten gibt. Das mag auf den ersten Blick nicht rassistisch wirken, ist es aber, denn es bedeutet nur: Ich habe ja nichts gegen Migranten, aber ich muss auch sehen, wo mein Kind bleibt. Und bevor es seine biodeutsche Identität verliert und damit auch die Chance, Teil der Bildungselite zu werden, muss ich dafür sorgen, dass es in eine anständige Kita kommt. Ich kann ihm diese Aufstiegschancen doch nicht mit der Wahl einer migrantisch dominierten Kita nehmen. Sorry, dass die anderen dann baden gehen, aber jeder versucht doch erst mal seine eigenen Schäfchen ins Trockene zu bringen.

Das ist gelebter niedrigschwelliger Rassismus im Alltag, und der ist noch dazu wesentlich nachhaltiger als der Anschlag auf ein Flüchtlingsheim. Ein abgehängter Migrant fühlt am Ende genauso wie ein abgehängter Ostdeutscher. Die Folgen dieses strukturellen Rassismus zeigen sich erst viel später, genauso wie sich die Folgen eines Rechtsruckes erst viel später zeigen, wenn Staatsapparat und Gesellschaft nachhaltig von solchen Menschen durchzogen sind. Das aufzuhalten, ist unsere gemeinsame Aufgabe. Nicht damit sich Migranten und Ostdeutsche besser fühlen, sondern damit wir in einer gleichberechtigten Ordnung friedlich nebeneinander existieren können. Dieser Zuwachs an Abgehängten darf nicht ignoriert werden und vor allem nicht jene, die ihn salonfähig gemacht haben und auf diesem Level halten.

Ich wurde mal gefragt, was passieren müsste, damit ich mich weniger oder gar nicht mehr fremd fühle. Ich sagte, ich müsste in den Iran zurückziehen – um mir dann da anzuhören, dass ich Deutscher sei. Dabei hatte ich in der ganzen Debatte das Glück, Iraner zu sein. Ich will nicht wissen, wie es den Türken erging. Da fällt dann oft der Satz: »Der Iran (oder wenn Sie es etwas romantischer haben wollen, Persien) war ja mal so westlich! Das kann man heute ja noch an vielen Iranern beobachten.«

Nur stellt sich einem dabei immer die Frage, warum ich westlich sein muss, damit ich hier dazugehören kann – und selbst das dann offensichtlich noch nicht reicht. Die Antwort ist einfach: Weil die Öffentlichkeit mit der Fremde nicht zurechtkommt. Im Individuellen mag das funktionieren, nicht aber im Kollektiv. Um damit dennoch leben zu können, sollte man sich dessen immer wieder bewusstwerden und dagegenhalten, damit der Trieb nach Einfarbigkeit nicht weiter erstarkt. Denn das genaue Gegenteil ist der Konsens, den wir für die globalisierte Gesellschaft längst eingegangen sind. Aus dieser Nummer kommen wir nicht mehr raus. Oder wie es mal eine Frau in Buchholz in der Nordheide zu mir sagte, die ich für einen Fernsehbeitrag bat, verschiedene Dinge zu sortieren, die ihrer Meinung nach zu Deutschland oder nicht zu Deutschland gehören: »Wenn ich für Sushi bin, muss ich auch für Kopftuch sein.«

Im Jahr 2018 schaffte es die AfD nicht mehr, sich so medienwirksam zu platzieren wie in den Jahren zuvor. Die Zahl der Flüchtlinge ging zurück, die heraufbeschworene Katastrophe blieb aus, die Bundestagswahl war vorbei, Gesellschaft, Politik und Medien wanden sich zaghaft einem neuen Thema zu: dem Klima. Ein schwieriges Feld für die AfD. Außer den Klimawandel zu leugnen, ein 15-jähriges Mädchen zu beleidigen und gegen sie zu hetzen, kam bisher nicht viel. Die Klientel freut es, sie haben in Greta Thunberg einen neuen Feind. Dieser Feind ist aber nicht so monströs wie der Migrant. Die Bedrohung durch das Klima ist für viele dann doch klarer als die Nichtbedrohung durch Migranten, und so blieb die AfD zurück, sie konnte den öffentlichen Diskurs nicht mehr für sich nutzen. Das brauchte sie jedoch auch gar nicht mehr. Ihren Auftrag hat sie bereits erfüllt. Islamophobie und die Angst vor Migranten reichen so weit, dass immer mehr Menschen ihrer Neigung auch mittels Gewalt Luft machen. Die nahm nämlich immer weiter zu.

Wie tief die Saat der AfD reichte, zeigte sich bei den bayerischen Landtagswahlen. Die CSU agierte getreu Franz Josef Strauß' Credo: »Rechts von der CSU darf es keine demokratisch legitimierte Partei geben!« Diesen Ausspruch tätigte Strauß nach dem Wahlerfolg der REP 1986 in Bayern, und dem wollte man auch heute folgen. 2018 erschien es, als würde es der AfD gar nicht mehr bedürfen, jetzt übernahm das Original. Dobrindt, Söder und Seehofer konnten jetzt zeigen, was sie draufhatten, um Strauß' Diktat umzusetzen. Die AfD konnte sich zurücklehnen und lernen. Es kann nicht noch schlimmer werden? Genau der Trugschluss, der es immer schlimmer werden lässt.

Seehofer

In einem im September 2018 veröffentlichten offenen Brief an Bundeskanzlerin Merkel schrieb ich, dass ich in Sorge um das Land war. Es war ein persönlicher Brief, der genauso gemeint war, wie ich ihn geschrieben hatte. Er kam aus dem Herzen, mit der einzigen Einschränkung, dass es nicht allein meine Sorgen waren, sondern ich sie mit all den Menschen teilte, die mir täglich schrieben. Ich sah es als meine Pflicht an, ihre Sorgen und Ängste mit der Bundeskanzlerin zu teilen und mit dem Stilmittel des offenen Briefs eine gesellschaftliche Diskussion anzuregen, um Lösungen zu finden, damit sich die 25 Prozent Migranten in diesem Land keine Sorgen mehr um ihre Zukunft machen müssten. Die Ereignisse der letzten Monate waren schwer zu ertragen.

Gleich zu Jahresbeginn hatte der Vorschlaghammer der CSU Alexander Dobrindt in einem Gastbeitrag für die *Welt* eine »konservative Revolution der Bürger«[5] gefordert. In Anbetracht der Entwicklung der letzten Jahre war diese Forderung nicht nur absurd, sondern auch gefährlich. Was er letztendlich damit meinte, war nicht genau herauszufinden. Die AfD saß zu diesem Zeitpunkt bereits in 14 Landesparlamenten und zudem seit dem 24. September 2017 als Oppositionsführer im Deutschen Bundestag. Rechtsradikale als Oppositionsführer, bislang undenkbar.

Im Frühjahr kam es zu einer bundesweiten Debatte über die Essener Tafel. Deren Vorsitzender Jörg Sartor hatte mit Premiumbegriffen um sich geschmissen. Er war der Ansicht, dass es unter Syrern und Russen ein »Nehmer-Gen« gebe. Sie hätten keine »Anstellkultur«.[6] Nehmer-Gen. Anstellkultur. Die *Frankfurter Allgemeine Zeitung* sah darin sogar einen Wendepunkt in der flüchtlingspolitischen Debatte. Man wird doch wohl noch sagen dürfen: Deutsche Oma first. Erst zu viele Ausländer, dann wollen sie mehr als andere, dann schubsen sie und jetzt ist es auch noch genetisch. Bei dem Begriff »genetisch« hätte man die Debatte abbrechen müssen. Wurde sie aber nicht, und bis heute zielen diese ganzen »Debatten« darauf ab, irgendwie scheinheilig zu begründen, dass Ausländer anders seien als Deutsche. Damit wurden Sarrazins Thesen neun Jahre später am einfachen Beispiel der »fehlender Anstellkultur durch Nehmer-Gene« revitalisiert. Dass es kein Juden-Gen, kein Polen-Gen, kein Syrer-Gen, kein Vergewaltigungs-Gen und kein Nehmer-Gen gibt, ging in der »Debatte« irgendwie unter. Erschreckend für ein Land, in dem mal Menschen mit verheerenden Konsequenzen nach ihren Genen unterteilt wurden. Doch dieses so harte Vokabular führte zu keinem Aufschrei mehr, die dahinterstehende Ideologie hatte sich wieder verfestigt.

Hätte Sartor gesagt, die passen nicht zu uns, weil sie seiner Meinung nach keine Manieren haben, ich hätte es verstanden. Mein Vater sagt das Gleiche. Dass es bei der Essener Tafel Probleme gab, ich konnte es verstehen. Dass Herr Sartor darüber verärgert war, ebenso. Aber das Vokabular, das er benutzte, war das Vokabular, das auch die Radikalen benutzen, um die Ahnungslosen einzufangen, und das war für meinen Geschmack zu heftig. Darauf konnte man nicht nicht reagieren. Natürlich kam bei mir sofort die Frage auf, was eigentlich passiert wäre, wenn einer dieser Nehmer-Gen-Russen ohne Anstellkultur seinen deutschen Pass gezückt hätte? Was hätte ihn dann von der deutschen Oma, die die *Frankfurter Allgemeine Zeitung* als Erste in der Schlange verortete, unterschieden? Richtig, die Herkunft und damit ein Zwei-Klassen-System mit einem Pass, der in diesem Fall weniger wert war. Und genau das kommentierte die *FAZ* in aller Deutlichkeit:

»Der ›Fall‹ der Essener Tafel ist ein Wendepunkt in der flüchtlingspolitischen Debatte. Der bodenständige Sartor verstand es nämlich während der improvisierten Pressekonferenz ziemlich gut, den Journalisten sein Verständnis von Gerechtigkeit zu erklären. Was soll auch verdammungswürdig daran sein, dass ein privater Verein, angesichts eines Ausländeranteils unter seinen ›Kunden‹ von 75 Prozent, dafür Sorge tragen will, dass sich nun zunächst wieder Nichtmigranten registrieren dürfen?«[7]

Tatsächlich ging es bisher allerdings nur um Menschen mit und ohne deutschen Pass. Von Nichtmigranten war gar nicht die Rede. Jetzt hieß es aber plötzlich, »dass sich nun zunächst wieder Nichtmigranten registrieren dürfen.« Durfte sich also ein Migrant mit deutschem Pass bei der Essener Tafel jetzt registrieren oder nicht? Oder entschied man das da auf Sicht? Ich musste der *FAZ* zustimmen, dass es sich hier tatsächlich um einen Wendepunkt handelte. Denn eines der führenden deutschen Leitmedien unterschied plötzlich nur noch zwischen Ausländern und Deutschen. Migrationshintergrund, Staatsbürgerschaft? Alles egal. Die *FAZ* hat keine Zeit für solche sprachlichen Feinheiten. Sie schreibt, was ihre Leser verstehen oder was sie verstehen wollen: Wer anders aussieht, ist Ausländer. Punkt. Ein Wendepunkt, der zeigte, dass die Rhetorik der Rechtspopulisten in der Tiefe der Gesellschaft angekommen war.

Bei Sartor mag man die Gen-Äußerungen noch als ungeschickt in Schutz nehmen. Die eindeutige Wortwahl der *FAZ* war es nicht. Aber die feiert ihren 70. Geburtstag auch mit Alexander Gauland[8] und heißt damit den von ihm verbreiteten Hass in ihrer »bürgerlichen« Mitte willkommen. Wenn sie dann nur zwischen Ausländern und Deutschen differenziert, ist das keine sprachliche Ungenauigkeit. Die *Frankfurter Allgemeine Zeitung* meint es auch so.

Kurz darauf hieß es nach knapp fünfmonatiger Sondierung: *Habemus Regierung* – mit einem Bundesinnenministerium, das für viele nun einen befremdlichen Zusatz trug: Heimat. In seiner ersten Amtshandlung stellte der frischgebackene Bundesinnenminister Horst Seehofer direkt klar: »Der Islam gehört nicht zu Deutschland«, und die *Bild* hatte ihre Titelschlagzeile für den nächsten Tag, um das Land weiter zu spalten. Genau wie die AfD sprang die CSU ein halbes Jahr vor der bayerischen Landtagswahl auf den Populismuszug auf und sollte ihn vorerst nicht mehr verlassen.

Was damals nicht zur Sprache kam, war, dass dieser Satz ein Schlag ins Gesicht so vieler hart arbeitender Menschen war, die seit Generationen hier leben und sich viel mehr mit Deutschland als mit dem Islam identifizieren. Denn den Glauben eines Menschen kann man meist von außen nicht sehen, seine Herkunft aber schon. Und wenn wir ehrlich sind, hat der Satz »der Islam gehört nicht zu Deutschland« mit Religion wenig zu tun, er soll ganze Bevölkerungsgruppen aufgrund ihrer sichtbaren Herkunft ausgrenzen. Menschen, die dieses Land geprägt haben. Die für wenig Geld die Drecksjobs übernehmen, die Leute wie Seehofer nicht machen wollen. Darüber wurde nicht gesprochen, also stellte sich die Frage, wessen Heimatminister Seehofer eigentlich war? Meiner auf jeden Fall nicht, mich hatte er qua Religion schon ausgeschlossen. Stattdessen beschloss sein Ministerium, mehr landestypische Bräuche zu pflegen. Welche er genau meinte, blieb im Vagen. Die Sorge der Norddeutschen, künftig an bestimmten Tagen Lederhosen tragen zu müssen, war groß. Kurz darauf schenkte Heino als »Heimatbotschafter« der nordrhein-westfälischen Heimatministerin eine Platte, auf der sich auch Musik aus dem »Liederbuch der SS« fand.[9] Er fand daran nichts Anrüchiges. Was denn auch? Dass Markus Söder kurz darauf überall in Bayern Kreuze aufhängen ließ, geriet da schon fast zur Nebensache.

Dann gab es 2018 noch die Geschichte von Sara, die mich bis heute noch sehr bewegt:[10]

Sara, ein 15-jähriges Mädchen aus Essen, sucht nach einer Praktikumsstelle. Sie ist in der 10. Klasse und träumt davon, Konditorin zu werden. Ihre Bewerbungen laufen zunächst gut, am Telefon sind alle sehr freundlich. Als sie sich dann aber persönlich vorstellen will, wird sie in der Konditorei schnell abgewiesen. Man könne sich nicht an ein Telefonat erinnern. Es gebe keine freien Plätze. Bei der nächsten Konditorei dasselbe. Im Anschluss erhält sie eine E-Mail: Sie könne gerne ein Praktikum machen, allerdings nur, wenn sie ihr Kopftuch ablege. Moment mal, was? Eine 15-jährige Schülerin darf kein unbezahltes Praktikum machen, weil sie ein Kopftuch trägt? Richtig.

Sara interessierte sich für einen Beruf, bei dem wie bei den meisten Ausbildungsberufen Personalmangel herrscht. Mehr als 25 000 Stellen in Deutschland sind unbesetzt, und das obwohl es genügend Bewerber gibt. Und dann noch Konditorin. Das ist kein Beruf für faule und träge Langschläfer. Das ist ein Knochenjob, der früh morgens beginnt und alles andere als beliebt ist.

Vor einigen Jahren wäre diese Geschichte wahrscheinlich einfach untergegangen, aber es war 2018 und Saras Bruder postete die Geschichte auf Facebook. Sofort bekam sie daraufhin diverse Angebote von Konditoreien, die sich solidarisch zeigten. Allerdings alles türkische oder arabische. Sara wollte aber das Konditorhandwerk so lernen, wie es in Deutschland Tradition hat. Sie ist hier geboren, deutsche Staatsbürgerin und interessiert sich eben für die traditionelle deutsche Konditorkunst. Es war ein Fall, der jedem Migrationskritiker den Wind aus den Segeln nehmen müsste. Denn hier war niemand schlecht integriert, im Gegenteil. Und trotzdem, ein Kopftuch ist in diesem Land immer noch Grund genug, eine Bewerbung abzulehnen. Denn Schwarzwälder Kirschtorte machen bitte weiterhin nur »deutsche« Konditoren und Konditorinnen, Sara darf nur Baklava. Traurig. An was in diesem Land soll dieses 15-jährige Mädchen denn jetzt noch glauben?

Passend zur Qualifikationsproblematik kürte im September 2018 die Hamburger CDU die türkischstämmige Aygül Özkan zu ihrer Spitzenkandidatin für die Bürgerschaftswahl 2020. Hier im Norden ist Özkan keine unbekannte Frau, schließlich war sie unter Wulff drei Jahre lang Ministerin in Niedersachsen. In Sachsen sah das aber etwas anders aus. Veronika Bellmann von der sächsischen CDU hatte mit der Nominierung in Hamburg so ihre Probleme und sah sich genötigt, sich darüber quer über die Elbe hinweg zu echauffieren. Eine Muslimin in der CDU? Ein absolutes No-Go für die konservative Politikerin, die seit 2002 im Deutschen Bundestag sitzt und schon 2016 ihre Parteikollegen aufforderte, eine Koalition mit der AfD nicht kategorisch auszuschließen. In einem Interview mit dem zentralen Schmierblatt der rechts-konservativen Bewegung, der *Jungen Freiheit*, sagte sie, eine Mitgliedschaft in der CDU sei unvereinbar mit dem islamischen Glauben, auch wenn man diesen nicht praktiziere. »Heute geben sie sich säkular und morgen doch wieder streng gläubig«, unterstellt Frau Bellmann ganz pauschal. Das Einzige, was vielleicht helfen könnte, wäre ein »öffentlich oder schriftlich dargelegtes Bekenntnis zum Grundgesetz«.[11] Noch mal für das Protokoll: Aygül Özkan, in Hamburg geboren, Volljuristin, zwei Jahre Mitglied der Hamburgischen Bürgerschaft, drei Jahre Ministerin für Soziales, Frauen, Familie, Gesundheit und Integration in Niedersachsen. Sie ist ein Vorbild für Millionen Migranten, es nach ganz oben schaffen zu können. Diese Frau sollte, wenn es nach Frau Bellmann geht, öffentlich oder schriftlich ein Bekenntnis zum Grundgesetz abgeben, weil sie sich heute vielleicht säkular geben mag, aber jederzeit den Gottesstaat ausrufen könne. Diese bodenlose Impertinenz kam nicht etwa von der AfD, sondern von der CDU Sachsen. Es war ein weiterer Versuch, selbst gestandene und bestens integrierte Menschen anderer Herkunft oder Religion auszuschließen, sogar unter Parteikolleginnen.

Erst kurz zuvor kursierte ein Video von Pegida in Dresden im Internet. Der Redner sprach über die *Lifeline*, die zu diesem Zeitpunkt mit 234 Flüchtlingen auf dem Mittelmeer unterwegs war. Die Menge skandierte: »Absaufen! Absaufen!« Es folgte die Causa Özil, und schließlich ging im September auch der NSU-Prozess zu Ende. Nun wussten wir, dass wir nichts wussten. Oder vielmehr: nichts wissen sollten. Während das rechte Terrornetzwerk über Jahre hinweg unentdeckt mordete, suchte die Polizei die Schuld bei den Opfern. Warum? Weil sie Ausländer waren. Oder zumindest wie Ausländer aussahen. Die spärlichen Talkshows zu dem Thema brachten schlechte Quoten. Frei nach dem Motto: Rechter Terror in Deutschland? Ist mir egal! Lasst uns über die bevorstehende Islamisierung sprechen.

Dass zehn Morde, drei Sprengstoffanschläge, 15 Raubüberfälle und eine Brandstiftung so überhaupt kein Interesse hervorriefen, jetzt, wo die Taten aufgeklärt waren, und aus der Bevölkerung keine Solidaritätsbekundungen zu vernehmen waren, so wirklich gar nichts, machte mich wütend. Ich dachte daran, was gewesen wäre, wenn nicht Beate zehn Alis getötet hätte, sondern ein Ali eine Beate. Bis dahin hatte ich stets gegen Vorurteile von Migranten gegenüber der Polizei, den Gerichten, dem Staat gekämpft. Ich hatte immer wieder von Grundrechten, von Gewaltenteilung, von der deutschen Demokratie gesprochen, hatte auf unzähligen Veranstaltungen gegen die Theorie, es gebe in Deutschland ein Zwei-Klassen-System, Deutsche und Ausländer, egal was sie für einen Pass haben, angeredet. Nach dem NSU-Urteil musste ich mir eingestehen, geirrt zu haben. Zumindest in Teilen. Während des Prozesses wurde nichts aufgeklärt. Die Polizei, der Verfassungsschutz, die Geheimdienste, der gesamte Staat hatte nach bestem Wissen und Gewissen versucht, alles, was zur wirklichen Aufklärung hätte beitragen können, zu vertuschen. Akten wurden geschreddert und Aussagen verweigert, weil alle wussten, welchen Mist sie gebaut hatten. Was bleibt, ist eine beispiellose Farce in der deutschen Rechtsgeschichte. Ich war immer froh, in einem Land zu leben, an dessen Rechtsordnung ich glauben konnte, das mich im Zweifel geschützt hätte, weil alle gleich sind, nicht wie anderswo, wo einige Menschen gleicher sind. Ab diesem Tag jedoch hatte ich Gewissheit, dass dieser Staat nicht alle seine Bürger gleichermaßen schützte. Und das hieß konkret: Im Zweifel gegen Ali. Lückenlose Aufklärung hatte die Kanzlerin versprochen.

Lückenlos! Mehr Lücke als in diesem Prozess ging gar nicht. Eine Krähe hackt der anderen eben kein Auge aus.

***

Im August tauchte ein Video auf, das zeigte, wie eine Gruppe von Männern einen anderen Mann über eine stark befahrene Straße jagte. Weitere Bilder und Berichte folgten. An deren Echtheit bestand wenig Zweifel. Sie zeigten, wie sich rechtsextreme Demonstranten aus der Menge lösten und Menschen, die sie für Migranten hielten, verfolgten. Es waren Ereignisse, die im Zusammenhang mit dem Tod des Deutsch-Kubaners Daniel H. standen, der kurz zuvor von drei Asylbewerbern tödlich verletzt wurde. Bei den sich daran anschließenden Demonstrationen in Chemnitz hatten vermummte Neonazis das jüdische Restaurant »Schalom« angegriffen. Der Wirt wurde verletzt, die Schaufenster gingen zu Bruch. Die Männer riefen: »Hau ab aus Deutschland, du Judensau!«

Rechte jagen in Ostdeutschland Ausländer und Juden. Es wunderte schon niemanden mehr. Einzig der Verfassungsschutz war skeptisch. Erst traf sich ihr Chef Hans-Georg Maaßen etwas intensiver mit der AfD, dann beschuldigte er die Presse, »gezielt Falschinformationen« verbreitet zu haben, »um möglicherweise die Öffentlichkeit von dem Mord in Chemnitz abzulenken.«[12] Dafür gibt es bis heute nach umfassenden Recherchen überhaupt keine Belege. Es waren Worte, die ich aus dem Mund des Leiters des Verfassungsschutzes nicht hören wollte.

Auch Sachsens Ministerpräsident Kretschmer hatte zu der Sache seine ganz eigene Meinung: »Es gab keinen Mob, es gab keine Hetzjagd, und es gab keine Pogrome in dieser Stadt.« Während Bundeskanzlerin Merkel nochmals wiederholte: »Meine Reaktion ist, dass wir dort Bilder gesehen haben, die sehr klar Hass und damit auch Verfolgung von unschuldigen Menschen deutlich gemacht haben. Von denen muss man sich distanzieren.«[13] Die CDU in Sachsen hatte sich auf das Wort »Hetzjagd« eingeschossen und schaltete eine Werbekampagne auf Facebook. Der Post war mit dem Text versehen: »Noch mal zum Mitschreiben!« In dem dazugehörigen Video, das aus einem 17-sekündigen Ausschnitt aus der Regierungserklärung Kretschmers bestand, sah man über das ganze Bild grün und fett hervorgehoben die Sätze: »Es gab keinen Mob, keine Hetzjagd, keinen Pogrom! Du teilst diese Meinung? Teile das Video!« Dass die mutmaßlich rechtsterroristische Gruppe »Revolution Chemnitz« am 14. September 2018 tatsächlich Menschen mit Migrationshintergrund attackierte, stand indes überhaupt nicht zur Debatte.

Es wurden sechs Männer festgenommen, die verdächtigt wurden, eine rechtsterroristische Vereinigung gebildet zu haben, deren Ziel die »revolutionäre Überwindung« war, und die Anschläge auf »Köpfe der Zivilgesellschaft, die sich für Demokratie, Freiheit und Rechtsstaat einsetzen«[14] verüben wollten, darunter Politiker, Migranten und Journalisten. Um dieses Ziel zu erreichen, hatte sich die Gruppe um die Beschaffung halbautomatischer Schusswaffen bemüht. Warum es der CDU Sachsen in diesem Kontext so wichtig war, zu betonen, dass es keine »Hetzjagd« gegeben hatte, bleibt bis heute ihr Geheimnis.

Mittlerweile liegen dem sächsischen Landeskriminalamt übrigens neue Daten vor. In Chats der rechten Demonstrationsteilnehmer war von einer »Jagd auf Ausländer« die Rede. Herr Kretschmer möchte das allerdings nicht kommentieren. Er hat jetzt andere Probleme: 27,5 % AfD im Parlament.

Es waren die Tage, in denen sich der Bundesinnenminister kichernd zufrieden zeigte: »Ausgerechnet an meinem 69. Geburtstag sind 69 – das war von mir nicht so bestellt – Personen nach Afghanistan zurückgeführt worden. Das liegt weit über dem, was bisher üblich war.« Es waren die Tage, an denen ich dachte, für Deutschland sieht es schlecht aus. Es waren die Tage, an denen der Kriminalitätsbericht der Bundesregierung herauskam, in dem die NSU-Morde aber aufgrund von Formalien fehlten. Meine zahlreichen

Tweets an das Bundesinnenministerium blieben erst unbeantwortet, dann schickte man mir Standardantworten und schließlich gar keine mehr. Es war nach all den kleinen und großen Ereignissen 2018 ein Tag, an dem ich aufhörte, an dieses Land zu glauben. Also entschied ich mich, der Bundeskanzlerin zu schreiben. Ich hatte das Gefühl, handeln zu müssen.

Merkel

Verehrte Frau Bundeskanzlerin, sehr geehrte Bundesregierung,
ich bin in großer Sorge um das Land und die Bevölkerung. Die Stimmung auf der Straße wird zunehmend bedrohlicher. Mich erreichen täglich Dutzende Nachrichten von Menschen, die in Deutschland aufgrund ihrer Hautfarbe, ihrer Religion oder ihrer Herkunft herabgewürdigt werden.
Frau Bundeskanzlerin, mir schreiben Menschen, die auf der Straße beleidigt werden, weil sie eine andere Hautfarbe haben, ich lese von Moscheen und Synagogen, die beschmiert, von Friedhöfen, die geschändet, mir schreiben Menschen, die bei Behörden schikaniert werden, die Angst haben, in was für einem Deutschland ihre Kinder aufwachsen werden. Ich habe das früher oft als Spinnerei und Überempfindlichkeit abgetan, ich habe die Augen selbst vor dem systematischen Rassismus in Deutschland verschlossen. Aber seit den Ereignissen der letzten Zeit, seit der Enthemmung von Teilen der Bevölkerung, seitdem öffentlich »Absaufen! Absaufen!« skandiert wird, LKA-Mitarbeiter bei Pegida mitlaufen, KSK-Einheiten der Bundeswehr den Hitlergruß zeigen, Journalisten durch die Polizei an ihrer Arbeit gehindert werden, der Präsident des Verfassungsschutzes sich zu Verschwörungstheorien hinreißen lässt und der Bundesinnenminister die Migration als Problem bezeichnet, ist es nicht verwunderlich, wenn Menschen mit Migrationshintergrund auch in ihrem Alltag diese Erfahrungen machen. Es schreiben mir Menschen, sie hätten Angst. Ich möchte nicht, dass sie Angst haben.

*Frau Bundeskanzlerin, es reicht nicht mehr, das einfach zur Kenntnis zu nehmen. Wenn die Regierung nicht aktiv handelt, wird sich dieses Feuer weiter ausbreiten. Die Zivilgesellschaft hält schon überall gegen, wo sie nur kann. Seien es die 65 000 Menschen bei #WirSindMehr in Chemnitz, 10 000 Menschen in Hamburg gegen die »Merkel muss weg-Demo« oder zahlreiche andere Beispiele, wo sich die Gesellschaft mutig und kraftvoll gegen Hass und Hetze stellt. Die zahlreichen großen und kleinen Unternehmen, die sich für Vielfalt und Pluralismus aussprechen oder die Künstler*innen, die mit ihren Stimmen gegenhalten. Wir brauchen dabei eine größere Unterstützung, damit die Hasserfüllten da draußen erkennen, dass sie mit ihrem Radikalismus nicht weiterkommen werden. Es braucht die kompromisslose Unterstützung der Bundesregierung. Ich kann sie aber nicht überall erkennen.*

*Der Bundesinnenminister macht uns Menschen mit Migrationshintergrund zum generellen Problem. Er nennt uns die Mutter aller Probleme. Er schlägt den 19,7 Millionen Bürger*innen, deren Eltern mal aus einem anderen Land hierhergekommen sind, ins Gesicht. Er schlägt diesen hart arbeitenden Menschen, die sich zu Millionen nahtlos in die Gesellschaft integriert haben, ihre Steuern zahlen und ihren Anteil zum Erfolg Deutschlands beitragen, ins Gesicht. All den Putzfrauen*männern und Taxifahrern*innen, den Arbeitern*innen, Pflegekräften, Menschen, die in diesem Land die Drecksarbeit übernehmen, den Rechtsanwälten*innen, Ärzten*innen und Ingenieuren*innen, denen in Wissenschaft und Forschung, Universitätsprofessor*innen, Bundestagsabgeordneten, Künstler*innen und Journalisten*innen. Er schlägt ihnen und ihren Kindern ins Gesicht. Er macht sie alle zum Problem. Ich bin aber kein Problem. Und ich lasse es mir auch nicht einreden.*

Frau Bundeskanzlerin, wissen Sie, wir wollten nicht hierher kommen. Ich hatte ein schönes Haus in Teheran, mit Spielsachen und Kinderbüchern. Mit meinen Freunden und meiner Familie. Meine Eltern hatten Arbeit, wir waren glücklich. Wir wollten nicht nach Deutschland kommen, um hier im Asylantenheim zu leben, um keine Arbeits- und

Aufenthaltsgenehmigung zu bekommen. Um jeden Tag Angst zu haben, wieder weggeschickt zu werden. Meine Familie wollte ihr Land nicht verlassen, sie wollte hier nicht die Klos putzen und Taxi fahren. Sie wollte sich nicht beim Sozialamt anstellen und die Hand aufhalten, sie wollten ihre kleinen Kinder nicht aus dem Land nach Hamburg schicken. Aber als Saddams Bomben uns trafen, haben wir uns dafür entschieden zu gehen. Wir kamen nicht hierher, um Deutschland kaputt zu machen. Wir kamen hierher, weil unsere Heimat kaputt gemacht wurde.

Frau Bundeskanzlerin, wir haben uns integriert, wir zahlen unsere Steuern, wir arbeiten, wir sind ein Teil dieser Gesellschaft geworden, mittlerweile in zweiter und dritter Generation. Wir sind dankbar für das, was man uns gab. Wir sind kein Einzelfall. Die überwältigende Mehrheit der Migranten ist so. Aber für Herrn Seehofer sind wir die Mutter aller Probleme. Für ihn werden wir nie dazugehören. Das tut weh. Wie lange soll ich mich noch ducken und dankbar sein? Und wie viele Generationen nach mir? Selbstverständlich lehne ich jede Form von Extremismus ab. Die überwältigende Mehrheit der Migranten lehnt jede Form von Extremismus ab. Jeder Anschlag, jedes Verbrechen, jede noch so kleine Straftat, die von Migranten begangen wird, macht mich unendlich wütend. Ich bete bei jeder Meldung, dass es kein Ausländer war, damit der Hass sich am nächsten Tag nicht wieder gegen uns richtet. Wir sind nicht alle Islamisten, weil ein paar Verbrecher unseren Ruf in den Dreck ziehen. Aber der Bundesinnenminister verurteilt uns alle, weil sich ein paar nicht benehmen können und straffällig werden. Ich kann wirklich nichts dafür, dass sich einige Migranten in Deutschland nicht benehmen.

Wenn am Stammtisch in der Eckkneipe oder bei Facebook in der Kommentarspalte pauschalisiert wird, kann ich das zumindest nachvollziehen. Aber ich kann nicht nachvollziehen, warum der Bundesinnenminister das macht. Ist er denn nicht auch mein Innenminister, mein Heimatminister? Ist Deutschland nicht auch meine Heimat? Ich verstehe nicht, wie sie meine Steuern akzeptieren können, aber nicht meine Persönlichkeit, meinen Glauben und meine Hautfarbe. Selbstverständlich gibt es in Deutschland Probleme. Menschen fühlen sich abgehängt, sie sehen keine Perspektive oder haben Angst um ihre Zukunft, sei es, weil die Rente nicht reicht oder die Angst vor dem Fremden sie lähmt. Selbstverständlich muss man die Sorgen dieser Menschen ernst nehmen. Aber es kann nicht sein, dass diese Sorgen als Deckmantel für Rassismus, Fremdenfeindlichkeit und Rechtspopulismus missbraucht werden. Das Heben des rechten Arms, das Zerstören eines jüdischen Restaurants, das Anzünden eines Flüchtlingsheims sind keine hinnehmbaren Formen der demokratischen Meinungsäußerung.

Frau Bundeskanzlerin, dieses Land wurde gespalten, und zwar nicht nur von blau-braunen Unruhestiftern, sondern mittlerweile von der Regierung, vom Bundesinnenminister, vom Chef des Verfassungsschutzes, von so vielen, die nicht spalten sollten. Das, was hier gerade betrieben wird, ist unverantwortlich. Die AfD sucht den Schulterschluss mit Rechtsradikalen und marschiert mit ihnen Seite an Seite durch Chemnitz und Hamburg. Spitzenpolitiker wie Seehofer und Kretschmer relativieren die Vorfälle in Chemnitz und tragen den Hass offen in die Mitte der Gesellschaft.

Frau Bundeskanzlerin, ich mache mir Sorgen um meine Zukunft, ob ich in diesem Land überhaupt noch eine Zukunft habe. Ich hätte nie gedacht, dass ich diese Sorgen je haben werde, aber ich habe sie jetzt. Wir diskutieren, wann eine Hetzjagd eine Hetzjagd ist, wie viele Ausländer wie lange getrieben werden müssen, damit man von einer Hetzjagd sprechen kann, während bei rechten Demonstrationen in Chemnitz vermummte Neonazis ein jüdische Restaurant angegriffen und »Hau ab aus Deutschland, du Judensau!« gerufen haben. Wie der sächsische Ministerpräsident das bezeichnet, wissen wir nicht. Wir hängen uns gerade an Worten auf, dabei sollten wir uns mit den Taten beschäftigen.

Dieser Staat steht vor einem Scheideweg. Die Ereignisse in Sachsen sind nicht besorgniserregend, sie sind kein Warnzeichen, sie sind nicht alarmierend, sie zeigen, dass der Rechtsstaat in Deutschland in Teilen gescheitert ist und davor ist, weiter gravierend zu scheitern. Menschen skandieren rechte Parolen, zeigen den Hitlergruß, jagen andere Menschen durch die Stadt. Die Polizei schätzt dabei die Situation »falsch« ein. Sie reagiert nicht. Sie schützt die friedlichen Bürger nicht vor Gewalt und Hass. Der sächsische Ministerpräsident sieht in der Arbeit der Polizei kein Fehlverhalten. Im Gegenteil, er findet die Arbeit erfolgreich. Der Bundesinnenminister sieht keine Gründe, sich wirklich zu äußern. In Sachsen ist der Rechtsstaat gescheitert. Nicht seit Chemnitz, aber seit Chemnitz unübersehbar.

Der Haftbefehl gegen die mutmaßlichen Täter von Chemnitz wurde im Internet veröffentlicht. Das zeigt, in wie weit Zuständige wie Justizbeamte innerhalb des Staates den Rechtsradikalismus in Deutschland unterstützen. Es zeigt, dass dieser Staat nicht mehr überall unabhängig agiert. Es zeigt, dass dieser Staat von innen heraus angegriffen wird. Nicht seit Chemnitz, aber seitdem unübersehbar.

Frau Bundeskanzlerin, die AfD bat Ihre Regierung in einer Kleinen Anfrage um eine Aufstellung über politisch motivierte Gewalttaten. Darin fehlen, wie gerade bekannt wurde, die Morde des NSU. Das Bundesinnenministerium verschweigt aktiv die NSU-Morde und -Anschläge. Es sagte dazu, da die Taten des NSU lange fälschlich als Straftaten der organisierten Kriminalität und erst nach dem Auffliegen der Terrorgruppe als rechter Terrorismus erkennbar wurden, müssen sie nachgemeldet werden. Ich habe das Bundesinnenministerium angeschrieben, um zu erfahren, wann das korrigiert werden würde. Man sagte mir dann recht lapidar: »Nachmeldungen und Korrekturen finden nur bis zum 31. Januar des Folgejahres Aufnahme in die jährlichen Statistiken.«

Im Klartext heißt das, dass die NSU-Verbrechen, neun Morde an Migranten, ein Polizistenmord, zwei Sprengstoffanschläge, 15 Raubüberfälle, die durch den NSU-Prozess bewiesen worden sind, der vielfach als wichtigster Strafprozess seit der Wiedervereinigung bezeichnet worden ist, der größte und kostspieligste Strafprozess ist, der in

Deutschland je gegen Neonazis geführt wurde und von Prozessbeobachtern in einer Reihe mit den Nürnberger Prozessen, den Auschwitzprozessen und dem RAF-Prozess gesehen wird, diese NSU-Verbrechen werden in der Aufstellung der Bundesregierung über politisch motivierte Gewalttaten nicht geführt. Das heißt, keiner dieser zehn Morde kommt in der Aufstellung unter »vollendetes Tötungsdelikt – rechts« vor. Auch keiner dieser zwei Sprengstoffanschläge und 15 Raubüberfälle kommt irgendwo vor. Obwohl das Gericht die Taten als erwiesen ansieht und Beate Zschäpe dafür zu lebenslanger Haft verurteilt hat. Als hätte es sie einfach nicht gegeben. Warum verhöhnen Sie damit weiter die Opfer und lassen die AfD damit triumphieren?
Frau Bundeskanzlerin, ich weiß nicht, wohin dieses Land gerade driftet, aber ich habe das Gefühl, dass viele Menschen, die als Staatsdiener neutral und dem Grundgesetz gegenüber verpflichtet sein sollten, dies nicht mehr sind und dieses Land schleichend in Menschen 1. und 2. Klasse aufteilen.
Ich finde diese Verhältnisse untragbar. Ich finde den Bundesinnenminister unerträglich. Den Präsidenten des Verfassungsschutzes halte ich auf allen Ebenen für nicht neutral, genauso halte ich den sächsischen Ministerpräsidenten für völlig gescheitert. Ich finde, Ihre Regierung sollte die demokratische Grundordnung und die Verfassung vor diesen Leuten schützen und endlich handeln.
Frau Bundeskanzlerin, seien Sie bitte auch meine Bundeskanzlerin, die Bundeskanzlerin aller Migranten in Deutschland, aller Menschen, die diesen Hass nicht wollen. Lassen Sie es nicht zu, dass sich die Geschichte wiederholt. Wenn nicht jetzt gehandelt wird, ist es vielleicht zu spät. Bitte hören Sie unsere Rufe. Lassen Sie es nicht zu, dass Menschen in Deutschland ein weiteres Mal aufgrund ihrer Herkunft, ihres Glaubens oder ihrer Hautfarbe erst diskriminiert und dann verfolgt werden. Das, was danach kam, kann ich nicht aussprechen. Aber zu denken, es sei einmalig, ist ein Irrtum. Lassen Sie nicht zu, dass die Erinnerung daran erlischt, und lassen Sie nicht zu, dass es sich wiederholt. Leider ist die Stimme des Hasses momentan lauter, weil wir sie haben

in den letzten Jahren so laut werden lassen. Es ist an der Zeit, das zu ändern. Das Ausland schaut bereits mit Sorge auf uns. Das Bild dieses wunderschönen Landes, mit seinen warmen, liebenswerten Menschen, die mir seit nun mehr als dreißig Jahren eine zweite Heimat bieten, dessen Teil ich heute selbst bin, darf nicht zerstört werden. Deutschland ist schon lange nicht mehr das Deutschland der Nazis, der rollenden Panzer, der Mitläufer und Armheber, es ist ein offenes, buntes und gastfreundliches Land. Es ist ein Land, das in Europa und der Welt als Beispiel vorangegangen ist und Millionen Flüchtlinge aufgenommen hat, während andere die Grenzen geschlossen haben. Daran haben Sie einen großen Anteil und ich danke Ihnen dafür. Es ist ein Land, das mir ermöglicht hat, heute das zu machen, was ich mache. Es ist ein Land der Sicherheit, des Wohlstands und des Friedens. Lassen Sie uns dieses Land aufrechterhalten und nicht zulassen, dass die Extremisten weiter unser Bild prägen.
Ich möchte nicht ein zweites Mal meine Heimat verlieren.
Frau Merkel, #WirSindMehr.
Ihr Michel Abdollahi

Die meisten Zeitungen veröffentlichten den Brief, das *Hamburger Abendblatt* sogar auf der Titelseite, und am nächsten Tag folgten zahlreiche Reaktionen.[15] Neben den vielen positiven waren auch einige Klassiker dabei, die mit den gefühlten Wahrheiten. Ich lasse die nachfolgenden Beispiele unkommentiert, weil sie in ihrer Ambivalenz genau das zeigen, was dieses Buch zeigen soll.

Jedes einzelne Wort …

Jedes einzelne Wort spricht uns aus der Seele! Jedes einzelne Wort ist richtig! Jedes einzelne Wort ist überaus wichtig! Es muss etwas geschehen!

Eckhard und Kriemhild Schmidt

Falsche Einschätzungen

Es ist schade, dass Sie diesem Brief so viel Platz im Abendblatt einräumen. Er strotzt nur so von falschen Einschätzungen. Am gravierendsten finde ich die Aussage, dass sich Millionen nahtlos in die Gesellschaft integriert haben. Das mag im Einzelfall stimmen, aber die meisten sind es nicht und haben auch kein Interesse an der Integration. Ich nutze tagtäglich mehrfach den ÖPNV auch zu späterer Stunde. Was ich in den letzten zwei Jahren an Auseinandersetzungen verbaler und körperlicher Art erlebte, habe ich vorher nicht in 30 Jahren erlebt. Und die Konflikte werden zu 99 Prozent von Migranten oder Flüchtlingen ausgelöst. Viele ältere Menschen in meinem Umfeld haben mittlerweile solche Angst, ab 20 Uhr noch den ÖPNV zu nutzen. Wenn dann besorgte Bürger demonstrieren, sind sie noch lange nicht rechts. Auch da macht es sich Herr Abdollahi wie viele zu einfach. Dieses Land spaltet nicht Herr Seehofer, sondern die Migranten, die sich hier in keiner Weise benehmen wollen und somit die Wut normaler Bürger schüren.

Martin Schmidt

Aus der Seele gesprochen

Der Brief an Frau Merkel hat mich sehr berührt. Er spricht mir aus der Seele, und ich möchte mich bei Herrn Abdollahi ganz herzlich für die Worte bedanken. Ich wünschte, es würden noch viele, viele Menschen so denken und ihre Meinung öffentlich machen.

Hilke Steudel

Wo sind die Müllers?

Ich bin weder Rassist noch fremdenfeindlich eingestellt – auch habe ich überhaupt nichts gegen diesen Herrn Michel Abdollahi. Als verhältnismäßig regelmäßiger Leser Ihrer Zeitung frage ich mich dieser Tage nur immer häufiger, ob es in Deutschland dieser Tage auch noch Personen mit dem Namen Meier, Müller, Schultze oder Schmidt gibt, von denen oder über die man berichten kann?

Erhard Huth

Für ein solidarisches Europa

Ihren Brief an Frau Merkel habe ich sehr interessiert gelesen. Vieles, was Sie berichten, habe ich sogar als deutsches Flüchtlingskind – aus dem deutschen Osten geflohen – selbst erlebt. Wir waren eben anders als die Einheimischen, sprachen einen anderen Dialekt, waren arm, waren eben die Flüchtlinge, und so wurden wir hier im Westen eben auch ein paar Jahre lang behandelt: von den eigenen Landsleuten. Ich habe mich deshalb gefreut, als Frau Merkel die Flüchtlinge ins Land aufnahm und dachte, wir machen es besser als die eigenen Landsleute damals, wir sind schließlich heute Europäer und teilen die Verantwortung für Menschen in Not.

Kathrin Schoop-Souchier

Den Islam skeptisch sehen

Ich bin kein Rassist, und ich hasse Nazis. Weder die Hautfarbe noch die Herkunft eines Menschen sind für mich ein Grund zu Vorurteil oder Ablehnung. Ich habe jedoch im Gegensatz zu Bundespräsident Steinmeier einen Generalverdacht gegenüber Menschen, die dem Islam als Ideologie mit religiösem Anstrich angehören oder nahestehen oder ihn verharmlosen. Gläubige Moslems sind nicht integrierbar und stellen eine viel größere Gefahr für unsere Demokratie dar als AfD-Wähler.

Dr. Rudolf Bossemeyer

Weiter so!

Bravo, Herr Abdollahi, Sie haben zu 100 Prozent recht mit allem. Und die von Ihnen angesprochenen Personen sollten alle sofort ihren Hut nehmen, sie sind nicht mehr tragbar. Berichte wie den Ihren brauchen wir viel mehr. Bitte weiter so und danke.

Hellmut Bein

Mehr Dankbarkeit zeigen

Diese Art von profanen, um Mitleid und Anteilnahme heischenden Beiträgen ohne jegliche Selbstkritik brauchen wir in der aktuellen Diskussion nun gerade nicht. Die Stimmung im Land wäre schon eine ganz andere, wenn die meisten Migranten den einheimischen Bürgern mit Höflichkeit, Respekt und Dankbarkeit begegnen würden. Diese Verhaltensweisen sind leider eher die Ausnahme, aber es handelt sich ja auch hauptsächlich um junge Männer, von denen man so was nicht erwarten kann.

Norbert Schäfer

Unruhestiftern Paroli bieten

Fast immer beginne ich allmorgendlich eine Zeitung von hinten zu lesen – heute las ich zuerst den offenen Brief von Michel Abdollahi an Frau Merkel, der sich in jedem Punkt absolut mit meiner Meinung deckt. Ich bin froh und dankbar dafür, in einem Land leben zu dürfen, in dem es seit mehr als 70 Jahren keinen Krieg mehr gibt, und verstehe durchaus, wenn Menschen vor Krieg, Not und Elend in ihrer Heimat fliehen. In meinem beruflichen Leben wie auch durch langjährige ehrenamtliche Tätigkeit in einem Sportverein lernte ich unzählige Menschen mit Migrationshintergrund kennen, die sich durch fleißiges, ehrliches Arbeiten und auch ein offenes, freundliches Miteinander auszeichnen, denen zu begegnen einfach Spaß bereitet. Es ist in der Tat längst an der Zeit, dass unsere Bundeskanzlerin gemeinsam mit anderen Mitgliedern der Regierung endlich denen klar Paroli bietet, die durch Worte und Taten für Unruhe sorgen und zur »Jagd auf Migranten« aufrufen – auch jenen in der Regierung.

Walter Otto

Bitte Farbe bekennen

Ich stimme Herrn Abdollahi in fast jedem Punkt zu. Es ist traurig und beschämend, was zurzeit in diesem Land passiert. Und es ist richtig, dass die Zivilgesellschaft und die Politik mit aller Macht dieser unsäglichen Bewegung entgegentreten und sie mit allen Mitteln des Rechtsstaats bekämpfen. Viel zu oft muss aber auch die Frage gestellt werden, ob eine Vielzahl der Migranten Deutschland auch als »ihr« Land ansieht oder es nur als das Land sieht, welches ihnen Frieden und soziale Sicherheit bietet. Es ist nicht zu erkennen, dass sich diese Migranten für »ihr« Land starkmachen. Es wäre zu begrüßen, wenn unsere zugewanderten Mitbürger Farbe bekennen und es auch öffentlich bekunden würden.

Peter Steffen

Integration ist schwierig

Auch die Deutschen machen sich Sorgen um ihr Land. Uns hat die Flutwelle der Flüchtlinge überrannt. Ein Teil der Asylbewerber kommt als Wirtschaftsflüchtlinge, ein Teil ist gewaltbereit. Eine Integration der Islamisten ist außerdem sehr schwierig, weil viele unsere Gesetze und unser Rechtsempfinden nicht anerkennen und unsere Regierung damit überfordert ist. Es ist für viele einfach nicht hinzunehmen, sich im eigenen Land nicht mehr sicher zu fühlen.

Anke Schwartz

Viele straffällige Asylbewerber

Der offene Brief von Herrn Abdollahi hat mich betroffen gemacht. In sehr vielen Punkten hat er recht. Auch ich verabscheue den »braunen Mob« und die Parteien, die ihn direkt oder »klammheimlich« unterstützen. In einem Punkt widerspreche ich Herrn Abdollahi aber deutlich: Er spricht von ein paar Asylbewerbern, die sich falsch oder sogar gesetzeswidrig verhalten. Die Tatsache ist jedoch, und das darf auch nicht verschwiegen werden: Prozentual zum Bevölkerungsanteil ist dieser Personenkreis überproportional straffällig geworden, das ist nicht tolerabel. Man kann, auch wenn es viele nicht hören mögen, erwarten, dass derjenige, der Schutz und Hilfe bekommt, dem Gastgeber nicht in die Tasche greift, im Extremfall sogar handgreiflich wird.

Gerd Patzwahl

Deutschland nicht verlieren

Ich kann den Sorgen und Ängsten von Michel Abdollahi in seinem offenen Brief an Frau Merkel voll und ganz zustimmen. Es gab Zeiten, da war ich stolz, ein Deutscher zu sein. Jetzt muss ich mit Schrecken feststellen, wie sich auch meine Heimat in so kurzer Zeit verändert hat. Wenn es ganz schlimm kommt, ist das erst der Anfang.

Volker Schlesiger

Ich hab nichts gegen Ausländer, aber ...

Danke für Ihre Gedanken, aber ich bin dieses Geschwafel leid. Ich brauche keine Selbstkritik zu zeigen, weil ich nichts verbrochen habe. Meine Dankbarkeit zeige ich, indem ich dem Finanzamt brav meine Steuern zahle. Wenn besorgte Bürger neben Nazis stehen, dann ist das bedenklich. Was hat man neben Nazis überhaupt zu suchen, wenn man da nicht dazugehört? Wer sind *die* Migranten, die sich nicht benehmen wollen? Ich? Meier und Müller sind jeden Tag in der Presse, sie schreiben die Artikel oder ihnen gehört die Zeitung, keine Sorge, die kommen nicht zu kurz. Migranten sind übrigens einheimische Bürger. Begegnen Sie dieser Tatsache endlich mit Höflichkeit und Respekt.

Michel Abdollahi

2019

Ein Jahrzehnt Abschaffung

Herkunft I

Menschen wollen einfache Thesen. Je einfacher, desto verständlicher und damit auch endgültiger. Sarrazin hat mit einem Blödsinn wie »Intelligenz ist zu 50 bis 80 Prozent erblich« gepunktet: Dumm ist, wer keine Bildung genossen hat. Gastarbeiter aus der Türkei haben keine große Bildung genossen, sie sind folglich dümmer als andere. Dumme Menschen bekommen dumme Kinder. Folglich sind Türken grundsätzlich dümmer als andere. Fertig.

Dieser These kann man leicht folgen, sie bedarf keiner wissenschaftlichen Vorbildung. Sie erscheint logisch und damit auch irgendwie wissenschaftlich. Der Mensch, der sie anwendet, fühlt sich überlegen, weil er herleitet, vergleicht und seine Schlüsse zieht. Dass die Schlussfolgerung falsch ist, interessierte bald nicht mehr. Wird sie nämlich oft genug wiederholt, wird aus ihr der berühmte »alternative Fakt« und daraus irgendwann eine scheinbar gültige Theorie, die neben der echten wissenschaftlichen Theorie in Kommentarspalten und Talkshows wahrgelogen wird, bis sie von vielen Menschen geglaubt wird.

Heute gewinnt, wer die bessere Kausalkette hat. Wurde früher erst einmal nachgefragt, wird heute gleich hingenommen, zum Beispiel die Hetze der AfD. Das ist meiner Meinung nach falsch verstandene Diplomatie gegenüber einem Akteur, der keiner Diplomatie bedarf. Stellen Sie sich vor, sie sehen gerade die *Sportschau*. Die Gäste reden über die vergangene Bundesligasaison und analysieren, warum

Bayern München wieder deutscher Meister geworden ist, während man Livebilder von der Meisterschaftsfeier auf dem Marienplatz sieht. Einer aus der Runde behauptet aber, Bayern München sei gar nicht deutscher Meister geworden, sondern der HSV. Das ist offensichtlich eine unwahre Behauptung. Der Moderator würde widersprechen, die Gäste würden widersprechen, und wenn der Gast immer noch darauf pochen würde, dass der HSV in Wirklichkeit deutscher Meister sei, würde man das entweder für Satire halten oder den Gast rausbefördern. Niemand würde mit diesem Menschen über seine »Meinung« diskutieren, sie ernst nehmen und versuchen, sie zu verstehen.

Jetzt sitzt da ein besorgter Politiker in einer beliebigen Talkshow und sagt, Türken seien weniger intelligent als andere Menschen. Vielleicht wird widersprochen, vielleicht wird ermahnt, aber nach der dritten Wiederholung wird diese völlig absurde Behauptung als Meinung angesehen, sie wird ernst genommen und es wird sogar versucht, sie zu verstehen. Es wird zugehört. Wenn jemand in seinen vier Wänden glauben will, der HSV sei deutscher Meister, ist das in Ordnung. In der Öffentlichkeit aber haben falsche Informationen nichts zu suchen und ihnen gehört widersprochen. Beim Beispiel Fußball fällt es leicht zu widersprechen. Beim Sarrazin-Beispiel ist es schwieriger. Dabei sind beide Informationen gleich, nämlich falsch. Mit beiden sollte deshalb auch gleich verfahren werden.

Wir haben verlernt zu widersprechen. Ich bin damals recht unbedarft ins Nazidorf gezogen. Ich wollte zuhören und irgendwie auch eine Alternative anbieten. Also hörte ich erstmal zu. Und nickte. Und nickte. Nicken motiviert Menschen dazu, weiterzusprechen, weil sie dann denken, ihr Gegenüber brauche noch mehr Informationen, um ihren Gedanken zu verstehen. Sie werden dann häufig detaillierter, sie verlassen die vorgefertigte Schablone im Kopf und reden freier, sie widersprechen sich selbst und manchmal verhaspeln sie sich, bis der wahre Kern ihrer Aussage zum Vorschein kommt.

Meine erfahrene Kollegin, die mich in Jamel begleitete, sagte mir nach einem Interview: »Du musst widersprechen, wenn etwas offensichtlich nicht stimmt. Du musst sofort widersprechen!« Das war einer der besten Tipps, die ich je bekommen habe. Ich bin ihr dafür sehr dankbar. Ich habe nämlich auch viel genickt, wenn jemand etwas gesagt hat, mit dem ich nicht einverstanden war, ich habe die Meinung oder das vermeintliche Argument hingenommen, als *eine* Meinung eben. Der Rat zu widersprechen hat mir aber die Augen geöffnet und gezeigt, dass es bestimmte Dinge gibt, die hinter der Diplomatie zurücktreten müssen, die eben nicht mehr Meinungsfreiheit sind, sondern Hetze. Seitdem widerspreche ich, wenn etwas nicht stimmt, oder ich frage nach der Quelle. Dabei habe ich festgestellt, dass diese Methode noch wirksamer ist, als zu nicken, da viele Menschen es gar nicht mehr gewohnt sind, dass man ihnen erst wirklich zuhört und dann ernsthaft widerspricht. Unsere Talkshows sind zu schlechten Stand-up-Shows verkommen, in denen die immer gleichen Gesichter die immer gleichen *Gags* raushauen, in der Hoffnung, irgendwer würde damit noch erreicht werden, während ein müdes Publikum die immer gleichen Sätze beklatscht. Mal links, mal rechts. Aber niemand widerspricht. Zumindest nicht deutlich genug.

Mit *Feindliche Übernahme: Wie der Islam den Fortschritt behindert und die Gesellschaft bedroht* hat Sarrazin 2019 noch einmal bekräftigt, wo er steht: Für sein fünftes Buch hat er den Koran gelesen und geschlussfolgert, wie »der Islam den Fortschritt behindert und die Gesellschaft bedroht«. Die Mehrheit der Muslime bedrohe durch ihre »religiös gefärbte kulturelle Andersartigkeit«[1] die offene Gesellschaft, Demokratie und den Wohlstand Deutschlands. Ein Rezensent äußerte sich bei Amazon zu dem Buch folgendermaßen: »Der Spruch ist heute angesagter denn je. Warum hab ich dieses Buch bestellt? Ich habe dieses Jahr selbst alle abrahamitischen Schriften studiert und eine Koranexegese angefertigt und ich wollte schauen, inwiefern meine Exegese sich mit der von Sarrazin deckt. Unüberraschend kommen wir beim Koranauslegen zum selben Ergebnis.«

Am Ende der Rezension dankt er Sarrazin dafür, vom »Recht der Meinungsfreiheit« Gebrauch gemacht zu haben.[2]

Das sind genau die Menschen, die diese Thesen lesen und sich darin widerfinden. Sie klatschen denen Beifall, die sie bestätigen und ihnen beliebige Argumente an die Hand geben, um aus Meinungen Fakten zu machen. Da hat irgendwer die »abrahamitischen Schriften« gelesen und seine »eigene Exegese« angefertigt. Sarrazin verfasst darüber gleich ein ganzes Buch. Und sieh an, beide Meinungen decken sich auf wundersame Weise. Während selbst höchste islamische Gelehrte beim Verständnis des Korans Kommentare hinzuziehen, wie beispielsweise Dscharir Tabaris über 30 Bände umfassende Koranexegese, hat Sarrazin einfach den Koran gelesen und daraus die Essenz gezogen: Muslime sind böse. Punkt.

Irgendwo bewundernswert, diese Stringenz, mit der er weiterhin unverblümt Blödsinn verzapft und das dann »wissenschaftlich« begründet. Stellen Sie sich vor, ich gehe zu einem Richter, der nach zwei Staatsexamina und zwanzig Jahren Berufserfahrung auf seiner Richterbank sitzt, und sage ihm: »Ich habe gestern das BGB gelesen und hier ist meine Auslegung dazu. Ich denke, die stimmt.« Das wäre doch absurd. Den Sarrazins müssen wir genauso wenig zuhören wie den Radikalen der AfD oder den Hasserfüllten auf der Straße. Wir müssen ihre Sorgen nicht ernst nehmen. Wir dürfen es nicht. Sie dürfen keinen weiteren Raum bekommen, nirgendwo. Es braucht für den Umgang mit diesen Leuten keine Anleitung zum Diskurs. Es muss einfach widersprochen werden, und wenn ihr Blödsinn gesetzwidrig wird, muss reagiert werden. »Und die rechte Mitte?«, höre ich rufen. »Was machen wir mit denen? Mit jenen, die wir noch nicht vollständig verloren haben?« In erster Linie müssen wir ihnen aufzeigen, wo sie sich befinden, wo sie mitmarschieren und wen sie damit unterstützen. Und wenn sie drauf pfeifen, dann müssen wir ihnen die gleiche Reaktion zeigen wie den anderen. An einer Partei, die Schüler dazu aufruft, ihre Lehrer öffentlich zu melden, wenn es ihnen nicht passt, was sie sagen, und ihnen dafür

Mechanismen anbietet, die an die Methoden der NSDAP erinnern, muss außer ihrer Gefahr für die Demokratie nichts ernst genommen werden. Wir hätten viel früher damit beginnen müssen.

Christoph M. Schmidt schrieb seinerzeit im *Handelsblatt* über *Deutschland schafft sich ab*, dass Sarrazins Thesen über Muslime und Türken ähnlich stichhaltig seien »wie die Aussage, rote Autos führen schneller, weil sie rot sind« und dass statistische Datensätze und Methoden, die »in falsche Hände geraten, viel Unheil anrichten«[3] können. Ich denke, es wurde seinerzeit verkannt, was für ein Unheil mit diesem Buch provoziert werden konnte. Was dieses Buch anstellen könnte, wurde nicht deutlich genug hinterfragt und so wurde auch nicht deutlich genug widersprochen. *Deutschland schafft sich ab* ist ein Lehrstück für die Anwendung von alternativen Fakten, bei denen man den Teil der Statistik, die einem passt, übernimmt und den Teil, den man nicht mag, weglässt, dabei verfälschte Kausalitäten aufstellt und sich am Ende noch auf die Wissenschaft beruft. Eine Blaupause, die die AfD auf ihre beschränkte Klientel par excellence anzuwenden weiß. Der Islamwissenschaftler und Journalist Thorsten Gerald Schneiders sagte dazu sehr treffend: »Von den Äußerungen Sarrazins geht eine massiv abwertende Beschreibung von Arabern aus, die durch das Buch und die mediale Begleitung Millionen von Menschen in Deutschland erreicht hat.«[4]

Wenn Sarrazin sein Buch nicht vorsätzlich aus rassistischen Motiven geschrieben hat, dann handelte er doch zumindest unverantwortlich und kontraproduktiv, weil er die Rassisten in ihren eigenen Thesen bestätigte, »wissenschaftlich« richtig zu liegen. Das Resultat können wir heute an den Wahlergebnissen ablesen.

Seit dem Erstarken der Neuen Rechten befinden wir uns in der Defensive. Wir, die Anständigen, die, durch die mal ein Ruck gegangen ist, verteidigen, wir greifen nicht an. Dabei hätten wir schon längst die Hoheit über den Diskurs zurückgewinnen müssen, damit sich die Gegenseite verteidigen muss, damit die AfD *uns* widerlegen muss. Ich meine das gar nicht martialisch, sondern im Rahmen der demokratischen Mittel. Stattdessen wird halbgar widersprochen. Christian Wulffs Satz »Der Islam gehört zu Deutschland« und Angela Merkels »Wir schaffen das« sind die beiden wenigen signifikanten Thesen, die die Gegenseite gefordert und gleichzeitig den Migranten das Gefühl gegeben haben, dazuzugehören. Als die Gegenseite mit aller Kraft versuchte, diese Aussagen zu widerlegen, hat sie damit ihren eigenen rassistischen Kern unverkennbar freigelegt. Sarrazins Thesen wurden hingenommen, ihm wurde der Weg geebnet, seinen angeblich wissenschaftlich legitimierten Rassismus in diesem Land zu etablieren. Es hätte ihm nie die Gelegenheit gegeben werden dürfen, seine kruden Theorien und ausgedachten Kausalitäten einer breiten Masse ungefiltert zugänglich zu machen. Die mittlerweile völlig außer Kontrolle geratene deutsche Debattenkultur trägt meines Erachtens eine Mitschuld daran, dass die Neue Rechte so dermaßen erstarken konnte und als Ergebnis die AfD nun in allen Landtagen und im Deutschen Bundestag sitzt. Hasnain Kazim beschrieb die damalige Debatte als »Stammtischgegröle«, man erfinde »sogar eine ›christlich-jüdische Leitkultur‹ und zwingt damit das Judentum zur Komplizenschaft in der Ablehnung gegenüber dem Islam«.[5] Ein Gegröle, das heute politischer Alltag geworden ist und als »Meinung« vom Oppositionsführer abends in der Tagesschau verbreitet wird.

Da war sie wieder, die »Leitkultur«, das Futter der Neuen Rechten, ihr Grundgesetz, das es noch zu formulieren gilt. Friedrich Merz versuchte uns schon 2000 diese Leitkultur aufzudrücken, um den Multikulturalismus abzuwehren – er wurde dafür kritisiert. Jürgen Habermas schrieb damals dazu: »In einem demokratischen Verfassungsstaat darf auch die Mehrheit den Minderheiten die eigene kulturelle Lebensform – soweit diese von der gemeinsamen politischen Kultur des Landes abweicht – nicht als sogenannte Leitkultur vorschreiben.«[6]

Nach Merz, Sarrazin, Flüchtlingskrise und »Wir schaffen das« kramten nun aber insbesondere die AfD, die CSU und die CDU

Sachsen den Begriff wieder hervor. Bei der AfD stand er etwa im Wahlprogramm 2017, als Gegenbegriff zum, natürlich, Multikulturalismus. Als die damalige Beauftragte der Bundesregierung für Migration, Flüchtlinge und Integration Aydan Özoğuz genau diesen Begriff kritisierte, forderte Alexander Gauland, »sie in Anatolien zu entsorgen«. Wenn das die Auslegung der deutschen Leitkultur ist, kann sie mir gerne gestohlen bleiben. CDU/CSU, Merz, Leitkultur, Sarrazin, Leitkultur, Pegida, Leitkultur, AfD, Leitkultur, Gauland, Aydan Özoğuz entsorgen. So schaukelt man sich gegenseitig hoch, frei nach dem Motto: Wer am lautesten schreit, hat recht.

Die Versäumnisse dieser Politik allein auf Sarrazins Buch und seine Wirkung zurückzuführen, würde es indes zu einfach machen. Die fehlende Voraussicht der Politik, was eines Tages mit diesen Gastarbeitern passieren würde, sollten sie nicht in ihre Länder zurückkehren, müssen sich die Regierungen der letzten Jahrzehnte leider gefallen lassen. Sie haben sich jahrzehntelang nicht damit beschäftigt, eine gesellschaftliche Debatte darüber zu führen, wie man die Integration fördern könnte. Aber die geistigen Brandstifter à la Sarrazin nur als Symptom dieser Versäumnisse einzuordnen, würde zu kurz greifen. Es ist die Verfestigung von Vorurteilen, die das Buch nachhaltig so gefährlich macht. Hier werden sehr subjektive Eindrücke als scheinbare Symptombeschreibungen zu vermeintlich wissenschaftlich belegbaren Tatsachen umgedeutet. Diese Manifestierung von Empfindungen ist es, die letztendlich massiv zur Gesellschaftsfähigkeit von rechten Thesen und Meinungen beigetragen hat. Warum sonst bedient sich die AfD so stark dieser Thesen? Sie dienen ihr als eine Art wissenschaftliche Untermauerung ihrer menschenverachtenden Ansichten.

Durch die »Argumente«, die Sarrazin seinen Lesern an die Hand gegeben hat (und gibt), sind vorher nicht tolerierbare Aussagen und Gedanken sagbar geworden und wurden so oft wiederholt, dass sie plötzlich der Mitte zumindest zurechenbar erschienen. Die Verlagerung nach rechts erfolgte, ohne dass es weiterhin eine stabile Mitte gegeben hätte, die als Gegengewicht und Korrektiv hätte fungieren können.

Die Mitte scheint vakant oder zumindest geschrumpft. Die zunehmende Ablehnung, zunächst verbal, später auch mit Gewalt verbunden, führte zu einer verstärkten Stigmatisierung von Migranten insbesondere muslimischer Herkunft. Dass Sarrazin hier nichts initiiert hat, was nicht schon vorher da gewesen wäre, bedarf meines Erachtens keiner großen empirischen Würdigung. Es ist auch nicht wichtig. Zudem braucht man dafür nicht groß forschen. Wer hier forschen will, verkennt die Realität, weil er sich anscheinend nie wirklich mit den Migranten in Deutschland auseinandergesetzt hat. Ausgrenzung und Rassismus waren schon immer ein Teil ihres Alltags, nicht erst seit Sarrazin. Die Migranten haben gelernt, damit umzugehen. Dass es heute nicht mehr reicht, irgendwie »damit umzugehen«, liegt auf der Hand. Wer die Gefahr von rechts verneint, verklärt die Realität und die seit der Flüchtlingskrise, Pegida und AfD in großem Maße gesellschaftsfähig gewordene, verbale wie aktive Gewalt gegen scheinbar Fremde.

Letztendlich hat Sarrazin die Islamophobie und Fremdenfeindlichkeit in Deutschland nicht erfunden. Aber er hat sie in Szene gesetzt, ihr Werkzeuge gegeben und sie aus dem dunklen Keller der eigenen Ressentiments, die man lieber nicht öffentlich zeigen wollte, ins Hauptprogramm geholt. Mit Scheinwerfern und Showtreppe. Für diesen Dienst zollt man ihm in der AfD hohen Respekt. Der stellvertretende Fraktionsvorsitzende der AfD Ronald Gläser bot Sarrazin 2019 an, »mit uns in den Dialog zu treten«, da es nicht zu erwarten sei, dass Sarrazin in der SPD »oder in einer anderen Konsenspartei mit seinen mutigen Thesen« Gehör finde. Gläser ist übrigens auch Autor bei der *Jungen Freiheit*. Nur zur Einordnung: Dieser Ronald Gläser gehörte auch zu dem Kreis, der nach den Vorfällen in Chemnitz 2018 nach dem Tod von Daniel H. den geleakten Haftbefehl gegen einen damals tatverdächtigen Iraker über Twitter verbreitet hatte.[7] Und dieser Gläser möchte nun Sarrazins »mutigen Thesen« weiter Gehör verschaffen. Das untermauert die große Popularität Sarrazins insbesondere in der Neuen Rechten.

Auf die Frage, wie die Gesellschaft mit dieser Spaltung umgegangen ist, schrieb Naomi Bader in der *Zeit* 2018: »Das eine ist, welche Einstellungen Menschen haben. Das andere ist, wer wie den Diskurs bestimmt und wessen Einstellungen zu Forderungen und schließlich gar zu Politik werden.«[8] Wer den Diskurs bestimmt und wessen Forderungen gerade zu Politik werden, danach brauchen wir nicht lange zu suchen. Es ist genau die Frage nach diesem Umgang, die so unendlich wichtig ist, nicht, wer die Debatte initiiert hat. Was haben wir von ihrer Beantwortung? Wie der Diskurs geführt wird und was wir zulassen, ist indes richtungsweisend für unsere Gesellschaft,

Auf der einen Seite muss man den demokratischen Parteien hier vorhalten, selbst schuld an der Situation zu sein, weil sie es versäumt haben, eine weitsichtige Politik zu machen, für ein Problem, das stets sichtbar war, aber nie wirklich angegangen wurde. Ich erinnere gerne noch einmal an das Kühn-Memorandum von 1979. Es war doch nur eine Frage der Zeit, bis jemand kam, um diese Versäumnisse für sich zu nutzen. Das ist jetzt passiert. Man kann natürlich als Optimist den Störer auch als Chance sehen, verkrustete Strukturen aufzubrechen und im Sinne der Bürgerinnen und Bürger eine Politik zu machen, die keine so eklatanten Versäumnisse aufweist, die Menschen in die Arme der Radikalen treibt. Dann müssen halt auch mal Linkspartei und CDU in Brandenburg oder Thüringen entscheiden, ob es nicht besser ist, unüberwindbar geglaubte Differenzen beizulegen, für den Erhalt der Demokratie. Dann gibt es halt ein weiteres Farbenbündnis. Macht was draus. Matteo Renzi sagte dazu in der *Zeit* 2019: »Es muss Schluss sein mit parteiinternen Querelen, aber auch mit der zwanghaften Suche nach Einigkeit. [...] Ich rede von einer neuen Form politischer Gemeinschaft [...].«[9] Man hat aber nichts draus gemacht.

Sehen Sie es mir nach, dass ich der festen Überzeugung bin, dass diese Chance auch in Zukunft nicht ergriffen werden wird. Die Politik wird weiter den bequemen Weg gehen. Statt Gräben zu überwinden, wird sie nach einer (selbstgebastelten) Rechtfertigung suchen und diese natürlich auch finden. Genau das hat die CDU Thüringen nach der Landtagswahl 2019 gemacht. 17 thüringische CDU-Politiker forderten »ergebnisoffene« Gespräche mit der AfD. Erinnern Sie sich noch? Stichwort »bürgerliche Mehrheit rechts«? Statt die Demokratie vor der thüringischen AfD, mit dem Faschisten Höcke an der Spitze, zu schützen, möchten Heym & Co. den von der Linken weit entfernten CDU-Wähler doch lieber mit einer scheinbar koalitionsfähigen AfD zusammenführen, um schlicht auch in Zukunft an der Macht zu sein. Noch widerspricht die CDU-Führung. Noch. Doch weiter darauf zu hoffen, wäre fatal. Deshalb wird die wahre Herausforderung der nächsten Jahre sein, diese Strukturen gleich zu Beginn zu verhindern.

Dennoch befürchte ich, dass es nicht nur bei dieser verdeckten Zusammenarbeit bleibt, sondern es früher oder später auch auf anderer Ebene passieren wird. Ich erinnere dabei gerne an die Anfangsjahre der Grünen. »Ich halte die Parteigruppierungen der Grünen für vorübergehend«, orakelte Klaus von Dohnanyi 1982. Helmut Kohl riet ein Jahr später gar: »Wir müssen die Grünen aussitzen.« Das vehemente Ausschließen der parlamentarischen Zusammenarbeit mit den »gefährlichen« Grünen in den Achtzigern spiegelte sich dann auch zwischen SPD und Linkspartei in den zweitausender Jahren. Das *Handelsblatt* schrieb eine Woche nach der denkwürdigen Bundestagswahl 2005: »Eine parlamentarische Zusammenarbeit mit der Linkspartei schloss Nahles [damals Sprecherin der parlamentarischen Linken in der SPD] strikt aus. Das Wahlergebnis zeige, dass es in der deutschen Gesellschaft eine linke Mehrheit gebe. Im Parlament sei diese linke Mehrheit nicht verwertbar. Ein Einlassen auf die Linkspartei würde die Sozialdemokraten spalten und über Jahre die eigenen Kräfte binden. Ziel müsse es vielmehr sein, verlorene Wähler wieder für die SPD zurückzugewinnen.«[10]

Wie es dann kam, wissen wir alle. Inzwischen sind die Grünen für fast alle Parteien ein beliebter Koalitionspartner, und Linke und SPD gehen wunderbar zusammen. Wird es CDU/CSU und AfD ebenso ergehen? Kramp-Karrenbauer sagte Mitte 2019 über die AfD, dass sie sich nicht vorstellen könne, dass es »jemals« zu einer Zusammenarbeit kommen könne:

»Jemand, der dann sagt, einer solchen Partei kann man sich annähern – egal, ob das Hans-Georg Maaßen ist oder irgendein anderes Mitglied meiner Partei – muss ich sagen: Der soll nur mal kurz die Augen schließen, soll sich Walter Lübcke vorstellen. Der wird nie mehr auf die Idee kommen, dass man mit einer Partei wie der AfD als Christdemokrat zusammenarbeiten kann.«[11]

Kramp-Karrenbauers »jemals« muss man indes schon wenige Monate später mit einem großen Fragezeichen versehen. Teile der CDU in Sachsen schreien bereits nach einem Bündnis, und zwar nicht nur der etwas rechtslastige Ortsverband. Ende 2018 erklärt der sächsische CDU-Fraktionschef Hartmann, er schließe eine Koalition mit der AfD nicht kategorisch aus. Es gibt zahlreiche Annäherungsversuche, insbesondere in Ostdeutschland, auf kommunalpolitischer Ebene, durch Fraktionsgemeinschaften oder in Abstimmungen. Die CDU spricht in diesem Zusammenhang meist von »Unfällen«. Dass diese Zusammenarbeit jedoch keine Unfälle sind, sondern eine schleichende, aber stetige Annäherung beider Parteien, ist längst kein Geheimnis mehr. Frau Kramp-Karrenbauer scheint »jemals« anders zu deuten als der Duden. Der Unterschied zu Grünen und Linken ist nur leider, dass der Faschismus nun mal keinen moderaten Flügel hat. Auf dieses Credo sollten wir uns als Erstes einigen, bevor wir uns an schwarz-blau gewöhnen.

Ende 2019 sagte Alice Weidel über eben jene mögliche Zusammenarbeit: »Manche Gebietsverbände der CDU wollen mit der AfD zusammenarbeiten, der informelle Austausch zwischen AfD und CDU läuft da doch längst«, und: »Die CDU im Osten ist teilweise deutlich weiter, als man in Berlin glaubt. Das können Sie nicht mehr aufhalten.«[12]

Was sich ein wenig wie Wunschdenken anhört, ist tatsächlich gar nicht so weit weg von der Realität. Eingedenk einer AfD, die nach ihrem Bundesparteitag 2019 noch weiter nach rechts gerückt ist* (wenn das überhaupt noch möglich ist), möchte ich Sie inständig bitten, diese Entwicklungen nicht kleinzureden. Sie sind eine Bedrohung für Leib und Leben vieler in unserem Land.

Es wird sicherlich nie einen Konsens darüber geben, was Sarrazin mit seinem Buch letztendlich bewirkt hat. Darauf brauchen wir uns aber auch nicht zu einigen. Es ist aber wohl nicht zu leugnen, dass sein Buch ein ziemlich großes Feuer entfacht hat und er bis heute nicht müde wird, reichlich Öl nachzugießen. In Zeiten, in denen wir besonnene Stimmen der Vernunft bräuchten, liefert er uns in seinem aktuellen Buch das, was er bereits 2009 geliefert hat, nämlich vorwiegend Falschinformationen für jene, die daraus dann ihr Süppchen voller Hass und Hetze kochen. Sarrazin, der Superlativ von Pauschalisierung.

* Auffallend viele »gemäßigte« AfDler verloren auf dem Bundesparteitag 2019 ihre Posten. Mit der Wahl von Scharfmacher Kalbitz in den Bundesvorstand festigte sich der »völkisch-nationale Flügel« in der Partei. Rechtsruck? Keineswegs, versicherte Meuthen, sondern »Ausdruck der Klugheit«, während der abgewählte Gottschalk von einem »deutlichen Rückschlag für das bürgerliche Lager« sprach.

Herkunft II

Bei einer Diskussionsrunde zum Thema »Zuwanderung und Integration« in Wuppertal im September 2019 ging es wieder mal um eines meiner Lieblingsthemen: Warum haben einige Menschen keine Lust, auf die Frage zu antworten: »Entschuldigen Sie, wo kommen Sie eigentlich her?« Es gab einmal mehr viele Teilnehmer, die der Meinung waren, man müsse das aushalten, es sei ja auch gar nicht schlimm. Es sei doch schön, darüber zu sprechen, wo die eigenen Wurzeln sind. Außerdem sei es ja nicht böse gemeint, sondern bezeuge lediglich Neugierde.

Ich habe dann gefragt, was jemand antworten solle, der zwar ausländisch aussehe, aber hier geboren sei. Da kämen doch dann die Eltern von woanders her, und das wolle man nur erfragen, hieß es. Reine Neugier. »Und was ist«, fragte ich, »wenn die Eltern auch hier geboren sind?« – Da kämen doch dann die Großeltern von woanders her, und das wolle man nur erfragen, hieß es abermals. »Und wenn die Großeltern auch hier geboren sind?« Irgendwann hat mein Gegenüber dann aufgegeben, lachte und sagte, das sei doch ein schöner Einstieg in ein Gespräch. Nein, ist es nicht.

Das war wieder einmal eine dieser Diskussionsrunden, in der ich erklärte, dass ich bestimmte Dinge als rassistisch empfinden würde, um mir dann anhören zu müssen, dass ich mich mal nicht so anstellen solle. Genau dieser alte Hut, die Diskussion um diesen einen Satz »Wo kommst du eigentlich her?«, ein Standardthema auf vielen meiner Veranstaltungen, erfuhr Anfang 2019 plötzlich eine neue Dimension. Sie ging viral. Dieter Bohlen fragte ein offensichtlich etwas »ungewöhnlich« aussehendes fünfjähriges Mädchen beim *Supertalent* vor laufenden Kameras, woher es denn käme. »Aus Herne«, antwortete das Mädchen. Das reichte Dieter aber nicht. »Und Mama und Papa? Wo kommen die her?« – »Auch aus Herne!« Das reichte immer noch nicht, und Dieter sah sich gezwungen weiter nachzufassen. »Und Oma und Opa?« Ihr müsst doch woanders herkommen! Aus einem anderen Land. Von den Philippinen? Sag es endlich, Kind, sag es endlich! Du kannst nicht aus Herne kommen. Das Kind wusste es nicht. Es wusste es einfach nicht. Es kam aus Herne.[13]

Ich habe keineswegs die Absicht, Dieter Bohlen irgendetwas zu unterstellen, ich mag ihn und ich bin sicher, dass er wirklich nur neugierig war. Ob die Neugier bei einem offensichtlich mit der Frage völlig überforderten Kind angebracht war, sei dahingestellt. Es geht hier nicht um die Absichten von Dieter Bohlen, sondern um das Problem dieser einen speziellen Frage nach der Herkunft, die sich mittlerweile bei uns verselbständigt hat und die Bevölkerung spaltet. Warum reden wir eigentlich die ganze Zeit über Heimat? Das war früher irgendwie weniger. Ich kann nicht verstehen, warum wir immer herausfinden wollen, wo jemand seine Heimat hat. Das ist nicht wichtig. Man kann viel schönere Dinge über einen Menschen herausfinden, als zu erfahren, wo dessen Heimat ist. Stattdessen immer wieder die Frage nach der Heimat. Wo kommst du her? Wie ist es für dich? Fühlst du dich fremd? Was ist eigentlich der Plural von Heimat? Es reicht mir völlig aus, dass wir ein Bundesheimatministerium haben, das uns den Begriff Heimat definiert, wenn wir es wissen wollen. Aber wer es dennoch ganz genau auch von mir wissen will: Heimat ist da, wo mein Zuhause ist, und zu Hause ist, wo mein Bett steht. Und das steht zufällig in Hamburg.

Der rechts-öffentliche Tenor reichte dementsprechend von »Er hat es sicher nicht böse gemeint« bis hin zu »Wer in China lebt, wird damit auch kein Chinese«. Dabei geht es hier nicht darum, etwas böse zu meinen, sondern um die Ignoranz gegenüber diesem spezifischen Problem der Migranten. Denn der Diskurs beinhaltet unterschwellig auch immer den Vorwurf: »Stellt euch nicht so an.« Genau das degradiert die Migranten gesellschaftlich und führt zu weiterer Ausgrenzung. »Hab dich mal nicht so« ist kein Argument, wenn jemand auf sein Problem aufmerksam macht. Als ich das Thema auf Facebook ansprach, formulierte jemand einen Gedanken dazu, den viele Migranten gut kennen:

»Was ist schlimm daran, nach der Herkunft zu fragen? Mich interessieren andere Kulturen und andere Rassen, finde es aufregend, etwas über diese zu erfahren. Egal wo ich in der Welt war, wurde auch ich immer gefragt. Ich war nie beleidigt oder genervt. Was ist nur so schlimm daran? Es ist doch nicht selbstverständlich, dass eine Person mit offensichtlich anderem Aussehen aus Herne kommt. Schon ein Dialekt oder Akzent weckt mein Interesse für das Woher.«

Die Antwort kam prompt:

»Sie zeigen damit, dass Sie sich mit den Problemen anderer nicht im Geringsten auseinandersetzen können. Vergleiche wie: ich z. B. komme aus Magdeburg und werde deshalb oft auf meinen Akzent angesprochen und sage dann das auch stolz, kann nicht zum Rückschluss führen, dass Migranten, die sich stets ausgegrenzt fühlen, auch stolz sein müssen. Zudem sieht beispielsweise der Heimathorst die Magdeburgerin nicht als Mutter aller Probleme.«

In der Frage nach der Herkunft schwingt immer eine Abgrenzung mit, die nicht damit vergleichbar ist, wenn jemand etwa aufgrund seines Magdeburger Dialekts angesprochen wird. Wäre das Mädchen blond gewesen, hätte es gar keine zwei Generationen zurück führende Nachfrage gegeben. Das ist nämlich der Punkt. Wenn Migranten äußerlich nicht den deutschen Stereotypen entsprechen, wird ihnen durch diese Frage stets bewusst gemacht, dass sie anders sind, was wiederum eine konstante Ausgrenzung impliziert.

Ich möchte deshalb noch einmal den Appell starten, etwas mehr Sensibilität in dieser Sache aufzubringen und eine unschuldig wirkende Frage etwas feinfühliger anzuwenden. Niemand ist verpflichtet, beim ersten Zusammentreffen seine ganze Familiengeschichte zu offenbaren. Vielleicht sollte hier die eigene Neugier mal hinter der allgemeinen Diskretion zurücktreten. Überlassen Sie es doch bitte einfach den Migranten, was sie von sich preisgeben möchten, und erkundigen Sie sich lieber danach, wie sie sich fühlen und was sie sich wünschen, statt das eigene Interesse vornan zu stellen.

Mir ist bei einer rechten Demonstration, die ich für meine Reportage »Im Nazidorf« besucht habe, etwas Ähnliches passiert. Damals fragte ich NPD-Spitzenkraft Doris Zutt, was Heimat sei und ob ich zu dieser Heimat dazugehöre. Sie sagte, ich hätte zwar ein Recht, hier zu leben, aber meine Wurzeln seien woanders. Das sei ein Fehler meiner Eltern, denn sie hätten mich damit entwurzelt. Ich antwortete ihr, dass ich mich gar nicht entwurzelt fühle, sondern sehr wohl. Das sei meine Meinung, sagte sie, denn die Mischung aus beiden Heimaten könne man gar nicht leben. Und dann fiel der interessante Satz: »Jesus ist in einem Stall geboren und ist auch kein Esel.«

Ach, Frau Zutt, ich lebe nun schon ein Weilchen in Deutschland und bin in vielen Dingen deutscher als sie. Wenn man sich ganz viel Mühe gibt und fest dran glaubt, dann gelingt diese scheinbar unmögliche Transformation doch. Millionenfach. Wobei man sagen muss, dass diese »unmögliche Transformation« für, sagen wir mal Schweden, nicht so unmöglich angesehen wird. Irgendwo scheint also eine unsichtbare Grenze zu verlaufen, ab der den Menschen nicht mehr zugetraut wird, dass sie sich transformieren können.

Ich würde es gerne sehen, wenn einer dieser »Untransformierbaren« mal Kanzler oder Kanzlerin werden würde. Diesen Gedanken brachte Unionsfraktionschef Ralph Brinkhaus im März 2019 ein.[14] Er könne sich einen muslimischen Bundeskanzler vorstellen. Ein Muslim als Bundeskanzler? Und dann auch noch von der CDU? Das geht nicht! Kollektive Schnappatmung in weiten Teilen der Union. Dabei sollte doch jede Person in diesem Land Kanzler oder Kanzlerin werden können, wenn er oder sie die entsprechende

Qualifikation mitbringt. Ja, auch eine Schwarze, ein Jude, ein Atheist oder ein Behinderter, jeder und jede und auch die dazwischen. Was macht mich weniger wertvoll als andere, Kanzler zu werden? Warum werden bestimmte Deutsche immer wieder ausgegrenzt? »Du darfst hier zwar mitmachen, lieber Michel, aber bis ganz nach oben? Nein, da fehlt dir leider der richtige Glaube für.«

Ein (Kultur)Muslim als Bundeskanzler: Warum nicht? Weil dieses Land begonnen hat, mit zweierlei Maß zu messen. Schauen wir nach Neuseeland und den Anschlag vom 15. März 2019. Dutzende Menschen werden bei einem rechtsradikalen Terroranschlag getötet und die, die sonst am lautesten schreien, sind jetzt besonders leise: Trump sieht weiße Nationalisten nicht als Gefährdung. Natürlich nicht. Die *Bild*-Zeitung schlachtet das Geschehen mit Bildern und Videos vom Täter medial aus, alles unter dem Deckmantel der Information, und gibt dem Täter damit genau das, was er haben wollte, nämlich die möglichst weite Verbreitung seiner Tat. Und unsere blau-braunen Freunde von der AfD? Tiefes Schweigen.

Ich habe vor einige Jahren mal einen Fernsehbeitrag gemacht. Da ging es darum, wie betroffen man ist, wenn bestimmte Menschen sterben. Hat es was mit ihrer Herkunft zu tun, mit der Anzahl der Toten, wie weit sie weg sind? Das Ergebnis war ernüchternd: Je weiter weg, je fremder die Kultur, desto weniger juckte es die Leute. Genau darum geht es heute. Im Politiker-Blabla wird die Tat standardisiert: Annegret Kramp-Karrenbauer twitterte dazu aus ihrer Phrasenmaschine: Menschen seien gestorben, Anteilnahme, nicht zu rechtfertigen, unerklärlich, und so weiter, und so weiter. Dabei ist sowas ziemlich gut zu erklären, Frau Kramp-Karrenbauer. Ein rechter Terrorist hat Muslime getötet, weil er Muslime hasst und sie töten wollte. Eine Ideologie, die durch die Trumps, *Bilds* und AfDs dieser Welt täglich geschürt, bekräftigt und bestätigt wird. Darüber sollten wir mal sprechen. Über den Hass, den diese Leute säen, über das real existierende Problem des ständig wachsenden rassistischen Hasses.

»Black Man Go Home!« Das sagten zwei Polizisten aus Baden-Württemberg bereits 2016 zu einem senegalesischen Flüchtling. Erst drückten sie ihm bei McDonald's einen Hamburger gegen den Kopf, dann verfolgten sie ihn, hielten ihn fest und verprügelten ihn.[15] Einfach so. Ohne Grund. 2019, drei Jahre später, ist das Gerichtsverfahren beendet, ihre Jobs bei der Polizei dürfen sie behalten. Zuvor war bekannt geworden, dass einer der beiden AfD-Plakate auf Facebook verbreitet hatte, die sich gegen Flüchtlinge richteten. Gegen Asylbewerber habe er aber generell nichts, versicherte der Oberkommissar. Das Gericht folgte der Argumentation.

Kommt Ihnen bekannt vor? Warten Sie, ich habe noch was viel Abenteuerlicheres für Sie, ganz frisch: In Hessen ließ eine Gemeinde Wahlplakate der NPD mit der Aufschrift »Migration tötet« abhängen. Die NPD klagte dagegen. Und gewann. Ernsthaft. Sie gewann! Begründung des Richters: »Der objektive Aussagegehalt ›Migration tötet‹ (ist) eine empirisch zu beweisende Tatsache«! Geradezu ausufernd leitete er sich »historische Wanderbewegungen« für den Untergang des »fremdenfreundlichen« römischen Reichs oder der Inka-Hochkultur her: Aus »historischen Wanderungsbewegungen wird deutlich, dass Migration tatsächlich in der Lage ist, Tod und Verderben mit sich zu bringen. Eine volksverhetzende Äußerung ist hiermit nicht verbunden, sondern die Darstellung einer Realität, die sich jedem erschließt, der sich mit der Geschichte der Wanderungsbewegungen befasst.«[16]

Da sind wir wieder beim Thema Signalwirkung. In Zeiten, in denen Migranten täglich Fremdenfeindlichkeit ausgesetzt sind, reicht all das nicht dafür aus, um wegen Fremdenfeindlichkeit belangt zu werden. Ein Hamburger im Gesicht eines Schwarzen schon erst recht nicht. Es sind genau diese Urteile, die andere dazu beflügeln, ebenfalls tätig zu werden. Polizisten, die Flüchtlinge verprügeln, haben bei der Polizei nichts verloren. Das sieht unser Staat anscheinend anders. »Migration tötet« auf Wahlplakaten ebenfalls nicht. Diese Dinge sind alle irgendwie erschreckend normal geworden.

Kaum ein Tag vergeht, an dem man nicht von solchen Fällen hört. Da braucht die AfD selbst gar keine Skandale mehr zu verursachen. Ihre braune Denke ist überall. Ich bin es leid, immer wieder darüber zu berichten, aber wenn man diesen Vorfall mal googelt, dann finden sich ein paar spärliche Artikel dazu. Sowas darf aber nicht untergehen, es betrifft unsere Gesellschaft. Wir jedoch haben uns daran gewöhnt, der Aufschrei bleibt aus.

Wenn wir über den Rechtsruck in den Behörden sprechen, dürfen wir auch den Bundeswehrsoldaten Patrick J. nicht vergessen, der so viele rechte Umtriebe seiner Kameraden meldete, dass man schließlich versuchte, ihn loszuwerden.[17] Es nervte einfach. Auch bei der Bundeswehr wird man nämlich nicht müde, bei jedem neuen rechten Skandal von bedauerlichen Einzelfällen zu sprechen. Ganz schön viele Einzelfälle, könnte man da so denken, wenn man die Presse der letzten Jahre aufmerksam verfolgt hat. Da gab es den verrückten Fall von Franco A., der sich als Flüchtling tarnte und über einen Anschlag nachdachte, es gab Hitlerbilder auf der Stube, Reichsbürger unter den Soldaten, Nazi-Codes und Sieg-Heil-Rufe, Hakenkreuze bei Instagram, die Liste der Einzelfälle ist lang, sehr lang. Doch die Führung kehrt sie anscheinend lieber unter den Teppich. Immerhin flog dieses Vorgehen im Fall Patrick J. auf und ein Bundestagsabgeordneter schaltete sich ein.

Ich will in diesem Land weder rechte Gedanken in der Bundeswehr noch bei der Polizei, noch in den Gerichten, in den Behörden, noch irgendwo sonst, wo wir Bürgerinnen und Bürger uns auf die Verfassungstreue des Staates verlassen müssen. Wir wollen diese Menschen dort nicht haben. Zudem ist es kein gutes Signal an all jene Soldaten, den Mut aufzubringen, diese Missstände auch weiterhin zu melden. Wir können die rechten Gedanken nicht verhindern, aber sehr wohl, dass diese Gedanken ausgelebt werden. Egal, wo wir einen Verdacht hegen, sollten wir den Mut haben, ihm nachzugehen. Es ist unsere demokratische Pflicht. Das sollte auch die Bundeswehr wissen.

Wem das alles egal ist, wünsche ich, niemals an solche Leute zu geraten. Weder bei einer Demonstration noch bei einer Fahrzeugkontrolle, vor Gericht oder einfach bei McDonald's. Wem das nicht egal ist, sollte sich jetzt dagegenstellen.

Es ist an der Zeit, die Meinungshoheit zurückzugewinnen und den Diskurs nicht länger den Spaltern zu überlassen, sondern zu zeigen, dass Deutschland ein mehrheitlich weltoffenes und tolerantes Land ist, in dem zahlreiche Kulturen friedlich nebeneinander leben. Und da spielt es keine Rolle, ob der Bundeskanzler vor dem Einschlafen in der Bibel, dem Koran oder dem *Kapital* blättert. Dabei gilt es auch, unsere Sprache zurückzugewinnen. Altparteien, Frühsexualisierung, Passdeutsche, Umvolkung, Lügenpresse, Volksverdünner, Volksverderber, Volksgemeinschaft, Volkskultur, Asylkritiker, Korrektheitsterror, Genderwahn, Remigration, Ethno-Deutsche, Ausbreitungstyp, Denkmal der Schande, Vogelschiss der Geschichte, die Liste ließe sich endlos weiterführen, es gibt mittlerweile schon Wörterbücher der Sprache der Neuen Rechten. Begriffe, die oft ahnungslos benutzt werden, ohne dass man hinterfragen würde, wie sie sich in unseren Sprachgebrauch geschlichen haben.

Dabei sind es nicht nur die Rechten, die unsere Sprache heute wieder so sehr prägen. Erinnern Sie sich noch an den rechtsextremen Mordversuch in Bottrop, als ein Autofahrer in der Silvesternacht 2018/19 seinen Wagen in eine Fußgängergruppe steuerte und dabei fünf Menschen zum Teil schwer verletzte? Nein? Der öffentliche Diskus fiel irgendwie mau aus? Empörung Fehlanzeige? Wo blieben eigentlich die Rufe aus Zivilgesellschaft und Presse, sich öffentlich von dieser Tat zu distanzieren? Ach ja, Sippenhaft gilt nur für Ausländer, Nazis sind immer Einzeltäter.

Es ist die Wortwahl im öffentlichen Diskurs, die die Doppelmoral entlarvt. Rechtsextreme *begehen immer Einzeltaten,* eine Tat wie in Bottrop fällt unter normale Kriminalität. Asylsuchende und Migranten hingegen *sind immer gewalttätig.* Da schreit der Staat sofort nach neuen Gesetzen! Klare Kante! Gruppenproblematik! Abschiebung!

Nach der Tat in Bottrop schrie kein Hahn auch nur nach irgendetwas. Denn die Faustregel lautet: Ausländer fährt in Deutsche? Terror! Deutscher fährt in Ausländer? Allgemeinkriminalität! Vielleicht war Seehofer zu viel und zu lang im Internet unterwegs. Oder er glaubt seinen Unsinn einfach. Andere Erklärungen habe ich nicht.

Laut NRW-Innenminister Reul entwickelte der Täter ja aus »persönlicher Betroffenheit«[18] heraus Hass auf Fremde. Da der Attentäter vergessen hatte, »Heil Hitler« zu rufen, kann er somit ja auch kein Rassist sein! Aber wenn einer von uns Schwarzköpfen »Allahu akbar« ruft, dann sind wir alle mit den Terroristen gleich Buddies! Wo der Unterschied zwischen dem Anschlag in Bottrop und dem Anschlag auf den Berliner Weihnachtsmarkt liegt, konnte mir bisher noch keiner erklären. Und was eigentlich ist, wenn die ganzen Islamisten in Zukunft nicht mehr »Allahu akbar« rufen, ob das dann auch unter »Allgemeinkriminalität« fällt, weil das Motiv fehlt, auch nicht.

Wir werden niemals in dieser Frage weiterkommen, wenn wir das Problem Rassismus nicht auch von ganz oben klar benennen, verurteilen und bekämpfen. Liebe Rechtsterroristen, bitte in Zukunft unbedingt »Heil Hitler« rufen, sonst können wir die Taten nicht eindeutig zuordnen!

Es sind doch nur Worte, heißt es oft, wenn ich Hetze als solche benenne. Die Wirklichkeit ist aber nicht losgelöst von der Sprache. Ebenso wie das Undenkbare wieder denkbar wurde, ist das vermeintlich Unsagbare wieder zu einem Gegenstand gesellschaftlicher Diskussion geworden. Sei es eine mögliche Koalition mit der AfD, die Leugnung des Holocausts, die Verharmlosung des sogenannten »Dritten Reichs« oder die Aufteilung der Gesellschaft in wertvolle und weniger wertvolle Menschen. Eigentlich Undenkbares, oder zumindest Unsagbares, ist ziemlich schnell wieder Teil der gesellschaftlichen Wirklichkeit geworden.

Der Auschwitz-Überlebende Noach Flug sagte:
»Die Erinnerung ist wie das Wasser: Sie ist lebensnotwendig und

sie sucht sich ihre eigenen Wege in neue Räume und zu anderen Menschen. Sie ist immer konkret: Sie hat Gesichter vor Augen, und Orte, Gerüche und Geräusche. Sie hat kein Verfallsdatum und sie ist nicht per Beschluss für bearbeitet oder für beendet zu erklären. Auch deshalb wollen wir als Opfer und sollen wir als Opfer nicht vergessen werden. Auch die heutige und die zukünftige Welt müssen wissen, wie das Unrecht, die Sklaverei der Zwangsarbeit und der Massenmord organisiert wurden und wer die Verantwortlichen dafür waren. Dies soll immer wieder dokumentiert und den jungen Menschen erklärt werden: Zur Erinnerung an uns und unsere ermordeten Angehörigen und zu ihrem Schutz in ihrer Zukunft. Diese Erinnerung an unser Leid und an die Verbrechen der Nationalsozialisten soll deshalb auch zukünftig ein zentraler Aspekt der großen Menschenrechtsdebatte sein, die weltweit geführt wird.«[19]

Der Holocaust ist kein Vogelschiss in der deutschen Geschichte. Der Holocaust ist auch kein Problem der Deutschen, sondern der Menschheit. Er kann jederzeit wieder stattfinden. Allein aus dieser Verantwortung heraus dürfen wir es nicht zulassen, dass irgendwelche Leute den Faschismus zurück in unsere Gesellschaft tragen. Aber so einfach ist es nicht, denn der Faschismus klopft nicht unvermittelt an die Tür, er kommt langsam. Die aktuelle Unterwanderung durch die AfD wirkt tief und sie sitzt überall. Ihr Gift wirkt schleichend, und wenn es einem auffällt, ist es oft zu spät. Zumindest ist es wesentlich schwerer, die Entwicklung wieder rückgängig zu machen. Wenn Menschen mit diesen Gesinnungen erst einmal auf ihren Posten sitzen, dann können sie ihre Denke still und langsam in die Strukturen des Staates einweben, ob in der Justiz, der Verwaltung oder der Polizei. Es ist bereits geschehen, wie wir an den genannten Beispielen erkennen können. Die, die wir heute sehen, waren früher auch schon da. Sie versuchen mit allen Mitteln, die Hoheit zu gewinnen. Sie fordern Waffen, schärfere Gesetze und Grundrechtsbeschneidungen. Es ist ein fataler Irrglaube anzunehmen, dass sie dafür in den Parlamenten die absolute Mehrheit brauchen.

Ich ziehe Parallelen aus dem sogenannten Dritten Reich ungern als Vergleich hinzu, aber die Machtergreifung fand nicht mit der absoluten Mehrheit statt, sondern mit gut einem Drittel der Stimmen für die NSDAP. Nach den Landtagswahlen 2019 in Ostdeutschland hieß es so schön, dass die Demokratie gewonnen hätte. Die Wahlbeteiligung sei nämlich überall gestiegen, in Thüringen war sie sogar so hoch wie seit 25 Jahren nicht mehr. Wer profitierte davon am meisten? Die AfD. Sie kam auf 259 000 Stimmen, davon 81 000 (!) ehemalige Nichtwähler. Es ist ein Witz, wenn sich die Politiker dann am Wahlabend hinstellen und schwadronieren, die Demokratie hätte gewonnen. Wenn Menschen, die bislang nicht gewählt haben, mehrheitlich die AfD wählen, dann doch lieber eine niedrige Wahlbeteiligung. Oder wo waren all die anderen? Wo waren die Demokraten? Warum sind sie nicht wählen gegangen? Oder gibt es sie gar nicht? Die NSDAP errang in den Dreißigern ihre Sitze nicht, weil man sie wählte, sondern weil man die anderen *nicht* wählte.

Die CSU hat sich mittlerweile wieder beruhigt, in Bayern stehen erst mal keine Wahlen an, da kann man die Wähler auch wieder vergessen. Das sind die Mechanismen der Politik, die die Situation so brandgefährlich machen. Die Antidemokraten hingegen hören nicht auf, sie legen nach. Was die AfD da macht, folgt einer klaren Strategie, es ist kein unkontrolliertes Poltern. Ihr Ziel ist es, dass wir den Durchblick verlieren. Das will die AfD erreichen oder besser: sie hat es bereits erreicht.

Und liebe Frau Zutt, wissen Sie was? Ich lebe gerne in zwei Kulturen. Es bereichert mein Leben und es erfüllt mich mit Freude. Ich lasse mir das von einem Neonazi nicht verbieten.

Heutzutage bin ich übrigens stolz, nordafrikanischer Syrer zu sein. Es macht mir nichts mehr. Wissen Sie, was ich bisher nicht wurde?

Herkunft III

Ich war schon immer ein politischer Mensch. In Anbetracht der Situation in Deutschland und Europa sehe ich mittlerweile aber meine Aufgabe noch darüber hinausgehen. Insbesondere als jemand, der in der Öffentlichkeit steht, will ich auf gesellschaftliche Probleme aufmerksam machen. Dazu gehören auch Auftritte in Talkshows. Solange sich dort ein nettes Geplänkel über irgendwas Bedeutungsloses entwickelt, ist die Welt in Ordnung. Dann bekomme ich Nachrichten wie: »Super Typ! Bist mir sympathisch!« oder »Das nenne ich gelungene Integration! Wünschte, alle wären so!«, um mal zwei Beispiele zu nennen. Irgendwann habe ich angefangen, mir Gedanken darüber zu machen, was gute Integration überhaupt heißt. Dass ich gut Deutsch spreche? Mich ordentlich kleide? Auch mal ein Bier trinke? Auf den Weihnachtsmarkt gehe? Bratwurst esse? Goethe zitieren kann? Die Mittagsruhe einhalte? Was davon macht mich in den Augen der Biodeutschen zu einem guten Migranten?

Wenn ich Biodeutscher wäre, dann wären alle Punkte obsolet, bis auf die Mittagsruhe. Die ist nämlich Gesetz. Als Biodeutscher muss man keine Bratwurst essen und auch nicht Goethe zitieren können. Man muss sich nur ans Gesetz halten. Ansonsten kann man ein Arschloch sein. Bei Migranten ist das etwas anders. Da reicht es nicht, sich ans Gesetz zu halten. Da muss man aktiv mehr machen. Spricht die biodeutsche Familie zu Hause mit ihren Kindern Deutsch und Französisch, dann heißt es: Toll, das Kind wächst zweisprachig auf! Spricht die Migrantenfamilie zu Hause mit dem Kind Deutsch und Türkisch, heißt es, sie seien integrationsunwillig. Jetzt sagen sicher einige: Ja, ja, aber die Türken, die sprechen zu Hause nur Türkisch. Na und? Was wäre, wenn die Biodeutschen zu Hause nur Französisch sprächen? Die Schlussfolgerung wäre immer noch dieselbe. Die Gesellschaft verlangt von den Migranten immer etwas mehr. Dabei ist es egal, ob man zu Hause nur Türkisch spricht und Falafel isst oder ob es jeden Tag Knödel gibt und die ganze Familie Deutsch spricht. Es ist egal. Es hat nichts mit Integration zu tun.

Wer in diesem Land leben will, muss sich nur an Recht und Gesetz halten. Nicht mehr und nicht weniger. Wenn er in seinem Kopf Nazi oder Islamist ist, dann ist das zwar nicht schön, solange der Mensch aber die freiheitlich-demokratische Grundordnung nicht untergräbt, ist das seine Sache. Denn genau diese Grundordnung garantiert ihm, denken zu dürfen, was er will. Aber auch hier wird mit zweierlei Maß gemessen. Während der Islamist als existenzielle Gefahr angesehen wird, wird der Nazi bagatellisiert. Obwohl beide auf eine ähnliche Art gegen das System arbeiten, gehört der, der aus dem eigenen Kulturkreis dagegen kämpft, irgendwie doch mehr dazu als der Kulturfremde. Das ist nicht nur paradox, das unterteilt unsere Gesellschaft auch in zwei Klassen.

Wenn die Stadt Koblenz versucht, den Burkini zu verbieten, weil darunter »anstoßerregende Krankheiten« nicht zu sehen seien, dann ist das ein Armutszeugnis. Ein knapper Bikini ist erlaubt, ein Ganzkörperbadeanzug aber nicht. Was will uns Koblenz damit wirklich sagen? Achtung, Mutmaßung: Frauen, die nackte Haut zeigen: ja bitte! Andere, nein danke? Oder wie ein Mensch seinen Glauben zu glauben hat? Es sollte doch jedem selbst überlassen sein, wie er oder sie ins Schwimmbad geht. Außer nackt natürlich. Das darf man nicht. Burkini ist also das Gleiche wie nackt öffentlich baden. Ich gehe jede Wette ein, dass nie über ein Verbot nachgedacht worden wäre, wenn der Burkini eine westliche Modeerscheinung gewesen wäre. Dann hätte man auch keine »anstoßerregenden Krankheiten«

erfunden. So ist er aber scheinbar das Symbol der unterdrückten Frau im Islam, und das kann die Stadt Koblenz nicht hinnehmen. Hier wird die eigene Auslegung des Grundgesetzes am Beckenrand verteidigt. Paradox, wo das Grundgesetz doch gerade die freie Ausübung der Religion garantiert. Kommt es aber zu den vermeintlich komischen Sitten und Bräuchen der Migranten, wird munter eingeschränkt. Jeder kann baden, wie er will, solange so gebadet wird, wie wir es sagen.

Wenn ich solche Gedanken öffentlich äußere, in Talkshows etwa, dann bin ich plötzlich nicht mehr so gut integriert. Dann bin ich überheblich und arrogant. Dann bin ich belehrend und im Herzen wahrscheinlich ein verkappter Islamist, der überhaupt nicht verstanden hat, wie das hier läuft. Während die Pflichten uneingeschränkt auch für mich gelten, so gelten die Rechte doch nur eingeschränkt. Sofort wechseln auch die Kommentare. Vom gut integrierten Migranten zum integrationsunwilligen Ausländer: »Ich lass mir von einem arroganten Arschloch nicht sagen, wie ich zu leben habe. Islam, nein danke.«

In der *Zeit* erschien 2018 ein Artikel zum Thema Alltagsrassismus, in dem ein Betroffener Folgendes schilderte: »Ich muss mich immer von meiner besten Seite zeigen. Komme ich einmal zu spät, dann wird es noch Jahre später heißen: Die Schwarzen kommen immer zu spät.«[20] Jemand kommentierte dazu bei Facebook: »Ja, ich muss mich auch immer von meiner besten Seite zeigen, wenn ich etwas erreichen will. Wenn ich den Menschen erzähle, dass ich aus Kroatien komme, fragen die mich auch immer, wo man da am besten Urlaub machen kann. Ja, mein Gott. Und nun? Rassismus? Gerade gestern (vorgestern?) einen Bericht von Isabel Schayani gesehen. Sie war in einem riesigen Flüchtlingscamp in Kenia. Da wollten die Menschen auch ihre Haare anfassen, weil sie (die Haare) so anders sind. Das nennt sich Neugier.«

Dabei ist es ist ein Unterschied, ob man in ein Land reist, wo die Menschen womöglich noch nie einen Weißen gesehen haben und die Kinder dann neugierig sind oder ob man in einer multikulturellen und aufgeklärten Gesellschaft aufwächst und trotzdem immer wieder erklären muss, wo man denn herkommt und man zu hören bekommt, dass es doch nur Neugierde sei, wenn Wildfremde einem durch die Haare wuscheln.

Ein Schwarzer erzählte mir mal von seinem Erlebnis bei einem Casting für eine Statistenrolle. Er stellte sich vor die Entscheider und wurde sehr genau gemustert. Dann entbrannte eine Diskussion über seine Hautfarbe. Der Regisseur wandte sich an seinen Kollegen und sagte: »Ich finde, der ist zu dunkel. Ich würde sagen, das ist zartbitter. Ich suche aber mehr nach Kaffee. Oder würdet ihr jetzt sagen, das ist schon Kaffee?« Er ist dann wortlos gegangen, unter den staunenden und unverständlichen Blicken der Leute.

Vieles mag Neugier oder Unbeholfenheit sein, das ist bis zu einem gewissen Level auch in Ordnung. Aber mit Blick auf die recht offene und aufgeklärte Gesellschaft, in der wir leben, ist diese Fragerei eben für Menschen, die zudem auch noch hier geboren und aufgewachsen sind, eine Kategorisierung und damit einhergehende Reduzierung auf etwas, wovon sie sich nicht lösen können, weil sie ihre Haut eben nicht abstreifen können. Die »Neugier« auf der einen Seite führt zu einer ständigen Belastung auf der anderen Seite. Abgesehen davon ist es nicht in Ordnung, schwarzen Menschen durch die Haare zu fassen, um zu schauen, »wie es sich anfühlt«, oder ihre Hautfarbe nach der Schokoladenpalette von Ritter Sport einzuordnen. Das hat nichts mit Neugier zu tun. Das ist Rassismus. Wer das anders sieht, muss sich damit abfinden, dass er ein Rassist ist.

Die Realität ist nämlich nach wie vor, dass Teile unserer Gesellschaft weiterhin versuchen, Rassismus zu verdrängen oder zu bagatellisieren, indem sie die Schuld bei vermeintlichen Befindlichkeiten der Opfer suchen. Oder etwas drastischer formuliert, muss ich leider sagen, dass ich in einem Land lebe, in dem ich oft nur geduldet bin, solange ich mich benehme. Wobei Benehmen hier von der Gesellschaft definiert wird und nicht vom Gesetz. Ich bin Deutscher zweiter Klasse, immer auf dem Schleudersitz, immer in Sippenhaft, immer verantwortlich für das Schlechte, nie für das Gute. Denn das Schlechte, das liegt in den Genen, das Gute, das ist der Einzelfall. Das ist ein Gefühl, das von der Öffentlichkeit aktiv vermittelt wird, im Kollektiv, subtil, aber immer im Hintergrund mitschwingend. Will ein Rechtsextremist in Halle eine Synagoge stürmen und die Menschen dort töten, dann reden wir immer noch von Einzelfällen und Unschuldsvermutung. Sprengt sich irgendwo ein Islamist in die Luft, ach vergessen Sie es.

Wir haben ein Problem in diesem Land, das nicht gelöst wird, solange wir nicht akzeptieren, dass zur Integration immer zwei Seiten gehören. Doch die eine Seite verweigert sich, und darauf reagiert die andere Seite mit Trotz. Manchmal kann man da nur resignieren, wenn man diesem Zwei-Klassen-System, diesen ständigen Herabwürdigungen, dem Hass, der einem überall ins Gesicht schlägt, nicht mehr gewachsen ist. Es muss aufhören, Migranten immer in der doppelten Bringschuld zu sehen. Die Gesellschaft sollte sie als einen Teil ihrer selbst akzeptieren. »Der Islam gehört nicht zu Deutschland« und »Die Migration ist die Mutter aller Probleme« sind keine dafür förderliche Unterstützung von Bundesinnenminister Seehofer. Niemand verlangt, dass Unrecht hingenommen wird, aber die Millionen friedlicher, ganz normaler Menschen, die hier leben und zufällig andere Wurzeln haben, müssen, ohne die tagtägliche Bürde, sich immer wieder aufs Neue beweisen zu müssen, als Teil der Gesellschaft akzeptiert werden. Dabei sollte immer wieder daran erinnert werden, dass es für Menschen ohne Migrationshintergrund wirklich nicht mal im Ansatz zu erfassen ist, welchem Maß an Hass, Hetze und Ausgrenzung Migranten jeden Tag ausgesetzt sind. Und nein, ich gehe nicht in mein Land zurück, wenn es mir hier nicht gefällt. Ich bin hier nicht Gast. Ich bin hier zu Hause. Ich möchte mich unbeschwert beschweren dürfen, ohne dabei immer gleich das Land verlassen zu müssen. Doch sagen, was falsch läuft, gilt als undankbar und arrogant. Nur der Vietnamese in der

DDR ist gut. Zurückhaltend und demütig, wie es der Klappbrille gefällt.

Mir hat neulich jemand nach einer Rede zum hundertjährigen Jubiläum der Volkshochschule in Hamburg, in der ich auf diese Missstände aufmerksam gemacht habe, gesagt, ich würde die Welt zu negativ sehen. Mir seien doch sicher auch gute Sachen passiert in meinem Leben. Deutschland hätte mir doch auch ganz viele Chancen ermöglicht. Warum ich mich denn nicht darauf konzentrieren würde, auf das Positive. Das ist ein Argument, das ich in letzter Zeit häufiger höre. Im Klartext heißt es: Du bist hier in unser Land gekommen, und statt dankbar zu sein, schreist du hier rum, alles sei schlecht. Meine Dankbarkeit zeige ich damit, dass ich es nicht hinnehme, wenn Verfassungsfeinde und Rassisten dieses Land kaputt machen. Meine Dankbarkeit zeige ich damit, dass ich nicht aufgebe, die Werte der Verfassung vor diesen Leuten zu verteidigen. Solange in Teilen dieses Landes Rechtsradikale über 25 Prozent der Stimmen holen, ist es sehr gefährlich, sich auf das Positive zu konzentrieren.

Das Positive, das ich sehe, ist, dass die überwältigende Mehrheit der Menschen in diesem Land sich immer denen entgegenstellt, die voll sind von Hass, voller Vorurteile und Gewaltbereitschaft. Digital und real. Ich bin der Überzeugung, dass diese Arbeit sich letztendlich lohnen wird, dass die zahlreichen Aktionen der Zivilgesellschaft, der Vereine und Ehrenamtlichen nicht vergebens sind, die Einstellung immer wieder aufs Neue mit Argumenten und durch Aufklärung friedlich, aber bestimmend zu beeinflussen. Sie verhindern jeden Tag aufs Neue eine weitere Eskalation. Es ist das starke zivilgesellschaftliche Engagement der Menschen in Deutschland, das Schlimmeres bisher verhindert hat, trotz aller Bemühungen von rechts, dieses Land ins Chaos zu stürzen. Menschen, die sich neben ihrer Arbeit tapfer und selbstlos für eine bunte, pluralistische Gesellschaft einsetzen, in dem Wissen, dass ihnen und ihren Familien Repressalien drohen könnten.

Beispiele dafür gibt es genug, von Verleumdungen oder Drohungen, wie der Nachbildung eines Sturmgewehrs, das der sächsische Wirtschaftsminister und SPD-Landeschef Martin Dulig im Juni 2019 an seine Privatadresse geschickt bekam oder dem Drohbrief an die sächsische Ministerin für Gleichstellung und Integration Petra Köpping, in dem ihr im August 2019 angedroht wurde, »die Kehle durchzuschneiden«, über Gewaltattacken wie gegen den Bürgermeister von Altena, Andreas Hollstein im Juni 2017, dem der Angreifer vorwarf: »Sie lassen mich verdursten und holen 200 Flüchtlinge nach Altena«, um ihm dann ein Messer an den Hals zu halten, bis hin zum Mord an Walter Lübcke, um nur einen exemplarischen Einblick in die Abgründe des Hasses zu zeigen. Der Präsident des Deutschen Städtetages Burkhard Jung sprach 2019 von im Schnitt drei politisch motivierten Angriffen gegen politisch Verantwortliche in Deutschland pro Tag! Die Morddrohungen gegen die Bundestagsabgeordneten Cem Özdemir und Claudia Roth, denen die neonazistische »Atomwaffen Division Deutschland« mitteilte, ihre Namen stünden ganz oben auf ihrer Abschussliste, sorgt gerade bundesweit für große Reaktionen, während ich dieses Buch schreibe.

Es ist eine mühsame, kräftezehrende und gefährliche Arbeit, für die ich großen Respekt hege. Es ist dieses Engagement, das mich hoffen lässt, auch weiterhin in unserem wunderschönen Land ein friedliches Miteinander zu leben. Wenn diese Anständigen sich nicht erheben und diesen enthemmten Irrläufern eine echte Alternative bieten, statt nur zu protestieren, dann haben wir ein Problem. Doch solange sich mit Zivilcourage gegen Fremdenfeindlichkeit und Hetze gestellt wird und andere Wege aufgezeigt werden, weil Menschen an unser System glauben, weil sie an unsere demokratischen Werte glauben, weil sie bereit sind, sich selbstlos einzusetzen, dann haben wir hervorragende Chancen, die Probleme zu meistern.

Ich für meinen Teil habe irgendwann für mich beschlossen, die Mechanismen des Hasses zu entlarven. Ob mir das gelingt oder nicht, müssen Sie entscheiden. Ich bekomme viel Post, in der Menschen mich bitten, sich ihrer Probleme anzunehmen. Auch wenn ich mich nicht um alles kümmern kann, möchte ich gern für jene, die keine Stimme haben, eine Stimme sein. Ich möchte zu einem sachlichen gesellschaftlichen Diskurs beitragen und die Dinge aussprechen, die ich wichtig finde. Man muss mit meiner Meinung nicht einverstanden sein, aber die Diskussion darüber führt zu dem, was ich wichtig finde, nämlich eine offene Debatte über die Probleme unserer Zeit. Dabei muss uns bewusst sein, dass es nicht reicht nur zu debattieren. Am Ende brauchen wir Lösungen für die Probleme, und dafür möchte ich zumindest Ansätze bieten. Sich gegen Rechtsextremismus, gegen Menschenhass und die damit verbundene Gewalt gegen Andersdenkende einzusetzen, sollte für jeden vernünftigen Menschen auf dieser Welt selbstverständlich sein. Es sollte keiner Gründe bedürfen. Die Frage sollte nicht lauten: »Was treibt mich an?«, sondern »Was kann ich machen, damit noch mehr sich angetrieben fühlen, Stellung zu beziehen?« Ich hoffe, dass meine Arbeit dazu führt.

In Deutschland wird das Thema Rechtsextremismus sicher nicht verheimlicht. Gerade die immer wieder stattfindenden Demonstrationen oder Bewegungen wie »Wir sind mehr« oder »Ich bin hier« zeigen das immer wieder eindrucksvoll. Die Solidarität mit den Flüchtlingshelfern und Seenotrettern quer durch die Gesellschaft macht uns aus. Viele Menschen in der Zivilgesellschaft, Prominente, Sportler, Wissenschaftler und Politiker, zeigen nahezu täglich, dass wir uns gegen die Irrlichter von AfD, Pegida, NPD und Identitären stellen. Es ist keineswegs so, dass sich die Rechten in der Mehrheit befinden und unter der Diktatur einer linken Minderheit stehen. Das denken sich diese Leute gerne aus, weil sie ihr eigenes Gefühl und ihre eigene Meinung als universelle Wahrheit verstehen, die von irgendwelchen ominösen Mächten unterdrückt wird. Das ist bei allen Extremisten so, egal ob Rechtsradikalen oder Islamisten. Ich bin der Überzeugung, dass die Mehrheit der Bevölkerung eben nicht der radikalen Rechten angehört und diesen Hass nicht in ihrem Leben will.

Dass es aber immer wieder zu erschreckenden Vorfällen kommt wie dem NSU-Prozess, dem Schmierentheater um Hans-Georg Maaßen oder (mittlerweile schon fast »Kleinigkeiten«) den Stickereien nach NS-Muster auf den Sitzen sächsischer SEK-Panzer[21] und dem »Hutbürger«-Vorfall, zeigt uns, dass die Sympathisanten der Rechtsextremen bereits nahezu überall da sitzen, wo sie eigentlich nicht sitzen dürften. Und diesen Leuten, die als Universallösung nicht müde werden zu propagieren, dass die Migranten verschwinden müssen, weil Deutschland den Deutschen gehört, sei gesagt: Keine einzige Landschaft wird in Ostdeutschland kräftiger blühen, wenn die Migranten »wieder nach Hause gehen« (wo immer dieses Zuhause auch sein soll). Migranten sind nicht schuld an den jahrzehntelangen Versäumnissen der Politik.

Eines der größten Probleme der Politik bleibt bis heute, dass oft die Falschen ernst genommen werden. Irgendwelche Wahlen sind immer vorbei und die im Wahlkampf energisch wirkenden Politiker, die anpacken wollen, die zuhören wollen, die Probleme lösen wollen, kehren wieder in den Alltag zurück. Und in diesem muss man dann anscheinend die Sorgen der rechten Bürger ernst nehmen und ihnen zuhören. Der Innenminister ruft nach härteren Gesetzen und mehr Überwachung und die üblichen Talkshows geben Hetzern wie Meuthen, Höcke und Gauland eine Bühne, damit sie uns ihre menschenverachtenden Ansichten präsentieren können, wie wir es gerade erst wieder bei den Sommerinterviews 2019 erleben durften. Klimawandelleugner, Verschwörungstheoretiker und Rassisten im Fernsehen, man hört immer noch aufmerksam zu. Es scheint manchmal, als hätten wir uns in eine Situation katapultiert, in der es nicht mehr darum geht zu handeln, sondern permanent abzuwehren. Dabei hat das Sommerinterview mit Alexander Gauland wieder gezeigt, dass man diesen Menschen überhaupt keine Bühne bieten sollte. Jemand, der sich zu nichts äußern möchte, der jeder Frage ausweicht. Jemand, der stets eine Sonderbehandlung fordert und das gleichzeitig moniert, sollte einfach von den demokratischen

Regeln ausgeschlossen werden, wenn er selber nicht in der Lage ist, am demokratischen Grundkurs teilzunehmen. Das sind die ganz wenigen Momente, in denen ich mir dann denke: »Hey ARD und ZDF, ich will meinen Rundfunkbeitrag zurück!«

Wenn aber hunderttausende Jugendliche friedlich durch die Straßen laufen, belegbare Fakten präsentieren und die Politik darum bitten, etwas für ihre Zukunft zu tun, dann werden sie von Politikern mit Häme überzogen: viel zu naiv. Geht lieber wieder zur Schule, oder wie Christian Lindner im März 2019 twitterte: »Ich finde politisches Engagement von Schülerinnen und Schülern toll. Von Kindern und Jugendlichen kann man aber nicht erwarten, dass sie bereits alle globalen Zusammenhänge, das technisch Sinnvolle und das ökonomisch Machbare sehen. Das ist eine Sache für Profis.«

Ich frage mich, warum stets die Sorgen, die auf belegbaren Fakten basieren, weniger ernst genommen werden als die herbeigezauberten Sorgen der Menschenhasser, die nur auf der eigenen Meinung und irgendwelchen kruden Bauchgefühlen basieren? Ich versteh das nicht. Ich war sowohl auf Fridays for Future-Demos als auch auf Nazi-Demos von AfD und anderen. Es gibt einen einfachen Unterschied: Die einen Sorgen sind berechtigt, die anderen verbreiten Hass. Die einen sind besorgt um ihre Zukunft, die anderen sind Faschisten. Das müssen wir verinnerlichen, wenn es darum geht, sich auf die wirklich wichtigen Sorgen unserer Gesellschaft zu konzentrieren.

Aus dem Golestan

Die Kinder Adams sind aus einem Stoff gemacht,
als Glieder eines Leibs von Gott, dem Herrn, erdacht.

Geschieht ein Leid nur einem dieser Glieder,
so klingt sein Schmerz in ihnen allen wider.

Den Menschen, den nicht die Not der Menschenbrüder rührt,
verdient nicht, dass er noch länger des Menschen Namen führt.

Saadi

از گلستان سعدی

بنی آدم اعضای یکدیگرند — که در آفرینش زیک گوهرند

چو عضوی به درد آورد روزگار — دگر عضوها را نماند قرار

تو کز محنت دیگران بی غمی — نشاید که نامت نهند آدمی

Epilog

Ein Migrant bleibt ein Migrant bleibt ein Migrant

Es ist kalt geworden in Deutschland. Das Sommermärchen, als Kinder mit Migrationshintergrund plötzlich mit dem Bundesadler auf der Brust die Deutschlandfahne schwenkten und »ihrer« Nationalmannschaft zujubelten, ist passé. Wenn man jetzt die politische Lage analysieren will, dann kann man nur verzweifeln. Beim Durchgehen der Presse der vergangenen Jahre kann man vor der schier unglaublichen Menge an Äußerungen und Gegenäußerungen, kleinen Skandalen, großen Skandalen, Abartigkeiten, Provokationen, Ausrutschern, Darstellungen und Gegendarstellungen zum politischen und gesellschaftlichen Rechtsruck den Mut verlieren. Der Diskurs ist aus dem Ruder gelaufen und wir nehmen das hin. Dabei lässt sich das Problem recht schnell in zwei Sätzen fassen: Die Rechten hetzen, die anderen echauffieren sich, die Rechten können sich an das Gesagte nicht mehr erinnern, löschen ihren Post oder werfen Nebelkerzen, woraufhin die anderen wieder reagieren, bis keiner mehr weiß, was eigentlich der Auslöser war. Dann beginnen wir wieder von vorne und die AfD holt gut ein Viertel der Wählerstimmen bei Landtagswahlen.

Das Gefühl, fremd zu sein, wurde mir nicht erst durch die AfD vermittelt. Das begann früher, in der Schule, wenn mich meine Lehrerin bat, »nicht ausländisch zu sprechen«; wenn ich als vermeintlicher »Türke« nicht in die Disco kam; oder wenn ich in einer Gruppe mit meinen biodeutschen Freunden als Einziger von der Polizei kontrolliert wurde. Aber die AfD hat das Fremdsein auf ein neues Level gehoben. Manchmal vergesse ich sogar, wie mir in überwältigender Form das Gefühl des Willkommenseins vermittelt wurde und wird, wie glücklich ich bin, in Deutschland zu leben, diesem wunderbaren Land mit seinen wundervollen Menschen, dessen Teil ich mittlerweile selbst bin. Wenn man arbeitet und versucht, etwas zur Gesellschaft beizutragen, dann aber immer wieder von Teilen der Bevölkerung abgelehnt wird, verfliegen manchmal die positiven Emotionen und man wird wütend und traurig. Ich glaube, das ist nur menschlich.

Es ist besorgniserregend, wie es die Rechten geschafft haben, innerhalb von wenigen Jahren erst die Flüchtlinge, dann die Muslime und schließlich die Migranten gleich welcher Herkunft und welchen Glaubens so resolut auszugrenzen und sie zu stigmatisieren. Da Feindbilder immer größtmöglich ausgedehnt werden müssen, um wirksam zu bleiben, gesellen sich zur Gruppe der Menschen, die »nicht hierher passen«, wie dem »Nachbarn« Boateng oder dem »Querulanten« Özil, inzwischen auch Menschen mit osteuropäischen Wurzeln, aber auch Klimaschützer und Journalisten, Seenotretter und überhaupt all jene, die Menschen in Not helfen wollen – zusammengefasst unter dem hässlichen Schlagwort »links-grün versifft«. Da reicht es schon aus, liberaler Politiker zu sein. Die Ansicht, dass diese Menschen unserer Gesellschaft schaden, wird durch falsche Fakten propagiert oder, wie Hannah Arendt sagte, »wahrgelogen«: »Man kann sagen, dass der Faschismus der alten Kunst zu lügen gewissermaßen eine neue Variante hinzugefügt hat – die teuflischste Variante, die man sich denken kann – nämlich: das Wahrlügen.«[1]

In *Wahrheit und Politik* fügte sie einen Gedanken hinzu, der beschreibt, wo die wirkliche Gefahr liegt:
»Wo Tatsachen konsequent durch Lügen und Totalfiktionen ersetzt werden, stellt sich heraus, daß es einen Ersatz für die Wahrheit nicht gibt. Denn das Resultat ist keineswegs, daß die Lüge nun als wahr

akzeptiert und die Wahrheit als Lüge diffamiert wird, sondern daß der menschliche Orientierungssinn im Bereich des Wirklichen, der ohne die Unterscheidung von Wahrheit und Unwahrheit nicht funktionieren kann, vernichtet wird.«[2]

Die Kollektivschuld, mit der Migranten belegt werden, bedarf keiner Bedrohung durch einen möglichen zweiten Holocaust, um Sorgen zu bereiten. Es bedarf überhaupt keiner Parallelen zur Geschichte. Es ist völlig ausreichend, dass die 25 Prozent der Bevölkerung, die unter dem Begriff Migranten zusammengefasst werden, sich plötzlich in einer Art gesellschaftlicher Sippenhaft wiederfinden. Dabei bleibt das große Problem der migrantischen Community ihre Unsichtbarkeit in der politischen Debatte. Es fehlt ihnen schlicht an einer Lobby.

Seda Başay-Yıldız ist eine von jenen, die das schmerzhaft erfahren haben. Als Anwältin vertrat sie etwa Angehörige von Mordopfern im NSU-Prozess. Bereits 2018 erhielt sie deshalb Morddrohungen. Per Fax teilte man ihr mit, man wolle ihre zweijährige Tochter »schlachten«. Daneben der Name des Kindes und die Privatadresse, unterzeichnet mit »NSU 2.0«. Wie sich herausstellte, wurden ihre privaten Daten von einem Computer der Frankfurter Polizei abgerufen. Die Spuren führten zu einer rechtsextremen Chatgruppe der hessischen Polizei. Fünf Polizisten und eine Polizistin wurden vom Dienst suspendiert. Nach weiteren Ermittlungen sucht man jedoch vergebens.

Im Januar 2019 erhielt sie einen weiteren Drohbrief, der wieder stark auf Polizeikreise hindeutete: »Dir hirntotem Scheißdöner ist offensichtlich nicht bewusst, was du unseren Polizeikollegen angetan hast«, zitiert die *Süddeutsche* aus dem Fax.[3] Unterzeichnet mit dem vollständigen Namen eines Mannes, der mutmaßlich Polizeiausbilder in Hessen sein soll.

Es macht mich unfassbar wütend, dass das offenbar nicht wirklich jemanden interessiert. Ein paar Meldungen und kleine Kolumnen, das war es auch schon zu diesem Thema. Diese Frau wird von der

Gesellschaft alleingelassen. Wir reden hier von massiven Bedrohungen durch Polizisten. Durch Menschen, die uns eigentlich vor so etwas schützen sollten. Es müsste eigentlich zu einem riesigen Aufschrei in der Bevölkerung kommen. Man stelle sich vor, was wäre, wenn ein Polizist mit Migrationshintergrund den Dienstrechner dafür benutzen würde, um die Adresse eines AfDlers herauszufinden und diesem dann zu drohen, sein Kind abzuschlachten. Wenn der AfD-Politiker Frank Magnitz in Bremen niedergeschlagen wird, macht seine Lobby daraus eine Grundsatzdebatte über innere Sicherheit mit vielen Lügen, aber voller medialer Aufmerksamkeit. Das ist der Punkt: Den Migranten fehlt diese Lobby. Solange sie die nicht haben, interessiert sich kein Schwein für ihre Probleme. Wenn Migranten parteipolitisch interessant wären, hätte sich Seehofer schon längst zu Wort gemeldet. Aber wenn Polizisten Mitbürger bedrohen, sollte es eigentlich keine Lobby brauchen. Eigentlich.

***

Michel Friedman hat mir mal gesagt, dass er »Berufsjude« sei. Mit einem Lächeln fügte er hinzu: »Irgendwann werden Sie dann sicher auch Berufsmuslim, Herr Abdollahi.« Ich fand das damals witzig. Heute denke ich anders darüber. Dabei bin ich nach außen hin kein sonderlich gläubiger Mensch, ich komme auch aus keiner sonderlich gläubigen Familie. Ich habe mit dem Islam in meinem Alltag nichts am Hut. Für jemanden von rechts außen wie die AfD bin ich hingegen »der Muslim«. »Aha, der will versuchen, uns den Islam unterzujubeln«, höre ich dann. Diese Leute werden mich niemals dabei beobachten können, wie ich versuche, jemanden zu »islamisieren« (was immer das auch sein soll), aber mein Auftreten und mein Aussehen erzeugen bei ihnen eben ein bestimmtes Bild, und das reicht ihnen für ihr abschließendes Urteil. Wenn ich eine Krawatte und ein Hemd anhabe, dann, so glauben sie, versuche ich nur, mich zu tarnen, als wäre ich der Wolf im Schafspelz. Hätte ich hingegen etwas anderes an, dann wäre ich in ihren Augen nicht angepasst. Feierst du Weihnachten, dann nimmst du diesen Leuten das Fest weg, feierst du keine Weihnachten, bist du integrationsunwillig. Mit dieser Ambivalenz müssen wir wohl leben, aber mit den Klischees muss man brechen. So mühsam es ist, genau das ist zu einer der Hauptaufgaben der Migranten geworden.

Wie ich dem Polizisten in Jamel schon sagte, gehört zu Bunt auch Braun. Solange sich Braun an die Spielregeln hält und nicht versucht, alle anderen Farben zu übermalen. Ich persönlich lehne jede Form von Intoleranz, Fremdenfeindlichkeit und Hass ab, aber wenn Braun es so sieht, ohne anderen aktiv zu schaden, *who cares*? Rassisten wird es immer geben, machen wir uns keine Illusionen. Problematisch wird es, wenn Braun diese Ansichten zur einzigen Wahrheit stilisiert und versucht, diese einzige Wahrheit mit physischer oder psychischer Gewalt durchzusetzen. Ich bin bereit, mich mit diesen Menschen auseinanderzusetzen, wenn ich das Gefühl habe, ich kann helfen, Ressentiments abzubauen. Manchmal hilft das auch tatsächlich. Diese Menschen sind für mich nicht der Feind. Ich mag diese Freund/Feind-Kategorien nicht. Mir geht es darum, zum Nachdenken anzuregen. Und als Reporter zu berichten. Es ist nicht meine Lebensaufgabe, die AfD aufzuhalten, aber ich lasse mir von ihnen weder den Diskurs diktieren noch verbieten; schon gar nicht meine Freiheit. Deshalb müssen wir über die vielen »Einzelfälle« in diesem Buch auch miteinander sprechen, so überfordernd sie auch geballt wirken mögen. Ebenso überfordert sind auch die Migranten.

Es gibt gesellschaftlich so viel Relevanteres zu besprechen, doch stattdessen haben wir den Kampf gegen den Islam beziehungsweise gegen die Deutschtümelei zum allgegenwärtigen Oberthema gemacht. Das ist unerträglich. Die Rechten nehmen uns den Diskurs weg, sie lügen, sie diffamieren, sie hetzen, sie töten, während mir gleichzeitig Menschen schreiben, Gläubige, Migranten, Ausländer, Flüchtlinge, welche Repressalien sie in ihrem Alltag aushalten müssen. Auch viele Biodeutsche, die in Sorge um ihr freies und tolerantes Land sind, danken mir inzwischen, dass ich mich überhaupt zu diesem Thema äußere. Durch meine Herkunft habe ich einen anderen Blickwinkel, das muss kommuniziert werden. Gleichzeitig aber auch eine andere Glaubwürdigkeit – oder Unglaubwürdigkeit. Ich verstehe mich bei dieser Thematik als Gegengewicht, weil ich mich häufig besser reinfühlen kann als viele andere Nichtmigranten. Von diesen Gleichgewichten haben wir zu wenige in der Gesellschaft, weil Aufstiegschancen fehlen. Es ist nicht so, dass wir keine Lobby haben wollen, wir kommen gar nicht an den Punkt, eine aufzubauen.

Ähnlich ging es lange Zeit auch den Ostdeutschen, mit deren Situation die der Migranten eine große Ähnlichkeit hat. Die Studie »Ostmigrantische Analogien« der Migrationsforscherin Naika Foroutan und ihres Projektteams am Deutschen Zentrum für Integrations- und Migrationsforschung vom April 2019 hat sich mit diesem Thema beschäftigt. Das Wissenschaftlerteam kommt in der Studie zu dem Ergebnis, dass es »tatsächlich einige wichtige Parallelen zwischen Muslimen und Ostdeutschen gibt, vor allem, wenn es um Stereotype geht«. Beispielsweise werde Ostdeutschen ähnlich oft wie Muslimen vorgeworfen, sich ständig als Opfer zu sehen, eine latente Extremismusnähe zu haben, sich nicht genug vom Extremismus zu distanzieren oder noch nicht richtig im heutigen Deutschland angekommen zu sein. Gegen Muslime ist dieser Vorwurf sogar noch stärker: 58,6 % der Westdeutschen (und 66,6 % der Ostdeutschen) finden, Muslime seien noch nicht richtig im heutigen Deutschland angekommen. So kommt die Studie zu dem Ergebnis, dass »eine starke Externalisierung von Muslime aus der deutschen Gesellschaft« stattfindet. Allerdings würden sich »Ostdeutsche und Westdeutsche nicht sonderlich stark in ihren Vorurteilen über Muslime unterscheiden.«[4]

Ähnlich verhält es sich mit dem Gefühl, Bürger zweiter Klasse zu sein. Während sich ein Drittel der Ostdeutschen als solche wahrnimmt, stimmt ein ähnlich großer Teil der gesamtdeutschen Bevölkerung der Aussage zu, dass Muslime als Bürger zweiter Klasse behandelt werden. Hingegen glauben nur etwa 18 Prozent der Westdeutschen, dass die Ostdeutschen als Bürger zweiter Klasse behandelt werden. »Ost- und Westdeutsche erkennen an, dass Muslime benachteiligt werden. Ostdeutsche bewerten ihre eigene Lage interessanterweise ganz ähnlich wie die der Muslime«, folgert Foroutan. »Die Westdeutschen hingegen erkennen die Benachteiligung der Ostdeutschen nicht an.«

Die Unsichtbarkeit der Migranten in vielen Teilen der gesellschaftlichen und politischen Debatten, in Talkshows, Politik, Staatsdienst, als Vorbilder oder Korrektive, als Übersetzer und Vermittler zwischen den Kulturen, ist ein ebenso großes Problem wie die mutmaßlich mangelhafte Integration der Ostdeutschen in die westdeutsche Demokratie. Neben weltumfassenden Problemen wie den Auswirkungen von Globalisierung und Klimawandel ist die Integration dieser beiden Gruppen eine der größten Herausforderungen unserer und zukünftiger Generationen. Teile der Ostdeutschen haben in der AfD bereits ihr neues Zuhause gefunden. Zudem schlägt ihnen die Diskriminierung in vielen Bereichen der Gesellschaft nicht so hart ins Gesicht wie den Migranten. Auch 2020 haben Ali und Aisha die schlechteren Aufstiegschancen als Ronny und Chantal, während Paul und Marie sich fragen, was bei den anderen denn nur schiefgelaufen ist. Foroutan schrieb in einem Gastbeitrag für die *Zeit* Mitte 2019: »Kein einziger der Minister und Ministerinnen der jetzigen Regierung besitzt einen Migrationshintergrund, kein einziger Staatssekretär und nur acht Prozent der Abgeordneten im Bundestag, obwohl in unserem Land 25 Prozent der Menschen einen Migrationshintergrund haben. Wie lange kann das gut gehen und wie tragfähig ist der Gedanke, dass die anderen das schon für einen regeln werden?«[5]

Sie beschreibt in dem Artikel einen Lesewettbewerb an der Schule ihres Sohnes, den er fast gewonnen hätte, sich am Ende aber Elif geschlagen geben muss. Dem Namen nach ist Elif türkischstämmig, wahrscheinlich hier in Deutschland geboren, wahrscheinlich in dritter oder vierter Generation. Als »Migrantin« ist sie Teil dieser

25 Prozent der Bevölkerung, anscheinend gut integriert, schließlich kann sie einen Vorlesewettbewerb gewinnen. Aber von den Rechten wird sie, genau wie die ganzen Foroutans und Abdollahis, zu einem Einhorn stilisiert, einer seltenen Spezies, die es eigentlich gar nicht gibt. Dann kommt Foroutan zu einem entscheidenden Punkt, dem verhinderten sozialen Aufstieg der Migranten und der damit einhergehenden Antwort auf die Frage, warum es denn keine Lobby gibt: »Immer mehr Elifs aus der Grundschule meines Sohnes steigen auf – aber nur bis zu einer bestimmten Stufe. Ab dann übernehmen Peter, Paul und Marie. Es verdichtet sich der Verdacht, dass dies nicht immer nur mit ihren Qualifikationen zusammenhängt, weil es zu viele empirische Befunde gibt, die auf eine strukturelle Konstante hinweisen. Oder glauben wir wirklich, dass in den Vorständen der DAX-Konzerne 90 Prozent Männer sitzen, weil sie alle besser sind als die Frauen?«[6]

Es geht dabei nicht darum, den Anteil der Migranten prozentual durch Posten in der Gesellschaft abzubilden, sondern darum, die Toleranz zu erweitern und scheinbar Ungewöhnliches zur Normalität werden zu lassen, so wie sie es im täglichen Leben bereits ist. Ein homosexueller Außenminister Westerwelle war sicher nicht repräsentativ, aber der Umgang damit hat die Tatsache normal werden lassen. Dieser Schritt fehlt den Migranten. Wenn es irgendwann einen Minister, Kanzler oder Präsidenten mit Migrationshintergrund gibt, wird die Herkunft in den Hintergrund rücken, denn die Ausübung des Amtes kann nur an Taten und nicht an etwas Abstraktem wie Herkunft gemessen werden.

Genau daran wird auch der neue Oberbürgermeister von Hannover Belit Onay gemessen werden. Ein einziger Oberbürgermeister mit Migrationshintergrund macht allerdings noch kein Gleichgewicht. Solange die Migranten gesellschaftlich, politisch und medial unbeachtet bleiben, sich kein Gegengewicht zur AfD im Staats- und Verwaltungsapparat verankert, wird die Unzufriedenheit unter ihnen genauso wie der gesellschaftliche Druck größer werden.

***

In Großbritannien gibt es ein Beispiel für jemanden, der es bis nach ganz oben geschafft hat. Der Londoner Bürgermeister Sadiq Khan, Sohn pakistanischer Immigranten, Muslim, britischer Staatsbürger. Davon sind wir noch weit entfernt, obwohl wir Teil der gleichen westlichen Welt sind. Es war auch die britische Supermarktkette Sainsbury's, die vor kurzem etwas Marktforschung betrieb und daraufhin eine neue Verpackung entwickelte. Für Fleisch. Genauer genommen für rohes Fleisch. Die Umfragen hatten ergeben, dass sich junge Leute vor rohem Fleisch ekeln und es nicht anfassen wollen. Deswegen kann man jetzt bei Sainsbury's das portionierte Fleisch direkt aus der Verpackung in die Pfanne legen – ohne das widerliche Zeug berühren zu müssen. Gerade Hühnerfleisch ist unbeliebt. Gebraten oder frittiert ist es lecker, im rohen Zustand aber einfach widerlich.

Das brachte mich auf einen Gedanken, der zu dem passt, was wir gerade bei uns erleben: Es ist die Versachlichung der Realität, die uns selbst immer mehr abhandenkommt. Unsere Kinder glauben an den Fischstäbchenfisch: Laut einer Studie von SEA LIFE Deutschland hält fast jedes dritte Kind unter zehn Jahren das rechteckige orangefarbene Fertiggericht nicht für ein Produkt verschiedener Fischfilets, sondern für einen Fisch, der so im Ozean schwimmt.[7] Anscheinend redet niemand zu Hause mit ihnen darüber. Das kann viele Gründe haben, etwa zu wenig Zeit, Desinteresse, Überforderung oder mangelndes Wissen. Aber ganz gleich, was die Gründe sind, wenn niemand etwas dagegen macht, werden diese Kinder irgendwann mal groß und in ihrer Unwissenheit gefangen sein.

Aus der Unwissenheit entsteht dann meist Angst und aus Angst häufig Ablehnung gegenüber Dingen, die man nicht mag oder nicht kennt oder nicht kennenlernen will. Gar nicht aus Böswilligkeit, sondern aus Angst, nicht richtig reagieren zu können. Wenn wir jetzt Fischstäbchen durch vermeintlich Fremde ersetzen, mit denen man nie in Kontakt gekommen ist, über die zu Hause nicht gesprochen wurde und auch nicht in der Schule, mit denen man nicht im Sportverein oder Kindergarten war, dann kann es passieren, dass man sich vor ihnen fürchtet. Es müssen gar nicht immer die »fremden« Ausländer sein, es können auch Veganer oder Tierschützer sein, die Kunst oder die Wissenschaft. Diese aus Angst und Furcht resultierende Empörung behindert zunehmend das Funktionieren unserer Gesellschaft.

Ich selbst fand es immer großartig, dass man in Deutschland auf der Autobahn so schnell fahren kann, wie man will. Aber als ich letztens in Spanien unterwegs war, habe ich gemerkt, wie angenehm so ein Tempolimit von 120 Stundenkilometern auf der Autobahn sein kann. Mir ist das erst aufgefallen, als ich gezwungen war, mich auf einen alternativen Ansatz einzulassen. Viele Menschen wollen sich aber nicht mit Themen beschäftigen, sie wollen keine Tatsachen, sie haben ihre eigene Meinung als unumstößliche Quelle der Weisheit, und sie wollen sich über alle beschweren dürfen, die das nicht so sehen. Nur machen wir als Gesellschaft so keine Fortschritte. Es gibt Menschen, die wissen das auch theoretisch, wollen sich aber dennoch nicht damit beschäftigen, weil dieses Aufregen ihre einzige wirkliche Beschäftigung darstellt. Anton Tschechow schreibt in *Die Möwe* so passend: »Leuten, die zwar anspruchsvoll, dabei aber talentlos sind, bleibt nur eins übrig: die echten Talente zu tadeln. Auch ein Trost!«[8] Manche haben halt nichts außer ihrem Gemecker. Das ist der Trostpreis der angeblich besorgen Bürger.

Schaut man auf die heutige politische und gesellschaftliche Landschaft in Deutschland, kann einen die nackte Angst überkommen. Die einst stolze SPD verkümmert zur Randpartei, die Regierung verliert zunehmend jegliches Gespür für die Probleme der Bevölkerung. Die einen rufen »Wir sind mehr!«, die anderen rufen »Wir sind mehr!« Die wirklichen Probleme der Bevölkerung, die zu dieser aufgeladenen Stimmung geführt haben, werden von populistischen (Schein-)Debatten überlagert. Statt sich um Klimawandel,

Lebensmittelverschwendung und Integrationspolitik zu kümmern, gibt selbst der Bundesinnenminister der Migration pauschal die Schuld an »allem«. Flüchtlinge werden zur Ursache innenpolitischer Probleme, der Islam zur Personifizierung des Bösen und die AfD zum trotzigen, unüberhörbar dauernd schreienden Kind. Jeder ist gefangen in seiner Blase. Wen wundert es da, dass mitunter jeder Vierte diese Partei wählt?

Daher ist es auch die Aufgabe der Medien, nicht weiter über die Stöckchen der Populisten zu springen, die ihnen in letzter Zeit so inflationär hingehalten werden. Leitartikel sollten sich nicht permanent mit den Themen beschäftigen, die von den Rechten vorgegeben werden, sondern den Fokus auf das legen, was die Menschen an die politischen Ränder gedrückt hat. Wenn die Politik nicht die Themen setzen will, dann müssen es andere machen. Öfter und deutlicher. Ich möchte, wenn ich eines Tages gefragt werde, was ich gemacht habe, als der Klimawandel unübersehbar vor meiner Haustür stand, nicht antworten, ich hätte mich mit anderen darüber gestritten, ob eine Hetzjagd erst stattfindet, wenn ein Neonazi drei Ausländer 50 oder 100 Meter vor sich hertreibt, oder ob bei der Attacke auf Frank Magnitz nun ein »Kantholz« zu sehen war oder nicht. Die Debatte um Fremdenfeindlichkeit, Rechtsruck und Rassismus muss weitergeführt werden, keine Frage. Sie ist eines der drängenden Themen unserer Zeit und wird zeigen, wohin wir uns entwickeln. Aber sie muss geführt werden, ohne alles andere drumherum auszublenden. Und um ehrlich zu sein, man kann es mit dieser verdammten Debatte auch übertreiben, und das tun wir seit 2014.

***

Bei aller Kritik an der Politik und dem Unbehagen vor der Zukunft hat mich eine Szene der jüngsten Vergangenheit beeindruckt, nämlich die Rede des Bundespräsidenten Steinmeier beim Staatsbankett zu Ehren des türkischen Präsidenten Erdoğan im Oktober 2018. Er hat in einer schwierigen und angespannten Situation unmissverständlich klargemacht, welche Werte Deutschland repräsentiert und für welche Werte dieses Land im In- und Ausland einsteht. Dabei hat er ungewöhnlich deutlich die freiheitlich-demokratische Grundordnung des Staates, an dessen Spitze er steht, verteidigt. Er hatte keine Sorge vor den Reaktionen, er wusste, dass die Verteidigung unserer Werte niemals der Angst oder dem politischen Kalkül weichen darf.

Es geht mir nicht um den Inhalt seiner Kritik, sondern die Art: Warum haben wir so wenig Angst vor Erdoğan, kuschen aber vor denen, die hier bei uns alles zerstören wollen? Ich wünschte, dem Vorbild würden noch viel mehr Politiker folgen und diese Werte nicht nur gegenüber der Türkei verteidigen, sondern auch gegenüber dem eigenen Volk. Genauso deutlich. Stattdessen befördert man Maaßen zum Staatsminister und zurück und wundert sich, wenn die Bevölkerung mit Unverständnis darauf reagiert. Man sollte sich am Bundespräsidenten ein Beispiel nehmen und die Dinge wieder klarer aussprechen. Dann wissen die Menschen wieder, woran sie sind und müssen sich ihre politische Befriedigung nicht an den Rändern holen. Leider haben andere das nicht ganz so gut drauf. Da lautete das Dogma: vorauseilender Gehorsam den Besorgten gegenüber.

Und genau dieser vorauseilende Gehorsam gegenüber den »Sorgen« der »besorgten Bürger« macht mich persönlich betroffen. Denen gegenüber, die jede Tat genüsslich ausschlachten, die ihnen dienlich sein könnte. Das Verbreiten von Lügen und Verschwörungstheorien, ihr Jubel, wenn die Täter Migranten oder Ausländer sind, ihr Schweigen, wenn der Täter biodeutsch ist, disqualifiziert diese Menschen, bei irgendetwas ernst genommen zu werden. Diese Menschen sind nicht Teil unseres Wertesystems und das sollte man sie auch überall immer wieder spüren lassen, statt ihnen die Möglichkeit zu geben, ihre rassistische Hetze über die Medien weiter zu verbreiten.

Das Land, das *uns* geschaffen hat, schafft uns gerade auch wieder ab. Es sei denn, es kommt der Tag, an dem Elif Frank-Walter und Chantal Angela ablöst. Das sollte niemandem Angst machen, denn Ali, Elif, Ronny und Chantal werden sich nicht an die Macht putschen, sie werden demokratisch gewählt werden. Nicht wegen ihres Aussehens oder einer Quote, sondern aufgrund ihrer Fähigkeiten. Wenn sie diese Fähigkeiten nicht haben, dann sollten sie auch nicht gewählt werden. Wir sollten jedoch dringend alles dafür tun, dass sie von Beginn an die Chance erhalten, diese Fähigkeiten auch zu erlangen. Wir haben eine lange Strecke mit viel Arbeit vor uns bis zu dem Tag, an dem es nicht mehr wichtig ist, wer wen ablöst, weil hoffentlich alle erkannt haben, dass Herkunft einen Menschen für nichts disqualifizieren sollte.

Dennoch sind viele in den letzten Jahren müde geworden. Es zehrt an der Kraft, sich ständig wieder aufrichten und gegenhalten zu müssen. Irgendwann ist man erschöpft und fragt sich, warum man das alles macht. Dieser Punkt ist gefährlich, denn an den wollen einen die Rechte treiben. Viele haben resigniert oder sind in Mechanismen verfallen, die Probleme nur noch beschreiben und sie nicht bekämpfen. Der Staat muss handeln und das Engagement rechtzeitig aufgreifen, bevor die Erschöpfung einsetzt, aber er macht es nicht. Er verwaltet nur noch und hofft, dass die Veränderung von selbst eintritt, er hofft auf eine Rückkehr zur alten Ordnung. Die alte Ordnung aber, das müssen wir uns eingestehen, ist Geschichte. Wir müssen lernen, die Demokratie innerhalb der neuen Ordnung zu erhalten. Da ist es erfreulich, dass die Parteien bei Sondierungsgesprächen ein paar Lockerungsübungen machen. Wenn wir jedoch weiterhin so zögerlich bleiben, weil eigene Interessen einer Kooperation im Wege stehen, gewinnen die anderen. In diesen Zeiten sollte man dringend die eigene parteipolitische Klientelpolitik vergessen und sich gemeinsam in den Dienst dessen stellen, was man nicht noch mal verlieren möchte. Die Stimme der Demokratie muss immer lauter sein.

Margarete Stokowski schrieb in ihrer Kolumne beim *Spiegel* zu

Herbert Grönemeyers Aufruf, aufzustehen gegen rechts: »Bis wie viel Dezibel ist Antifaschismus erlaubt? Herbert Grönemeyer äußert sich laut gegen Rassismus – und wird kritisiert. Das ist falsch. Und zwar nicht nur, weil Grönemeyer schon immer klang, wie er halt klingt. Sondern, weil wir Antifaschismus in jeder Lautstärke brauchen.«[9]

Es gibt eine große Gruppe jener, die uns weismachen wollen, dass Antifaschismus seine Grenzen hat. Aus Respekt vor den Faschisten. Vorwiegend ist es die AfD, die Respekt für ihre Anhänger fordert. Wahrscheinlich, weil man nicht will, dass auch der Letzte ihrer Wähler versteht, was er da wählt. Es sind nämlich interessanterweise eben die Anhänger der AfD, die Ethnodeutschen, wie sie sich selbst gerne nennen, die sich von explizit antifaschistischen Aktionen angegriffen fühlen. Dabei ist doch verwunderlich, dass niemand gegen besorgte Ethnodeutsche ist. Es heißt ja nicht »Alerta, Alerta, Antiethnodeutsche!« Warum fühlen sich also immer die AfD und ihre Anhängerschaft beleidigt, wenn es um Antifaschismus geht? Sarah Bosetti hat dazu erst kürzlich pointiert festgestellt: »Wenn Nazis nicht Nazis genannt werden wollen, heißt das dann, dass sogar Nazis wissen, dass Nazis scheiße sind?«[10]

***

Um Faschismus zu finden, braucht man heute nicht mehr lange suchen. Er nimmt immer unverschämtere Züge an. Weil er mit dem Stil des Interviews nicht zufrieden war, drohte Bernd Höcke vor laufenden Kameras dem Reporter des ZDF: »Ich kann Ihnen sagen, dass das massive Konsequenzen hat. Vielleicht werde ich auch mal eine interessante persönliche, politische Person in diesem Lande. Könnte doch sein.«[11] Was soll das heißen? Dass er, falls er mal an die Macht kommt, das ZDF verbietet und den von ihm kritisierten Journalisten in ein Arbeitslager stecken wird? So wie Despoten unliebsame Journalisten verschwinden lassen? Ja, wahrscheinlich genau das. Bitte vergessen Sie deshalb nicht: Sie dürfen Bernd Höcke ganz legal als Faschisten bezeichnen. Und weil er ein Faschist ist, gefällt es ihm nicht, wenn Grönemeyer gegen Faschismus wettert und der Bundesaußenminister das auch noch gutheißt. Ich sage mal so: Wenn sich ein so populärer Sänger wie Grönemeyer gegen Rassismus und Faschismus wehrt und der Bundesaußenminister das *nicht* ausdrücklich gutheißt, dann haben wir ein Problem. Nicht umgekehrt.

Zwischen diesen Überlegungen, dem Abwägen, dem Suchen nach Lösungen, dem Sichtbarmachen von Gründen, bleibt immer noch der einzelne Mensch, der sich nicht hinter der Theorie verstecken kann, um sich zu schützen, sondern verletzlich bleibt. Dieser Mensch kommt bei mir immer wieder durch, wenn ich allein bin – und das ist kein schönes Gefühl. Ich bin nicht immer in der Lage, es abzuschütteln. Es überwältigt mich, das hässliche Gefühl, das ich nicht haben will, aber das sich in meinem Unterbewusstsein schon seit Jahrzehnten sein Häuschen gebaut hat. Vielen geht es so. Es ist ein Gefühl, beobachtet zu werden, ein Gefühl, jederzeit wieder auf Ablehnung treffen zu können. Ob beim Jobcenter, an der Supermarktkasse oder während der Fahrt in der ersten Klasse der Deutschen Bahn – immer wird man auf die eigene Herkunft zurückgeworfen: Vielleicht glaubt die Person dort drüben, ich gehöre nicht hierher?

Dieses Gefühl ist viel belastender als die Angst vor Angriffen. Es ist kein Gefühl, das mir die Gesellschaft aktiv aufgezwungen hat, obwohl mir immer wieder Fremdenfeindlichkeit im Alltag begegnet. Es ist ein Gefühl, für das die Gesellschaft in letzter Zeit indirekt gesorgt hat. Und obwohl ich versuche, dieses Gefühl loszuwerden, weil es mich im Alltag behindert, ist da auch die Stimme der Vorsicht in mir, die mir sagt, dass es vielleicht auch alles anders kommen kann. Dass es nicht verkehrt ist, skeptisch zu sein. Wahrscheinlich ist das ein Schutzinstinkt. Ich schütze mich unbewusst davor, irgendwann sagen zu müssen, dass ich mich geirrt habe. Und so ist dieses Gefühl in den letzten Jahren zu meinem ständigen Begleiter geworden.

Im Ausspruch »Wehret den Anfängen!« steckt viel Wahrheit, nur was, wenn man den Anfang verpasst hat? Das ist der Grund, warum ich mich entschieden habe, dieses Buch zu schreiben. Weil es mir weh tut zu sehen, dass Menschen den Diskurs in diesem Land vorgeben, die bei weitem nicht die Menschen in diesem Land repräsentieren, die mir hier seit 1986 eine zweite Heimat gegeben haben und die Möglichkeiten, als Gast das zu werden, was ich heute bin. Im September 2019 wurde in Zwickau ein Gedenkbaum für das erste NSU-Opfer, den Blumenhändler Enver Şimşek, gepflanzt. Mundlos und Böhnhardt hatten achtmal auf ihn geschossen. Neun weitere Bäume sollten folgen, einer für jedes Opfer. Die Eiche wurde kurze Zeit später von Unbekannten abgesägt.[12] Es ist unfassbar. Pflanzt Eichen, so dick wie die Säulen des Bundestages, damit sie es lernen, dass wir so nicht mit uns umgehen lassen!

Wir müssen gemeinsam daran arbeiten, dass diese Stimmung aus der Gesellschaft verschwindet. Und mit gemeinsam meine ich, dass es selbstverständlich auch die Aufgabe der Migranten ist, dazu beizutragen, dass diese Ressentiments nicht weiter gefüttert werden. Es ist auch die Aufgabe der Migranten, unseren ehemaligen Gastgebern die Ängste zu nehmen und überall dort aufzustehen, wo Menschen mit Migrationshintergrund sich integrationsunwillig gegen die Grundprinzipien dieses Landes stellen. Natürlich muss man der Zwickauer Säge nicht die Hand reichen, der Zug ist abgefahren. Da muss der Staat sich drum kümmern (wenn er hier denn fremdenfeindliche Motive erkennt – vielleicht mochte auch einfach jemand keine Bäume). Die Migranten sollten der Oma die Hand reichen, die ihre Straße nicht wiedererkennt. Wenn sie die Hand ausschlägt, hat man es zumindest versucht. Es ist nicht schwer, zu versuchen, Vorurteile abzubauen, als gute Nachbarn. Dabei bedeutet Integration keineswegs Assimilation. Niemand muss sich dem Konformitätsdruck beugen und sich selbst verleugnen, sei es in Hinblick auf die Heimat, die Kultur oder den Glauben. In diesem Land gilt für alle die gleiche staatliche Ordnung. Jeder kann sich im Rahmen der Gesetze in diesem Land so entfalten, wie er oder sie es möchte. Wir Migranten sollten in der aktuellen Situation nicht den Fehler machen, Integration damit zu verwechseln, dem Druck der Rechtsradikalen nachzugeben. Wir müssen dafür kämpfen, als integrer, gleichberechtigter Teil der Gesellschaft akzeptiert zu werden.

Dabei ist Integration schon ein gelebter Teil unserer Gesellschaft. Kinder und Jugendliche von heute können mit »Integration« nichts mehr anfangen, sie sprechen von »Normalität«, weil sie nichts anderes kennen. Doch wenn wir diese Normalität, unsere Gemeinschaft, nicht ständig als solche benennen und keine Möglichkeiten bieten, sie erfolgreich umzusetzen, wird aus Integration Isolation. Es darf nicht sein, dass Sara keinen Ausbildungsplatz bekommt, weil sie ein Kopftuch trägt. Geben Sie der 15-jährigen Sara auch mit Kopftuch eine Chance. Lassen Sie uns diesen Saras zuhören und nicht über ihre Köpfe hinweg über Kopftücher diskutieren. Nur wenn wir miteinander sprechen, können wir als Gesellschaft ein Stück weiter zusammenzuwachsen. Die Ersten haben es immer etwas schwerer. Es ist natürlich tragisch, über 60 Jahre später noch von den »Ersten« zu sprechen, aber wenn Politik und Gesellschaft es bislang nicht geschafft haben, dann müssen wir es eben jetzt richten. Alle anderen sollten überlegen, ob sie Deutschland weiter diesen 27,5 % Rechtsradikalen überlassen möchten.

***

Anfang 2019 fand mein Vater einen Zettel hinter seinem Scheibenwischer. Nicht irgendwo in Dunkeldeutschland, sondern in einem noblen Hamburger Stadtteil vor einem Supermarkt. Es waren auch keine Stiernacken, die ihn da platziert hatten, sondern drei gut gekleidete Damen, passend zum Stadtteil. Während er den Zettel las, standen sie hinter einem Baum und beobachteten ihn. Dabei lachten sie. Als mein Vater nach Hause kam, war er sehr geknickt. Ich hatte ihn lange nicht mehr so erlebt. Er zeigte mir den Zettel und sagte: »Nach Jahrzehnten, die ich in diesem Land lebe und arbeite, in denen ich niemals den Staat auch nur um einen Pfennig gebeten habe, immer den Rücken krumm gemacht habe, um für meine Familie zu sorgen, immer zu diesem Land gestanden habe, immer dankbar war für die Möglichkeit, hier leben zu können, bekomme ich nun so etwas.« Plötzlich stand da ein gedemütigter und trauriger Mann vor mir, der mit seiner Wut und seinem Kummer kämpfte, während ich mir dachte, dass er das wirklich nicht verdient hatte. Dabei hatte er nicht einmal falsch geparkt.

Ich sprach das Thema auf einem Podium der Hamburger Justizbehörde an, bei dem ich zu Gast war. Einer der Podiumsgäste war zufällig der Hamburger Leiter des Kriminalkommissariats Region Mitte I. Er zögerte nicht zu reagieren. Nach der Veranstaltung nahm er den Fall auf und leitete ihn auf dem kurzen Dienstweg weiter. So etwas dürfe man nicht hinnehmen, sagte er. Ich erzählte meinem Vater davon und bat ihn, beim zuständigen Kommissariat vorzusprechen. Ich erklärte ihm stolz, dass wir uns so etwas nicht bieten ließen, wir hätten Rechte, genau wie alle anderen auch. Wir hätten einen deutschen Pass, niemand dürfe denken, man könne uns beleidigen, weil wir anders aussahen. Wir würden jetzt handeln, gemeinsam, der Staat, mein Vater und ich. Für mich war es ein Triumph des Rechtsstaats und auch ein wenig mein eigener, weil ich da auf dem Podium gleichberechtigt neben einem hohen LKA-Leiter sitzen durfte und nach meiner Meinung gefragt wurde. Mit gutem Deutsch, ganz brav gekleidet, als Gast der Justizbehörde am Diskurs teilnehmend. Michel Abdollahi, sauber integriert. Der Migrantensohn. In einem Land, an das er glaubte. Geht doch.

Dann bekam ich einige Wochen später eine E-Mail aus dem Kommissariat, warum sich denn bisher niemand gemeldet habe. Ich fragte meinen Vater, was passiert sei. Er holte den Ordner hervor, in dem er alle Artikel über mich sauber ausgeschnitten und neben meine Fotos aus dem Internet geklebt hatte, die meine Mutter für ihn ausdrucken musste. Diesen Ordner – ganz vorne prangt ein Bild von mir und Bundespräsident Steinmeier, das mein Vater hatte extra vergrößern lassen – zeigte er jedem, der uns besuchte. In diesem Ordner befand sich jetzt auch der Zettel vom Parkplatz. Er las ihn mir noch einmal vor und sagte: »Was habe ich davon, wenn ich eine Anzeige erstatte? Ich dachte, dass ich es geschafft hätte. In einem Land, das sich verändert hat. Aber letztendlich kannst du noch so viele Fotos mit dem Präsidenten machen, deinen Zettel bekommst du irgendwann trotzdem. Das Gefühl, dass mein Kind trotz allem, was wir ihm beigebracht haben und was es erreicht hat, nie wirklich dazugehören wird, wird mir eine Anzeige nicht nehmen.«

Dieser Zettel ist für mich ein Sinnbild dessen, was in den letzten Jahren passiert ist. Er ist ein Sinnbild der veränderten Stimmung gegen Migranten, und wenn er auch nicht repräsentativ und die überwältigende Mehrheit der Deutschen gastfreundlich und herzlich ist, so ist er doch ein Beispiel für das, was die Migranten heute oft erfahren: Ausgrenzung, Ablehnung und Degradierung zu Menschen, die hier nicht mehr willkommen sind. In dem Moment, in dem man diese Machtlosigkeit empfindet, trotz Rechtsstaat und Grundgesetz, Integration und doppelt so guten Manieren, weil man ja doch irgendwie Gast ist, Pass hin oder her, in dem Moment setzt ein ganz beklemmendes Gefühl ein, das ich nicht beschreiben möchte. Dieses Gefühl war da, als ich nach Deutschland geschickt wurde, es war weg, als ich meinen Platz in der Gesellschaft gefunden hatte, doch heute kommt es manchmal – und mit manchmal meine ich in letzter Zeit leider ziemlich oft – wieder über mich.

Erinnern Sie sich an die Frau, die mir mal sagte, dass sie erst erkannt habe, was es bedeute, in Deutschland Migrant zu sein, als sie heiratete? Als aus Frau Schulz Frau Öztürk wurde und ihr damit plötzlich bewusst, was Ausgrenzung und Diskriminierung bedeuteten? Am Telefon. Wenn sie sich vorstellte. Mit dem Kita-Platz für das Kind war es schwieriger, die Wohnungssuche fast unmöglich, Bewerbungsgespräche endeten sehr plötzlich. Erfahrungen, die Frau Schulz nicht gemacht hatte. Sie sagte mir, es habe sich nichts geändert, sie sei immer noch so qualifiziert wie zuvor, auch ihr Charakter habe sich nicht verändert und auch nicht ihre Weltsicht, nur ihr Nachname, was jedoch ausreichend dafür war, sie pauschal auszugrenzen.

Falls Sie diese Erfahrung mal selbst machen wollen, wozu ich Ihnen nicht raten möchte, brauchen Sie sich gar keinen Schnauzbart wachsen zu lassen oder ein Kopftuch überzuziehen. Melden Sie sich einfach mit einem fremd klingenden Namen am Telefon und machen Sie sich auf fiktive Wohnungssuche. Das Ergebnis wird Sie ernüchtern und es wird Sie verletzen, weil Sie sich herabgewürdigt fühlen werden. Früher oder später wird es aber auch Sie treffen, denn der Kreis der Abzulehnenden wird wachsen, wenn wir nicht handeln. Irgendwann wird auch Frau Schulz diskriminiert werden, nicht ihrer Herkunft oder ihres Glaubens wegen, sondern aufgrund ihrer Haltung.

Trotz aller gesellschaftlicher Diskussion stehen wir am Ende noch immer ohne eine Lösung für diese Probleme da. Eines sollte aber mittlerweile zumindest den Anständigen klar geworden sein: So darf es in Deutschland nicht weitergehen. Was auf jeden Fall keine Lösung ist, kann ich Ihnen sagen: Wenn der Oberbürgermeister von Halle Bernd Wiegand betont, dass seine Stadt »kein rechtsextremes Zentrum« sei, um dann zu ergänzen, »man müsse stärker einwirken«. Einwirken? Handeln? Wann? Wo?

Wenn der Landtagsvizepräsident André Wendt von der AfD bei Pegida mitläuft, während Lutz Bachmann Menschenverachtung predigt, am 7. Oktober 2019, zwei Tage vor dem Anschlag von Halle, dann kann sich der CDU-Landtagspräsident Matthias Rößler nicht hinstellen und sagen: »Herr Wendt hat an der Demonstration nicht im Rahmen seines Amtes als Vizepräsident teilgenommen, sondern als Abgeordneter.«

Nachdem das Medienecho dann doch wenig positiv ausgefallen war, distanzierte sich Wendt von dem Besuch: »So eine Wortwahl habe ich bei Pegida noch nie erlebt.«[13] Tatsächlich? Entweder hört er nicht aufmerksam zu oder er macht das, was die AfD immer macht, wenn sie ins Visier gerät: Sie relativiert. Und immer wieder wird auf diesen Zug aufgesprungen, als würden wir uns nach dieser Rechtfertigung regelrecht sehnen, damit die Verharmlosung nicht weiter gestört wird, statt das immer wiederkehrende Muster von Entgleisung und anschließender Relativierung endlich zu durchbrechen und ihnen zu sagen, dass dieser Taktik keine Bühne mehr geboten wird. Dafür reichen die Alarmzeichen aber anscheinend immer noch nicht aus. Nicht nach den NSU-Morden, nicht nach dem Attentat auf Walter Lübcke, nicht nach dem Anschlag von Halle.

Verehrter Herr Landtagspräsident, wenn die AfD nach der Kritik sagt, Wendt habe die »friedliche und bürgerliche Demonstration als Privatperson und nicht als Landtagsvizepräsident besucht«, dann ist es fatal, wenn Sie diesem Narrativ folgen, während auf der gleichen Veranstaltung die Menge bei der Nennung des Namens des Dresdner Grünen-Politikers Thomas Löser »Aufhängen!« skandiert. Es ist genau dieser Umgang mit der Neuen Rechten, der im krassen Gegensatz zu den Handlungsaufrufen nach rechtsextremen Taten steht. Die dann wortreich, aber ohne echte Inhalte zusammengeschusterten Statements der Politiker und ihrer PR-Berater sind kein Handeln. So lösen wir keine Probleme. Was können wir machen? Wir basteln ein Titelbild für unsere Facebookseite und schreiben »GEGEN ANTISEMITISMUS!« drauf. Super Idee! Das wird was bewirken. So was kann sich Frau Müller aus dem vierten Stock auf den Balkon hängen, da ist es ein Statement. Wenn das aber nach dem Anschlag von Halle das einzige Handeln der CDU-Vorsitzenden Kramp-Karrenbauer ist, dann ist das erbärmlich. Wenn jetzt Altpopulisten wie Söder, Seehofer und Herrmann die Ärmel hochkrempeln und in der AfD den Grund für den Rechtsruck sehen, kann man angesichts ihrer eigenen Beiträge zu dieser gesellschaftlichen Enthemmung ob ihrer Impertinenz nur noch staunen.

»Angriff auf uns alle!«, »Nie wieder!«, »Demokratie in Gefahr!«, »Mit aller Härte des Rechtsstaats!«, »Wir müssen handeln!«, »Aufs

Schärfste verurteilen!«, »Entschieden!«: Es braucht schon lange keine weiteren Aussprüche aus dem politischen Phrasenschwein mehr. Außer wir verstehen das als Handeln. Dann möchte ich mich entschuldigen und wieder beruhigt hinlegen. Bis zum nächsten Alarmzeichen.

***

Gäbe es eine einfache und klare Lösung, wie man diesem Problem begegnen muss, bräuchte es kein Buch. Die Lösung ist schwierig, sie ist langwierig. *Eine* Lösung bleibt zu widersprechen. Es ist unsere Aufgabe, das rechte Weltbild zu widerlegen, indem wir uns nicht den Argumenten dieser Leute beugen. Rassismus und Fremdenfeindlichkeit sind keine Diskussionsgrundlage, weil sie keine Meinung sind. Freiheit und Gleichheit stehen nicht zur Disposition. Auch nicht für einige. Lassen Sie uns deswegen weniger nach *der* Lösung suchen, sondern alle Schritte hin zu einer Rückverschiebung des gesellschaftlichen Diskurses zurück zur Mitte als Weg auf der Suche nach einer Lösung verstehen. Dazu gehört nicht viel mehr, als gemeinsam den Mut aufzubringen, die eigene, nicht verhandelbare Haltung, unsere demokratischen Werte, zu verteidigen und dies immer wieder sichtbar zu machen. In der Hoffnung, dass es irgendwann keine Einteilung mehr in Biodeutsche und Migranten braucht, um die Gesellschaft zu beschreiben. Gleichberechtigung ist das Stichwort. Wahre Gleichberechtigung, für Sara und Marie, Ali und Rony.

Wissen Sie eigentlich, was passiert, wenn man Migranten folgenden Satz ergänzen lässt: »Ich habe nichts gegen Deutsche, aber …«? Ich habe das im Rahmen einer Sendung mal gemacht, weil ich herausfinden wollte, wie groß die Antipathien der Migranten eigentlich gegenüber den Biodeutschen sind. Das Ergebnis war wenig spektakulär. Den Satz »Ich habe nichts gegen Deutsche, aber …« hat die Mehrheit erst gar nicht beendet. »Ich habe nichts gegen Deutsche. Punkt«, war die häufigste Antwort.

Andersrum scheint das immer weniger zu gelten, überall wird Anstoß genommen. Zuletzt war das Nürnberger Christkind dran: Die Locken sind nicht gülden genug, und o weh, es hat sogar einen Migrationshintergrund. Geht eigentlich noch mehr Integration, als das Christkind zu sein? Aber der Hass geht längst über Migranten hinaus. Zur Zielscheibe gehören letztendlich alle, die eine andere Meinung haben. Diese Neue Rechte zieht die wertvolle Arbeit der zahlreichen Stiftungen und Initiativen, die für eine aufgeklärte und friedliche Gesellschaft kämpfen, in den Dreck. Sie verübt Anschläge auf ihre Büros und Mitarbeiter, sie verleumdet und terrorisiert sie digital und auf der Straße. Sie stellt Lehrer an den Pranger. Sie verklärt den Naziterror zum Vogelschiss. Ihre schwarzen Schafe diskreditieren die Polizei und Justiz, sie lachen höhnisch über die Opfer rechter Gewalt, sie sind Rassisten, Chauvinisten und Sexisten, sie sind Antisemiten, sie heben im Bundestag den Arm wie beim Hitlergruß[14] und finden das witzig, sie holen aus ihren Anhängern die primitivsten Vorurteile hervor und bestärken diese, sie leugnen den Klimawandel, sie scherzen über den Holocaust, und dabei geht es ihnen nur um eins, ihren eigenen Vorteil. Diese Menschen verachten uns und unsere freie Gesellschaft. Sie verachten alle, die nicht so sind wie sie. Wer die AfD und ihre Wähler sieht, sollte auch immer ihre Verachtung sehen und dann überlegen, ob wir denen noch weiter zuhören sollten. Laut aktuellen Umfragen sind 42 Prozent der AfD-Wähler der Meinung, Deutschland bräuchte wieder einen »Führer«, 75 Prozent von ihnen lehnen das demokratische System der Bundesrepublik Deutschland ab.[15]

2016 empfahl der Chefreporter der *Sächsischen Zeitung* Heinrich Maria Löbbers eine Doppelstrategie: Ängste und Vorbehalte der Bürger thematisieren, aber auch Demagogie und Unfug benennen: »Wir erleben gerade die anstrengende Seite der Demokratie. Journalisten, die es gewohnt sind, die Welt zu erklären, finden keine Antwort auf diese Ohnmacht, die sich in Wut verwandelt. Stundenlang starren Kollegen fassungslos in die Abgründe der Facebook-Kommentare, wo sich die hässliche Seite von Pegida zeigt, während auf den Straßen friedlich marschiert wird. Hier blanker Hass, dort echte Sorgen. Es bleibt ein Spagat.«[16]

Heute muss man rückblickend in aller Deutlichkeit sagen, dass eben nicht friedlich marschiert wurde. Das hätte man auch 2016 schon erkennen können. In derselben Deutlichkeit muss man deshalb heute sagen, wer immer noch mit Faschisten öffentlich debattiert, der nimmt sie ernst. Es ist die emotionale Debatte, die ihnen die Aufmerksamkeit verschafft, die sie wollen. Die sie größer erscheinen lässt, als sie sind, und sie nur stärker macht. Dabei sollte eigentlich jedem klar sein, dass man mit Faschisten nicht reden sollte. Man sollte sie aus der Gesellschaft ausgrenzen. Man sollte sie verachten.

Tatsächlich hat sich auch zehn Jahre nach Sarrazins Buch Deutschland immer noch nicht abgeschafft. Aber es ist auf dem besten Weg, das nachzuholen. Nur nicht durch die, die Sarrazin für alles Übel verantwortlich macht, sondern durch die Geister, die er rief.

Und vergessen Sie nicht: Das Gegenteil von Rechtsextremismus ist nicht Linksextremismus. Es ist Nicht-Rechtsextremismus. Oder eben Vielfalt. Ohne Alternative.

Anmerkungen

Prolog

1 Siehe hierzu: https://de.wikipedia.org/wiki/Fl%C3%BCchtlingsfeind liche_Angriffe_in_der_Bundesrepublik_Deutschland
2 Sarrazin im Gespräch mit Andrea Seibel, Hajo Schumacher und Joachim Fahrun im August 2018. Siehe: https://www.welt.de/welt_print/politik/article9263576/Ich-bin-kein-Rassist.html
3 Im Video hier zu sehen: https://daserste.ndr.de/panorama/aktuell/AfD-Hoeckes-Lehre-vonMenschentypen,hoeckeslehre100.html
4 Vgl. https://www.tagesspiegel.de/politik/afd-ist-eine-konservative-partei-cdu-fraktionsvize-heym-wirbt-fuer-buendnis-mit-afdund-fdp/25180234.html
5 Das Video gibt es hier: https://www.ndr.de/kultur/Michel-Abdollahi-Diversity,vielfalt160.html
6 Siehe dazu auch: Wolfgang Gessenharter und Helmut Fröchling: »Neue Rechte und Rechtsextremismus in Deutschland«, in: Jens Mecklenburg (Hrsg.): *Handbuch deutscher Rechtsextremismus*, Berlin 1996, S. 563.
7 Im Video abrufbar unter: https://www.youtube.com/watch?v=Cl__BD858yc
8 Jagoda Marinić, *Made in Germany: Was ist deutsch in Deutschland?*, Hamburg 2016, S. 115.
9 Richard Stöss: »Der rechte Rand des Parteiensystems«, in: Oskar Niedermayer (Hrsg.): *Handbuch Parteienforschung*: Wiesbaden 2013, S. 563–618, hier S. 568.
10 Albert Memmi, *Rassismus*, Frankfurt a. M. 1987, S. 164.
11 Im Video abrufbar unter: https://www.youtube.com/watch?v=aHpqgSBo-xc
12 Vgl. u. a. https://www.welt.de/kultur/article156040809/Was-die-AfD-wirklich-unter-Kultur-versteht.html

13 Vgl. https://www.sueddeutsche.de/politik/alternative-fuer-deutschland-petry-will-begriff-voelkisch-positiv-besetzen-1.3156403
14 Zum Thema vgl. hier: https://www.watson.de/deutschland/landtagswahl/401138938-ard-moderatorin-erntet-heftige-kritik-nach-afdaussage-jetzt-reagiert-der-sender
15 Vgl. https://taz.de/AfD-Erfolg-unter-jungen-Waehlerinnen/!5625451/
16 Der Beschluss ist hier abrufbar: http://ratsinfo.dresden.de/to0050.php?__ktonr=122133
17 Vgl. https://www.deutschlandfunk.de/kuerzung-von-bundesmitteln-zivilgesellschaftliche.1773.de.html?dram:article_id=460432
18 Abraham Cooper und Yitzchok Adlerstein: »Wie kann ein Anschlag auf eine Synagoge nicht judenfeindlich sein?«, https://www.tagesspiegel.de/politik/antisemitismus-in-deutschland-wie-kann-ein-anschlag-auf-eine-synagogenicht-judenfeindlich-sein/19572812.html
19 Vgl. https://www.tagesschau.de/investigativ/report-mainz/kommunal parlamment-cduafd-101.html
20 Ebd.

1986–2014: Die alte Ordnung

1 Jens Spahn: »Sprechen Sie doch deutsch!«, https://www.zeit.de/2017/35/berlin-cafes-hipster-englisch-sprache-jens-spahn
Hinweis: Spahn benutzt den von mir gewählten Ausdruck nicht explizit, ich habe seine Meinung damit lediglich sinngemäß zusammengefasst.
2 Siehe: Ulrich Herbert: *Geschichte der Ausländerpolitik in Deutschland.* München 2001, S. 299, 303.
3 Christian Wulff, Rede zum 20. Jahrestag der Deutschen Einheit, http://www.bundespraesident.de/SharedDocs/Reden/DE/Christian-Wulff/Reden/2010/10/20101003_Rede.html
4 Kai Hafez: »Der Islam hat eine schlechte Presse«, https://www.zeit.de/gesellschaft/zeitgeschehen/2016-12/islam-verstaendnis-medien-berichterstattung-populismusgefahr

2015: Wir schaffen das

1 Vgl. https://www.haz.de/Hannover/Aus-der-Stadt/Das-denken-die-Tuerken-in-Hannover-ueber-die-Wahl-von-Belit-Onay
2 Vgl. https://www.haz.de/Hannover/Aus-der-Stadt/Ministerpraesident-Weil-gratuliert-dem-neuen-Oberbuergermeister-Belit-Onay

3 Vgl. https://taz.de/Hetze-gegen-neuen-Buergermeister-Onay/!5638490/
4 Vgl. https://de.wikipedia.org/wiki/Iraner_in_Deutschland#Migrations situation
5 Zitiert nach: https://www.deutschlandfunk.de/muslime-in-deutschland-wo-stehtder-deutsche-islam.886.de.html?dram:article_id=353035
6 Im Video hier zu sehen: https://www.youtube.com/watch?v=Tl8NIV AesF0
7 Vgl. https://de.wikipedia.org/wiki/Fl%C3%BCchtlingsfeindliche_Angriffe_in_der_Bundesrepublik_Deutschland
8 Zitiert nach: https://www.ksta.de/koeln/-sote-reker-attentaeter-wuenscht-ihr-den-tod-koeln-ob-wahl-23032098
9 Angela Merkel, Neujahrsansprache 2015, https://www.bundesregierung.de/breg-de/service/bulletin/neujahrsansprache-2015-798300
10 Zitiert nach: https://www.spiegel.de/politik/deutschland/pegida-sigmar-gabriel-diskutiert-in-dresden-mit-anhaengern-a-1014783.html
11 Anja Reschkes kompletter Post: https://www.facebook.com/watch/?v=672503106220696
12 Vgl. https://www.theguardian.com/world/2014/dec/15/dresden-police-pegida-germany-far-right/ Übersetzung von mir.
13 Vgl. https://www.spiegel.de/politik/deutschland/pegida-in-dresden-die-kruden-aussagen-der-demonstranten-a-1008735.html
14 Vgl. https://www.ndr.de/fernsehen/sendungen/kulturjournal/Aengste-sind-ziemlich-universell,kulturjournal4336.html

2016: Die nachwirkende Verunsicherung der Bevölkerung

1 Im Video hier zu sehen: https://www.youtube.com/watch?v=iKib1X02mZc
2 Vgl. https://www.spiegel.de/panorama/justiz/koelner-silvesternacht-ernuechternde-bilanz-der-justiz-a-1257182.html
3 Zitiert nach: https://www.spiegel.de/politik/deutschland/koeln-thomas-de-maiziere-warnt-vor-generalverdacht-gegen-fluechtlinge-a-1070564.html
4 Vgl. https://www.tagesspiegel.de/gesellschaft/medien/kritik-an-den-medien-wegen-koeln-berichterstattung-schweigekartell-und-nachrichten sperren/12797422.html
5 Zitiert nach: https://www.deutschlandfunk.de/fluechtlingspolitik-das-asylrecht-kennt-eine-obergrenze.694.de.html?dram:article_id=341612
6 Zitiert nach: https://www.djv.de/startseite/profil/der-djv/pressebereich-download/pressemitteilungen/detail/article/informationstatt-spekulation.html
7 Vgl. https://www.epochtimes.de/politik/deutschland/dresden-so-heftig-

wurden-merkel-und-gauck-als-volksverraeter-beschimpft-polizei-in-der-kritik-a1943086.html und https://meedia.de/2016/10/03/so-reagiert-das-netz-auf-die-proteste-in-dresden-am-tag-der-deutschen-einheit/

8 Vgl. https://www.spiegel.de/panorama/gesellschaft/bautzen-freital-heidenau-unterwegs-in-sachsens-hass-hochburgen-a-1119517.html

9 Zitiert nach: https://www.spiegel.de/politik/deutschland/afd-alexander-gauland-sieht-fluechtlingskrise-als-geschenk-a-1067356.html

10 Vgl. zu diesem Fall: https://daserste.ndr.de/panorama/archiv/2016/Opfer-verschweigt-Vergewaltigung-durch-Fluechtlinge,selin100.html

11 Vgl. hierzu https://www.tagesspiegel.de/politik/afd-spitzenkandidat-gauland-will-integrationsbeauftragte-oezoguz-in-anatolien-entsorgen/20244934.html und https://causa.tagesspiegel.de/gesellschaft/wie-nuetzlich-ist-eine-leitkultur-debatte/leitkultur-verkommt-zum-klischee-des-deutschseins.html

12 Ansgar Graw: »Migration ohne Empathie«, https://www.welt.de/print/welt_kompakt/debatte/article201618258/Leitartikel-Migration-ohne-Empathie.html

13 David Joram: »Schwarzes Aushängeschild«, https://taz.de/!5347730/

14 https://twitter.com/injafd/status/1182281218181799936

15 Vgl. https://www.butenunbinnen.de/nachrichten/politik/afd-abgeordnete-bremen-parteiausschluss-schatzmeister-100.html

2017: Plötzlich Oppositionsführer

1 Ronen Steinke: »Sächsische Justiz erlaubt den Verkauf von Galgen für Merkel und Gabriel«, https://www.sueddeutsche.de/politik/pegida-saechsische-justiz-erlaubt-den-verkauf-von-galgen-fuer-merkel-und-gabriel-1.3779461

2 Susanne Beyer et al.: »Die Wahlkatastrophe«, https://www.spiegel.de/plus/nach-den-landtagswahlen-in-sachsenund-brandenburg-die-wahlkatastrophe-a-24125f32-ea8b-47cf-a2fa-4f1bb66f4006

3 Vgl. https://www.bento.de/tv/maischberger-co-so-oft-sprachen-talkshows-von-ard-und-zdf-wirklich-ueber-fluechtlinge-a-00000000-0003-0001-0000-000002474431

4 Siehe Mathias Döpfner: »Nie wieder ›nie wieder‹!«, https://www.welt.de/debatte/kommentare/plus201718856/Terror-in-Halle-Nie-wieder-nie-wieder.html

5 Stefan Niggemeier: »Nach Neonazi-Anschlag: Springer-Chef schreibt der AfD aus der Seele«, https://uebermedien.de/42099/nach-neonazi-anschlag-springer-chef-schreibt-der-afd-aus-der-seele/

6 Vgl. https://www.volksverpetzer.de/analyse/afd-salzgitter/

7 Vgl. https://www.spiegel.de/politik/deutschland/afd-andreas-kalbitz-war-mit-npd-funktionaeren-bei-neonazi-aufmarsch-in-athen-a-1284319.html

8 Zitiert nach: https://www.tagesschau.de/inland/gauland-sommer interview-103.html

9 Zitiert nach: https://www.wsj.com/articles/german-politicians-comments-about-hitler-stoke-debate-1488912569/ Die Übersetzung stammt von mir.

10 https://www.afd.de/alice-weidel-terroranschlag-wird-missbraucht-um-politische-konkurrenz-zu-diffamieren/

11 Zitiert nach: https://www.faz.net/aktuell/politik/inland/neue-islamkritik-afd-funktionaere-greifen-petry-nach-treffen-mit-muslimen-an-14251344.html

12 Zitiert nach: https://www.faz.net/aktuell/politik/inland/umstrittene-aussagen-relativierung-von-glasers-thesen-in-der-afd-15266725.html

13 Zitiert nach: https://www.focus.de/politik/deutschland/keine-opferrolle-fuer-die-afd-zentralrat-der-muslime-raet-zur-wahl-des-afd-politikers-glaser-als-bundestagsvize_id_7772793.html

14 https://www.neues-deutschland.de/artikel/490380.london-strafen-fuer-rassismus.html

15 Vgl. https://www.sueddeutsche.de/sport/urteil-dfb-spiel-rassismus-wolfsburg-1.4448211

2018: Brief an Merkel

1 Vgl. https://www.zeit.de/gesellschaft/zeitgeschehen/2018-12/gewalttat-berlin-rassismus-iraner

2 Zitiert nach: https://www.spiegel.de/wirtschaft/soziales/nico-rosberg-ueber-tempolimit-wuerden-besonderes-stueck-deutscher-autokultur-zerstoeren-a-1249553.html

3 Zitiert nach: https://www.handelsblatt.com/politik/deutschland/umwelt debattefuer-verkehrsminister-scheuer-sind-tempolimits-gegen-jeden-menschenverstand/23886030.html?ticket=ST22480235-3lZJY9Mou3avca OcjghZ-ap6

4 Zitiert nach: https://www.n-tv.de/politik/SPD-Stadtrat-beleidigt-Ozil-und-Guendogan-article20449277.html und https://www.sueddeutsche.de/muenchen/oezil-guendogan-erdogan-deutsches-theater-1.4018175

5 Alexander Dobrindt: »Wir brauchen eine bürgerlich-konservative Wende«, https://www.welt.de/debatte/kommentare/plus172133774/Warum-wirnach-den-68ern-eine-buergerlich-konservative-Wende-brauchen.html

6 Zitiert nach: https://www.zeit.de/2018/10/tafel-lebensmittelverteilung-armutfluechtling
7 Reiner Burger: »Grenzen der Integration«, https://www.faz.net/aktuell/politik/inland/warum-der-fall-der-essener-tafel-ein-wendepunkt-ist-15475810.html
8 Das ist wirklich wahr: https://www.stern.de/politik/deutschland/faz-party-mit-deutschlands-oberrechten---boehmermann-nimmt-zeitung-aufs-korn-8982870.html
9 Auch das ist leider wahr: https://www.sueddeutsche.de/politik/nordrhein-westfalen-heino-schenkt-heimatministerin-platte-mit-ss-liedern-1.3917111
10 Vgl. zu diesem Fall: https://www.derwesten.de/staedte/essen/essen-kopftuch-konditorei-baeckerei-ausbildung-id214691785.html
11 https://www.veronika-bellmann.de/aus-aktuellem-anlass-zur-diskussion-in-der-cdu-deutschlands-bezueglich-der-berichterstattung-meines-idea-gastbeitrages
12 Zitiert nach: https://www.bild.de/bild-plus/politik/inland/politik-inland/verfassungsschutz-chef-maassen-keine-information-ueber-hetzjagden-57111216,view=conversionToLogin.bild.html
13 https://www.bundeskanzlerin.de/bkin-de/aktuelles/pressekonferenz-von-bundeskanzlerin-merkel-und-dem-tschechischen-ministerpraesidenten-andrej-babi%C5%A1-1528538
14 Zitiert nach: https://www.faz.net/aktuell/politik/inland/revolution-chemnitz-eine-selbsternannte-buergerwehr-15816565.html
15 Zu finden hier: https://www.abendblatt.de/hamburg/article215309295/Der-offene-Brief-von-Abdollahi-das-Pro-und-Kontra.html

2019: Ein Jahrzehnt Abschaffung

1 Siehe: Thilo Sarrazin: *Feindliche Übernahme. Wie der Islam den Fortschritt behindert und die Gesellschaft bedroht,* München 2018, S. 382.
2 Die Rezension ist nach wie vor abrufbar: https://www.amazon.de/gp/customer-reviews/R3F84N8WSN6WW5/ref=cm_cr_getr_d_rvw_ttl?ie=UTF8&ASIN=B07F9Q7J7W
3 Leider ist der Artikel im Online-Auftritt des *Handelsblatts* nicht mehr abrufbar. Man findet ihn aber noch unter: https://web.archive.org/web/20100911045644/http://www.handelsblatt.com/meinung/gastbeitraege/sarrazin-unter-beschuss-falsch-verstandene-statistik-und-rassismus;2649279;0
4 Siehe: Thorsten Gerald Schneiders: »In schlechtes Licht gerückt. Das

Araberbild bei Thilo Sarrazin«, in: ders. (Hrsg.): *Die Araber im 21. Jahrhundert. Politik, Gesellschaft, Kultur*, Wiesbaden 2013.

5 Hasnain Kazim: »Sarrazins Sündenböcke«, https://www.spiegel.de/politik/deutschland/integrationsdebatte-sarrazins-suendenboecke-a-735774.html

6 Vgl. Jürgen Habermas: *Die Zukunft der menschlichen Natur. Auf dem Weg zu einer liberalen Eugenik?*, Frankfurt a. M. 2002, S. 13.

7 Vgl. https://www.tagesspiegel.de/berlin/haftbefehl-von-chemnitz-verbreitet-afd-politiker-glaeser-soll-ausschuss-vorsitz-verlieren/23055272.html

8 Naomi Bader: »Auf der Suche nach dem Sarrazin-Effekt«, https://www.zeit.de/gesellschaft/2018-08/thilo-sarrazin-afd-buch-rechtspopulimus-rechtsruck-fremdenfeindlichkeit-studie

9 Zitiert nach einem Interview mit Giovanni di Lorenzo im September 2019, https://www.zeit.de/2019/40/matteo-renzi-italien-ministerpraesident

10 Zitiert nach: https://www.handelsblatt.com/politik/deutschland/spd-linke-lehnt-ab-gysi-will-kanzlerwahl-nicht-ausschliessen-links-linke-zusammenarbeit-kommt-nicht-zustande/2555834.html

11 Zitiert nach: https://www.zeit.de/politik/deutschland/2019-06/annegret-krampkarrenbauer-cdu-zusammenarbeit-afd-ausschliessen-maassen

12 Zitiert nach: https://www.n-tv.de/politik/Weidel-AfD-Bund-mit-CDU-nur-Frage-der-Zeit-article21425546.html

13 Auch das ist leider wahr: https://www.stern.de/lifestyle/leute/dieter-bohlen-fragt--supertalent--kandidatin-aus---immer-wieder-8586956.html

14 Vgl. https://www.merkur.de/politik/brinkhaus-und-idee-vom-muslimischen-kanzler-ist-unfassbar-dumm-11833989.html

15 Vgl. https://www.augsburger-allgemeine.de/augsburg/Betrunkene-Polizisten-greifen-Fluechtling-an-und-duerfen-Job-wohl-behalten-id53889061.html

16 Nachzulesen hier: https://www.rv.hessenrecht.hessen.de/bshe/document/LARE190036038

17 Vgl. https://www.spiegel.de/politik/deutschland/bundeswehr-whistle blower-patrick-j-darf-offenbar-vorerst-soldat-bleiben-a-1271725.html

18 Zitiert nach: https://www.zeit.de/news/2019-01/02/reul-zu-anschlag-kein-hinweis-auf-rechtsextreme-kontakte-190102-99-406565

19 Noach Flug, Rede zum Festakt zum zehnjährigen Bestehen der Stiftung »Erinnerung, Verantwortung und Zukunft« am 23. Juni 2010, abrufbar unter: https://www.auschwitz.info/de/gedenken/gedenken-2015-70-jahre-befreiung/zitate-zu-auschwitz.htm

20 Zitiert nach: Luisa Jacobs: »Sind die Haare echt?!, https://www.zeit.de/

arbeit/2018-01/alltagsrassismus-deutschland-ministerien-bundestag-protokoll

21 Siehe: https://www.spiegel.de/panorama/polizei-sachsen-die-debatte-um-den-panzer-survivor-r-a-1183888.html

Epilog

1 Hannah Arendt: *Zur Zeit – Politische Essays*, München 1989, S. 29.

2 Hannah Arendt: *Wahrheit und Politik*, Berlin 2006, S. 22.

3 Vgl. https://www.sueddeutsche.de/politik/seda-basay-y-ld-z-lka-hessen-drohbrief-1.4307935

4 Vgl. die Zusammenfassung der Studie, abrufbar unter: https://www.dezim-institut.de/das-dezim-institut/abteilung-konsens-konflikt/projekt-postmigrantische-gesellschaften/ost-migrantische-analogien-i-konkurrenz-um-anerkennung/

5 Vgl. Naika Foroutan: »Wenn er es schafft, schaffen wir es auch«, https://www.zeit.de/politik/deutschland/2019-09/chancengleichheit-cem-oezdemir-repraesentation-deutsche-migrationshintergrund/komplettansicht

6 Ebd.

7 Vgl. https://www.fischmagazin.de/newsartikel-seriennummer-3251-Fischstaebchen+Jedes+3+Kind+glaubt+an+Fischstaebchenfische.htm

8 Anton Tschechow: *Die Möwe,* Übersetzt von August Scholz, 1896.

9 Margarete Stokowski, »Bis wie viel Dezibel ist Antifaschismus erlaubt?«, https://www.spiegel.de/kultur/gesellschaft/herbert-groenemeyer-bis-wieviel-dezibel-ist-antifaschismus-erlaubt-a-1287194.html

10 https://twitter.com/sarahbosetti/status/1174034347596361729

11 Zitiert nach: https://www.sueddeutsche.de/medien/hoecke-interview-zdf-1.4602527

12 Vgl. https://www.spiegel.de/panorama/gesellschaft/zwickau-gedenkbaum-fuer-nsu-mordopfer-enver-simsek-abgesaegt-a-1289903.html

13 Zitiert nach: https://www.mdr.de/sachsen/dresden/afd-landtagsvize praesident-wendt-stellungnahme-pegida-100.html

14 Vgl. https://www.volksverpetzer.de/aktuelles/gauland-hitlergruss/

15 Vgl. https://www.n-tv.de/politik/Umfrage-zeigt-Gesinnung-vieler-AfD-Waehler-article21426963.html

16 Zitiert nach: https://kress.de/news/detail/beitrag/136639-habermas-zu-politikern-und-journalisten-gebt-rechtspopulisten-keinebuehne.html